ケネス・シーヴ／デイヴィッド・スタサヴェージ

# 金持ち課税

## 税の公正をめぐる経済史

立木勝訳

みすず書房

# TAXING THE RICH

A History of Fiscal Fairness in the United States and Europe

by

Kenneth Scheve and David Stasavage

First Published by Princeton University Press, 2016

メリッサとローレンに

あなたたちの命を贖うために主への献納物として支払う銀は半シェケルである。豊かな者がそれ以上支払うことも、貧しい者がそれ以下支払うことも禁じる。

——「出エジプト記」30章15節〔新共同訳〕

何十万という人びとが命を捧げました。数百万もの人びとが心地よい家庭を捨て、死と語り合う日々に替えました。多くの人たちが最愛の人を差し出しています。今こそ国を挙げて、この快適さを、この贅沢を、この耽溺を、この優雅さを、こうした人たちの犠牲によって聖別された祭壇に供えようではありませんか。

——デイヴィッド・ロイド・ジョージ、1916年

# 金持ち課税 目次

## 第Ⅰ部　課税をめぐる議論　1

## 第Ⅱ部　政府はどのようなときに富裕層に課税してきたか　57

# 謝辞

この本の執筆は大変な喜びだった。喜びのある部分は、きわめて重要だと思われる政治上、経済上の疑問との格闘にあった。また別の部分は、すばらしい才能をもった研究助手との作業であり、洞察力あふれる多くの同僚および学生との会話であり、共に学ぶ過程の楽しさだった。この本とわれわれは、きわめて多くの友人からの恩恵を受けている。

特に篤く感謝したいのは、このプロジェクトのためにデータ収集を手助けしてくれた研究助手の面々である。フェデリカ・ジェノヴェーゼおよびアーンド・プラッジは特段の感謝に値する。ふたりは20国の、過去2世紀にわたる所得税および相続税のデータベース構築をそれぞれに指揮してくれた。プロジェクトをまとめるうえでも、そのスキルと粘り強さを大いに発揮してくれて、共に働くことが喜びだった。ミヒャエル・アクリン、セバスティアン・バーフォート、クィンティン・ビーザー、ローレンス・デフォー、アーロン・エゴルフ、ナヴィド・ハッサンプール、マルコ・カルトゥネン、リサ・キタガワ、クリスタ・リュー、コン・ジュー・シン、ロリー・トルー、クリス＝ステラ・トランプ、ヨハン・ファン・レインからも、データ収集に重要な貢献をしてもらい、非常に感謝している。また、デバシス・バンディオパーディー、ヴァンジェ・フリツヒー、エグベルト・ヨンゲン、テレサ・ミゲル、アントン・ライナー、ニュリアン・トイビン、ダニエル・ヴァルデンストレーム、ニコ・ヴィルターディンクから得られた助言とデータについてもお礼を申し上げたい。こうしたデータベースの構築に加え、エリック・アリアス、エルデム・アイタッチ、キャメロン・バラード゠ローザ、アリソン・カーネギー、マリア・カレッリ、ウォオン・チョイ、ブライアン・フリード、ニカー・ゲイクワッド、サード・グルザール、マーリーン・グライエブ、ロビン・ハーディング、ロシオ・エルナンデス、ヤン・ジョー・フア、ケイトリン・リトルペイジ、イミン・マ、リリー・マケルウィー、ウンベルト・ミニョゼッティ、ジョン・モーガン、ヤナ・ペルスキー、ニック・パウエル、スティーヴ・ラシン、マイク・シュウォルツ、マーティン・ソイランド、ピーター・ヴァイニング、ジェイソン・ワインレブ、ジャック・ウェラー、エミリー・ウェストから、プロジェクトのさまざまな面ですぐれた研究補助を得られたことにお礼を言いたい。また、本書の最終段階での仕上げについては、セイラ・コーマック゠パットンに特に感謝したい。最後になったが、関連論文の共著者であり、一部資料の本書での使用を認めてくれたキャメロン・バラード゠ローサ、呂暁波、ルーシー・マーティン、マッシミリアーノ・オノラートに格別の感謝を申し上げる。

われわれの研究は多くの同僚によるコメントや批判から多大な恩恵を受けている。サッド・ダニングには、バークレーでのブックワークショップ開催に関して特に感謝している。ディスカッションに参加してくれたサッド、ジョナ・レヴィ、エリック・シクラー、シャノン・スティムソン、ロブ・ファン・フヴェイリングをはじめ、出席してくれた多くの同僚や学生からきわめて有用なコメントが得られた。また、数多くの同僚および学生が原稿の全部ないし一部に目を通し、有効な批判や示唆を寄せてくれたことで、本書の質は大幅に向上した。一部だが名を挙げて感謝したい。ジム・アルト、カルレス・ボイクス、パット・イーガン、イェ・フリーデン、マーティ・ギレンズ、ステファン・ヘイバー、ボブ・コヘイン、エヴァン・リーバーマン、マーガレット・レヴィ、バーナード・マニン、ノーラン・マカーティ、ジェイソン・オウ、アダム・プシェヴォルスキー、ライアン・ペヴニック、スティーヴ・ピンカス、ダニ・ロドリック、ロン・ロゴスキー、マイケル・ロス、メリッサ・シュヴァルツバーグ、ケン・シェサル、ジム・スナイダー、スー・ストークス、エリック・ゾル。また、カナダ先端研究機構（CIFAR）、ジェトゥリオ・バルガス財団ブラジル公務員ビジネス経営スクール（FGV／EBAPE）、ハーヴァード大学、プリンストン高等研究所、ペンシルヴェニア大学、ＩＰＥＧ（政治経済研究所）バルセロナ、スタンフォード大学、ＵＣＬＡ、ミシガン大学、サン・アンドレス大学（ボリビア）、ウィーン大学の聴衆にも本書の原稿を提示させてもらった。

プリンストン大学出版局のエリック・クラハンには、プロジェクトへの支援と原稿改善のための卓越した助言を頂いたことを感謝する。また幸運にも二人の査読者からの助言を得て、われわれの主張や証拠に関する多くの重要な疑問に備えることができた。カレン・ヴェルデおよびブリジット・ペルナーには、出版のための原稿準備作業すべてについてお礼を申し上げる。『アメリカン・ポリティカル・サイエンス・レビュー』『インターナショナル・オーガナイゼーション』『ジャーナル・オヴ・エコノミック・ヒストリー』の各誌には、これまでに掲載されたわれわれの記事から資料の使用を許可して頂いた。

このプロジェクトは、われわれの研究に認められた寛大な予算なしには不可能だっただろう。イェール大学国際関係研究センターおよび同大学社会政策研究所、スタンフォード大学ヨーロッパセンターおよび同大学フリーマン・スポグリ国際問題研究所、ならびにニューヨーク大学からは多大な資金援助を頂いた。また、ラッセル・セージ財団のＲＳＦプロジェクト #83-08-01 からも寛大な助成を頂いた。

最後に、この本をメリッサとローレンに捧げる。感謝することは多いが、とりわけふたりからの異議申し立てによって、平等についてのわれわれの考えは大いに深まった。われわれの子であるアリー、ベン、リヴカ、エズラにも感謝したい。四人は、税の本がどれほど面白くなるかには懐疑的だったが、公正とはなにかをめぐる議論では決して譲ることがなかった。

＊本書での分析に用いた別表、データ、複製資料などはすべて http://press.princeton.edu/titles/10674.html で入手できる。

# 第I部　課税をめぐる議論

# 第1章　政府が富裕層に課税する理由

国はいつ、どのような理由で富裕層に課税するのか——今日、これほどタイムリーな問題は考えられないし、これほど鋭く意見の対立する問題もない。今日の富裕層課税が50年前のものと違っていることはわかるが、では、どのような経緯でこうなったのだろうか。もっとわからないのは、そもそも20世紀の高課税がどのようにして生まれたかだ。あれは民主主義の影響だったのだろうか、それとも、蔓延する不平等への対応だったのだろうか。今日、富裕層課税について書かれるものの大半は政策提言のかたちをとっていて、なによりも現在に焦点を当てている。本書はそれとは違い、過去へとさかのぼることで、富裕層課税の長い歴史が現在の状況についてなにを教えてくれるかを示していく。

富裕層への課税に関する国の決定は将来の経済成長に、そして経済資源や機会の分配に深い影響をおよぼす。それほどの重大事であることを考えると、富裕層課税を長期的に扱った比較研究が少ないことには驚かされる。問われるのはたいてい最近の数十年か、せいぜい1世紀だ。この問題を広範に扱った最後の本が出版されたのは1世紀以上前の、エドウィン・セリグマン〔1861—1939年。アメリカの経済学者で財政学の大家〕のものなのである。

われわれの考えでは、社会が富裕層に課税するのは、単にその社会が民主主義になって貧困層の有権者数が富裕層を上回ったからでもなければ、不平等の水準が高くなったからでもない。税による経済活動への影響をどう見るかが最後の決定打になる、というのも違う。社会が富裕層に課税するのは、国民が、国家は富裕層に特権を与えていると考え、公正な補償によって富裕層にほかの国民より多く課税するよう要求するときである。

どのような課税政策が最善かというときに、これに賛同しない人はほぼいないと思われるのが、政府は（ある面では）公正さを指針とするべきだという考え方だ。このことばは、政治的な左右両派によって頻繁に用いられている。[1] なぜそんなことが起こるのだろう。歴史を見ると、公正という概念が、ごくお手軽なものに思えてくる。課税においては、公正さの基準が国や時代、個人によってまちまちなのである。

学者が公正さや課税について書くときは規範的な視点を採用することが多い。つまり、政府はなにをするべきか、と問うのである。しかし、公正さは単なる規範的尺度ではない。政府が実際になにをするかも左右する。なぜなら公正さは、政策についての市民の意見に影響するからである。ふつうの人びとは、自分たちの思う公正さの尺度に沿ったものであれば、富裕層への重い課税を支持するだろう。多くの政治理論が、人びとは自身の所得の最大化にしか関心がないと仮定している一方で、多くの証拠は、人間が公平さや公正さの問題についても関心を寄せていることを示している。この関心は、人びとが自己利益に関心がないということではないし（誰も税金を払いたくはない）、自己利益が第一関心事でないということですらない。一人ひとり見ていけば、税制の効率を気にしている人もいるだろうし、税が重くなりすぎて生産が止まってしまうことを心配している人もいるだろう。税政策についての意見では、自己利益と効率の両方が、公正さと同じように重要なのである。

富裕層課税への政治的な支持が最も強くなるのは、それによって、国家による市民の**平等な**扱いが保証されるときである。市民の平等な扱いとは、ロナルド・ドゥウォーキンの表現を借りれば、市民全員を「同様の尊重と配慮をもって」扱うことを意味する。[2] もちろん、人びとが平等に扱われるべきだという考えは、近代民主主義の基盤のひとつだ。そこで、この評価基準を用いることで、税の正当化に有効な公正論として重要なものの範囲を絞り込むことができる。人は生まれながらにして違っているとか、ある者は生まれながらにしてほかの者より価値が高いとかいった議論はありえない。あるいは、当然のことながら、純然たる自己利益に言及する議論もありえない。しかし、だからといって、人びとは「平等に」あるいは「同様の尊重と配慮をもって」扱われるべきだと述べるだけで、この基準を満たす明確な税政策を演繹的に特定することはできない。課税の際に人びとを平等に扱う方法として妥当なものはいくつもある。そして、まさにそこが、税の公正さをめぐる議論の要なのである。われわれは帰納的なアプローチをとり、これまでの政治的な議論で最も一般的かつ最も説得力のある三つの主張に焦点を当てていく。すなわち**平等な扱い論**、**支払い能力論**、**補償論**である。本書では、こうした主張を、人びとを**平等に**扱うための三つの方法として言及していく。

富裕層課税に最も大きな政治的支持が現れるのは、政策議論への**補償論**の適用に信頼性があるときである。そしてそのようなことが起こるのは、富裕層にほかの国民以上の税を課すことによって、政府の行動で生じた、なにか別の不平等を矯正ないし補償できることが明白なときである。補償論が現れるのはほとんどが民主主義国においてだが、これは、民主主義の本質となる考え方が、まさに、市民は平等に扱われるべきだということだからだ。富裕層が政府のなんらかの介入によって特権を得ているのに、それ以外の国民はそうでないのであれば、富裕層への課税を重くしてマイナス分を補償することは公正である。同様に、国家が一般国民に犠牲を求めているのに、富裕層は同じ負担を荷わずにいるという場合にも、富裕層への課税はその補償となりうる。補償論は政策を富裕層課税の強化へと向かわせるが、多くの場合、公正さへの最短ルートは、そもそもの特権を除去することだ。したがって、補償論が最も強力となるのはそれができないとき、すなわち、政府が、なんらかの意味で富裕層を優遇する不平等な行動を取らざるを得ないときである。

補償論だけが公正さに基づく富裕層課税論ではない。過去数世紀にわたって、公正さに基づく富裕層課税論として最も一般的だったのは**支払い能力主義**だった。この考え方によれば、1年に100万ドル稼ぐ者にとっての1ドルの税は、もっと平均的な給与を得ている者と比べれば、犠牲として小さい[3]。支払い能力論は遅くとも16世紀から存在していて、現代においても、最適課税理論の根拠として、経済学者が最も強く支持するものとなっている。

多くの者にとって、富裕層への課税をほかの国民より重くする理由としては、支払い能力主義で十分だ。しかし、この考え方に反対する者もいる。支払い能力主義が実際にどのように適用できるのかを疑問視する声もあるだろう（富裕者はどれだけ多く支払うべきなのか）。所得や富に格差が生じるそもそもの理由について、なぜ支払い能力はなにも語らないのかという疑問も出てくるかもしれない（富裕層はそれ以外の者より才能に恵まれているか、多く努力をしているだけではないのか）。支払い能力主義を批判する者は、富裕者にとっての1ドルの税がほかの人びとの犠牲より軽いことを否定はしない。ただ、それが公正さを判断する正しい基準だということを受け入れないのである。

支払い能力についての疑問を前にしたときに有力な代替となるのが、最も公平な制度は全員の**平等な扱い**を含むという考え方である。これは、豊かな者も貧しい者も同じ税率（いわゆる「フラット・タックス」）で支払うべきだとする考え方だ。ここでいう**平等な扱い**は、全員にまったく同じ政策が採用されるべきだとする公正論を意味している。16世紀以来、累進課税の反対者は、1人1票という基準に明確に表れているように、全員の平等な扱いこそが共和国の基盤だと考えてきた。したがって、まったく同じ政策が課税についても適用されるべきだというわけである。しかし、平等な扱いがフラット・タックスを要求するという論理は完璧ではない。たとえば定額税にして、各人が同じ額を払うようにしても、平等な扱いを尊重したことにはなるはずだ。しかし今日では、多くの者が、そのような税は不公正だと考えるだろう。にもかかわらず、平等な扱いに基づく主張は、富裕層課税をめぐる議論で今も強い力をもっている。

最も初期の**補償論**には、貧困層は一般消費財に課される間接税という重荷を背負っているのだから、富裕層はもっと高率の所得税を払うべきだとするものが見られる。これは、生活を維持するために毎年の所得から消費しなければならない割合は貧困層のほうが大きいという考え方だ。しかし、過去2世紀で最も強力な補償論には、これとは別の種類の税が含まれていた——徴兵である。この単純な事実が、20世紀の初めから半ばにかけて富裕層への重課税が広がったこと、そしてそれに続く数十年間にこの政策が後退したことの両方を説明するうえで大きな役割を果たす。20世紀の大規模戦争は強力な経済的根拠があって戦われたのだが、それによって富裕層は二つの面で特権的利益を得ることになった。第一に、労働者階級は徴兵されて戦ったが、資本家階級は徴兵されなかった。第二に、資本所有者は自分たちの製品への高い戦時需要から利益を得ていた。富裕層（資本所有者）への重課税は、こうした影響を和らげ、政府による平等な扱いを、少なくともある程度まで回復する手段となった。こうしたことは政治的な左派の主張だったが、右派も妥協せざるを得なかった。これは累進的な形態の課税に向けた新しい、有力な主張となり、富裕層課税の問題に関して、大衆とエリート層の考えを左へシフトさせた。これまでの学者は、戦争による税の公平性への影響を、特に合衆国とイギリスについて研究してきた。われわれは、こうした戦争の影響が累進課税の補償理論で説明できること、これがもっと一般的な、国や時代を超えた現象であることを示していく。(4)

補償論は、近年の合衆国が戦ってきたような限定的な戦争の場合には信頼度が落ちる。人口の大部分は戦争のために犠牲を払っていないのに、富裕層に補償として特別な犠牲を払うよう求めて、どうして信頼されるだろう。

最後に、限定戦争か大規模動員かという選択は、軍事およびその関連技術がどの段階にあるかで決まってきた。20世紀になると、鉄道の登場によって大規模動員が可能となった。ついに大規模動員が行われた1914年には、富裕層課税を求める補償論が登場した。21世紀の今は、精密誘導兵器や無人航空機《ドローン》の技術が登場したことで、大規模な軍隊はもはや必要ではなくなっているし、望ましいものですらないだろう。したがって、富裕層への重課税につながった20世紀の流れが繰り返されることは考えにくい。補償論は、なぜ20世紀初めから中頃までの戦争が富裕層への重課税をもたらしたのか、なぜそれ以前や以後の戦争ではそうならなかったのかを説明してくれる。

過去2世紀を見てみると、補償論の信頼性が落ちる状況になるたびに、富裕層課税の議論は、支払い能力論と平等な扱い論（および効率論）という、競合する二つの見解の対立へと煮詰まっていく。この対立はたいてい富裕層に有利な結果となり、ほかの国民と比べてあまりに重い税は課されなくなる。しかし、状況が変わって戦時補償論が主張できるようになると、世論は富裕層課税支持へとシフトする。支払い能力論の支持者は引き続いて富裕層課税を支持するし、平等な扱いが望ましいと思う者も、その多くは、目的を達成するためには補償論を考慮せざるを得ないと考えるようになる。そのような状況で、左派政党は補償論を使って富裕層課税に向けた主張を補強する。右派政党は、議席を確保するために譲歩を余儀なくされていく。

たしかに、政党が補償論を都合よく利用することもありうるし、実際にそうしてきている。あなたが個人的に、支払い能力論を根拠とした富裕層課税にすでに納得しているなら、幅広い支持を勝ち得る補償論を主張することで、自身の提案への支持を広げられるかもしれない。しかし外的状況が変わり、補償論が信頼性を失ってしまえば、富裕層課税をめぐる議論は、平等な扱いと効率、および支払い能力という、競合する概念どうしの争いへと戻っていくのである。

### 富裕層課税の隆盛（と衰亡？）

課税の長期的な変遷を研究すると多くのことがわかる。幅広い流れに目を向けることは、そこに作用している最も重要な要因を引き出すのに役立つ。そこでわれわれは、リサーチアシスタントの助けを借りて、北アメリカと西ヨーロッパを中心とする20国について、2世紀にわたる課税情報を収集した。[5] データ収集の実行可能性の問題からこの20国に絞ったが、引き出した結論はもっと広く当てはまるものだ。[6] 理想的な世界であれば、豊かな者と平均的な者が毎年支払うべき各種の税の、それぞれの事例についてすべてを知ることができるのだろうが、残念ながら現実には不可能だ。大半の国では法定税率ですら広く公開されていないので、代わりに、元となっている法令に当たっていちいち確認していかなければならない。これは時間のかかるプロセスだ。

われわれは他に類を見ない、20国の所得税および相続税の法定最高限界税率を追跡したデータベースを構築することができた。ここでいう法定最高限界税率とは、法の定める最も高い税率区分に入る人物の所得（または富）の最後の1ドルに適用される税率、を意味している。この情報は、そのほとんどが、元になっている法令から引き出される。最高限界税率は、豊かな者がいくら支払うかの目安を提供してくれる。しかし、法定税率だけに焦点を当てたのでは誤解を招きかねない。そこでこの問題に対処するため、われわれは多くの追加情報も併せて収集した。第一に、半分の国々については全体の（最上位層だけではない）税率表を入手した。これによって、最高税率の増加が、富裕層だけに課税するための動きなのか、それとも国民全体への課税を重くしようとした動きなのかがわかる。また、こうした税率表に目を向けることで、その時点で誰が課税されているのかについて、さらに具体的なことが明らかになる。単に「富裕層」と「それ以外」というのではなく、国の平均と比較しながら、ある特定の規模の所得を得ている（もしくは富を所有している）個人に言及することができるのである。では「豊かな」者とはなにを意味しているのだろう。広範な研究から、近年の不平等の拡大は、所得分布の上位1・0パーセント層内での動き、さらにいえば、上位0・1パーセント層とそれ以外の国民とのあいだの動きに起因していることが示されている。われわれも同様の分類を採用した。また、われわれが富裕層に焦点を当てているということは、われわれの問いかけが、多くの学者の疑問と関連しつつも、明確に違っているということでもある。多くの学者はもっと一般的な、再分配や社会保障に関する政策に焦点を当ててきている。(7)

第二に、われわれは法定税率と実効税率との比較も行っている。これは非常に重要だ。実効税率は国民が実際に支払う金額だからである。所得税の実効税率は、支払われた所得税の総額を総所得で割って得られる。実効税率の情報を入手するのは概して容易ではないし、広範な国々ついての長期にわたる情報となればなおさらだ。しかし研究対象としたうちの6国については、所得税の実効税率について長期的な情報が入手できた。これを用いて、最高法定税率が、だいたいにおいて、富裕層の実際の支払い額の優れた代理変数になることを示していく。ただし、これには重要な例外もあるので、それも指摘していくつもりだ。

データを見ていく第一歩として、図1－1を見てほしい。20国すべての所得税および相続税の法定最高限界税率を平均し、1800年から現在までの変化を示したものだ。グラフを見ると、世界を三つの段階に分けて考えたくなる。富裕層の税率は、初めは非常に低く、次に劇的な高さへと上昇し、それから再び、非常に劇的に下がっている。しかし、図1－1を見ただけでは、そうなった理由がすぐには浮かび上がってこな

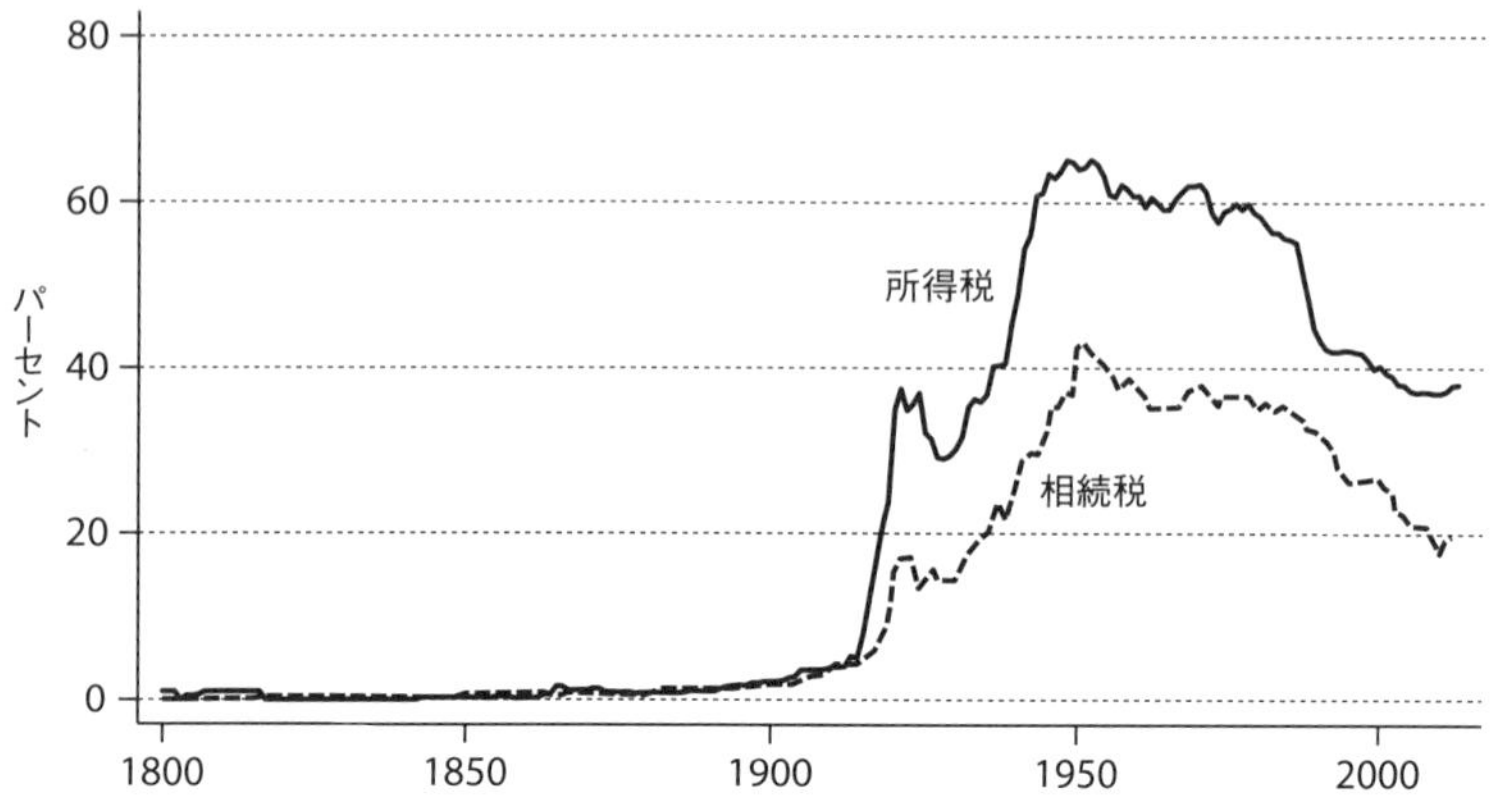


図1－1　所得税および相続税の平均最高税率、1800－2013年

い。累進課税の隆盛は、西欧世界全体が民主化した時期と重なっている。しかし、これは大規模な軍事紛争の時代とも重なっているし、それ以外の政治的経済的な環境の変化とも重なっている。たしかに、過去数世紀の戦争でも富裕層への課税はあったが、あらゆる証拠は、この20世紀の課税がまったく新しいものであることを示唆している。[8] また第5章では、19世紀を通じて富裕層への課税はほとんど行われなかったというわれわれの結論が、資産税や富への毎年の課税など、広範な税を考慮に入れても変わらないことを示していく。

図1－1に誤解の余地があるとすれば、長期的に見た政府の拡大を計算に入れていないことだろう。富裕層への課税が19世紀より20世紀に重くなっているのは、市民から政府に求められるものが増えたことで、全員が応分の貢献を余儀なくされたからではないだろうか。たしかに、国内総生産（ＧＤＰ）と比較した平均税収は１９００年から１９５０年にかけて９パーセントから20パーセントへと増えているから、その点はこの推論と一致している。しかし、政府の歳入が20世紀後半も増え続け、平均でＧＤＰの43パーセントにまでなっている一方で、富裕層の最高税率は下がってきている。[9] 政府の規模が拡大しているの

に、富裕層への課税は軽くなってきているのである。公共支出を研究している学者のなかには「ラチェット」効果ということを口にして、それによって、二度の世界大戦がそれぞれ政府の恒久的な規模拡大につながったのだとする者もいる。(10) しかし、富裕層課税の長期的な流れを見ると、ラチェット機構は働いていない。富裕層への高課税は一時的なものだった。政府の規模の役割については第3章、第5章でさらに掘り下げていく〔ラチェットは、歯車と歯止めを組み合わせて動作を一方向に制限する機構。自転車やレンチなど広く用いられている〕。

もうひとつ、図に入っていないのが、政府が税金をどう使っているかについての議論だ。これはたしかに、市民がどのような税を支持するか、それを「公正」と考えるかに少なからぬ影響をおよぼす。理想的な世界であれば、2世紀分の証拠を使って、富裕層とそれ以外の国民が20世紀を通じて政府支出からどれだけの利益を得たかをグラフにするところだろう。しかしそれは、われわれが利用できるデータの範囲を超える課題だ。幸いなことに、歴史がおあつらえ向きの実験室を用意してくれているので、今では当たり前となった政府移転の影響から切り離して税を研究することができる。1945年まで、われわれが研究している国々の政府は、基本的な公共財の提供と戦争以外には、これといった支出をほとんどしてこなかった。したがって、課税にだけ目を向けても全体像にバイアスがかかることはないだろう。さらに第8章で示すように、1945年以後は戦時補償論が、課税とまったく同じように、支出の隅々にまで適用されている。したがって、政府支出に目を向けることは、われわれの主要な結論を補強することにしかならない。

ほかにも、政府がいつ、なぜ富裕層に課税してきたかに関してはいくつかの主張があるが、そちらについても、最高税率に関するデータを広範な政治的データと組み合わせることでテストが可能だ。各国政府がいつ参政権を拡大したかに関するデータは、ほかの制度的な細部と併せて、なぜ富裕層が、ある場合には重く課税され、ある場合にはそうならなかったのかを説明してくれるだろう。また、所得と富の不平等に関するデータを用いて、不平等が拡大したときに各国が富裕層に課税したかどうかも問いかけていく。

われわれの分析は、最高税率とその関連要因の検証だけに留まらない。独立した3章を割いて、なぜ政府は戦争のための大規模動員中に富裕層への税を引き上げたのか、その理由を問いかけていく。これは決定的に重要だ。最大の教訓は、戦争が問題なのではないということだからだ。たとえ富裕層が戦時中に非常に重く課税されたにせよ、それは課税における公正さという、もっと幅広い問題についてなにかを語っているのである。

## 富裕層課税についての一般的な考え方

富裕層への課税は熱い議論のテーマである。だから、ある社会が富裕層に重く課税する理由を説明できそうな理論が何通りもあることは、驚くには当たらない。しかし、そのどれも、目下のわれわれの課題には不十分だ。そうした仮説の根底には非常に妥当な前提がある。第一は、個人は税を払いたがらないということ、第二は、さまざまな決定はその時点で支配的な政治的代議制度のタイプに影響されるということ、そして最後が、さまざまな決定は経済効率についての考え方によっても左右されるということである。そこで常識として、累進課税は民主主義になれば自然に起こってくるものだと思われている。理由は国民の多くがそれを望んでいるからで、例外は、累進課税による負のインセンティブ効果が大きすぎると考えられる場合か、民主主義がなんらかの方法で富裕層に「捕獲」されている場合である。

**「民主主義になれば富裕層への課税が重くなる」** 富裕層に課税するよう市民が政府に圧力をかける手段はいろいろあるだろうが、選挙権があることでその機会が損なわれることはないだろう。民主主義国では数が力のはずだし、貧困層と中間層は富裕層を数で上回っている。今日、政治学者や経済学者のあいだでは、民主主義国では富裕層からそれ以外の国民への所得再分配が行われやすく、累進課税はその手段のひとつだと考えるのが一般的だ。現在の学者は口を揃えてそのように主張している。しかし1521年から1524年にかけての時期には、フランチェスコ・グイチャルディーニ〔1483―1540年。フィレンツェ共和国の歴史家、政治家〕が対話編を著して、架空の人物に、フィレンツェでの民衆による統治の長所を論じさせている。そのなかで、民主制に反対するある人物は次のように述べている。

> 課税の方法に関していえば、大衆の意志は通常、より悪く、より不公平です。なぜなら生来、彼らは自分たちより裕福な者に重い負担を課すのを好んでおりますから。また、裕福でない者の数は断然多いですので、彼らがこのようなことを行うのは困難ではないのです。[11]

それから5世紀後、民主主義が拡大する新しい時代に、エドウィン・セリグマンがよく似た見解を表明した。しかしグイチャルディーニとは違い、セリグマンはこれをまったく優れたものと見た。[12] 社会に民主主義の理想が浸透するにつれて人びとは自然に累進課税を支持するようになる、理由は単純に、それが道理に適った望ましいものだからだと考えたのである。この時期の、これに対抗する見方は、民主主義国での累進課税の選択は政治闘争の結果にすぎないとするものだった。1926年に、ウィリアム・シュルツ〔1902―1970年。アメリカの作家、翻訳家、編集者〕が次のような考えを述べている。

> 各州の議会で「貧しい」地区の代表から累進課税が提案されている。有産階級の代表は必死の抵抗を試みて

いるが、貧しい多数派の選挙民による政治的影響力が豊かな少数派の影響力を上回りさえすれば、たいてい法案は議会を通過する。新たな過激政党や古い政党内で勢力を伸ばしつつある過激派を利用して、どの国でも、貧困階級が多かれ少なかれ議会で支配力を振るうようになってきており、この国でも海外でも、今や累進課税が既存秩序となってしまった。これは議会においてたまたま貧困階級が富裕層に勝利したということであって――比例税率を保持しようとしても同じように敗北しただろう――両者は見えないところで経済闘争、政治闘争を繰り広げているのである。[13]

その後も多くの学者が、普通選挙による再分配への影響と、その方程式の一部としての累進課税政策への影響を強調してきた。[14] 証拠はなんと言っているだろう。所得税の導入が参政権の拡大に付随したものだったという考えには、ある程度の支持がある。[15] しかしわれわれは、各国の政府が所得税を創設したかどうかだけではなく、それを富裕層への重課税に使ってきたかも問う。第3章では、この問いに答えるために一連の簡単なテストを考えた。これには裏付けとなる広範な統計分析があって、オンライン資料で参照できるようにしている。[16] 普通選挙は最終的に20国すべてで確立されることになるのだが、その時期は異なっている。もし普通選挙が富裕層課税の強化につながったのなら、早く参政権を拡大した国では、税についても、他国より早い時点で累進的な政策を採用していたと予想される。われわれは、この考えを検証するために、所得課税と相続課税の両方に関する証拠を用いた。所得への課税には高度な行政能力が必要だ。したがって、たとえ民主化の途上にある国が富裕層に所得税を課せられなくても、それは能力不足によるものであって、民主主義仮説が間違っているからではないかもしれない。歴史的に見ても、行政機構が未発達な国はやむなく相続財産に課税している。もし民主化の途上にある国が、相続を通じた富裕層課税にも失敗していれば、民主主義仮説のなにかが間違っていることが示唆される。

証拠は、民主主義による累進課税への効果が誇張されたものであることを示している。すでに述べたように、参政権の拡大と累進課税の採用はほぼ同時期に、多くの国で起こっているのだが、累進課税の採用と富裕層への高い限界税率の選択とは区別する必要がある。累進課税の基本原則が採用されて以後も、多くの国では、今日から見て高いと思えるほどの法定最高限界税率が選択されるまでに長い時間がかかっている。なかには、まったくこのステップに進まなかった国もある。この発見のひとつの説明はこうだ――一般国民への投票権の付与が累進課税という結果につながらなかったのは、彼らがそれを望まなかったからである（市民を平等に扱うにしても、別の政策なら賛同が得られたのかもしれない）。

分析の幅を広げて、参政権以外の制度に目を向けることも可能だ。普通選挙が累進課税に影響を与えるのは、代表の選出が直接選挙で行われ、投票の秘密が守られ、かつ、それ以外にも制度的な障害がなくて、大多数の意見表明が妨げられないときに限られるのではないだろうか。われわれはそうした可能性を数多く調べてみたが、この条件を満たしたから累進課税になったという例は驚くほど少なかった。民主主義だけでは富裕層への重課税は生まれないのである。

**「民主主義国は不平等が大きくなると富裕層に課税する」**　多くの研究者が現在の状況は異常だと述べている。不平等が今まさに拡大しているというのに富裕層の税は低く、しかもまだ下がりそうだからだ。この主張の背後には、「通常」なら政府は富裕層の税を上げて不平等と戦うはずだという暗黙の前提がある。そう考える理由は三つだ。

第一の理由は、最上位層の所得や富の総額がそれ以外の社会と比較して大きくなれば、有権者は、負のインセンティブ効果が大きくなりすぎない範囲で富裕層への課税を重くすることが自分たちの利益に適うと考える、ということである。(17) 支払い能力主義に賛同している有権者も、この選択を好ましいと思うかもしれない。

不平等が大きくなれば国民は富裕層への課税を要求するだろうとする第二の理由は、人びとが、結果の不平等が機会の不平等から生じていると考えているからである。

不平等が大きくなれば政府は富裕層に課税するだろうとする第三の理由は、不平等の影響が政治体制に及ぶことを恐れるからである。政府は、所得や富の不平等が、富裕なエリート層ないし少数の独裁集団による、政治過程の独占につながることを恐れている。これは昔からある考え方だ。アメリカの建国の父らは共通してこの恐怖を抱いていた。(18) フランチェスコ・グイチャルディーニが16世紀フィレンツェの累進所得税について著した対話編『ラ・デッチマ・スカラータ』でも、累進課税の支持者がこの考え方を強調して、富のいきすぎた不平等は市民の美徳を奪って共和国の土台を切り崩し、専制にさえつながりかねないとしていた。(19) 最後に、ジャン゠ジャック・ルソーのような著述家も、極端な不平等は共和国にとって危険だと強調してきた。理由は、豊かな者が法的拘束を乗り越えてしまうことと、貧しい者が反乱に走りやすくなることの両方である。ルソーは述べている。

擁護すべき貧乏人と抑制すべき金持が存在する場合には、最大の悪がすでに行なわれているのである。法のあらゆる力が発揮されるのは、中程度の階級に対してだけである。つまり法は金持の財宝に対しても貧乏人の窮乏に対しても同じように無力なのである。前者は法をくぐりぬけ、後者は法から見落とされる。前者は法の網を破り、後者は法をすりぬけてしまう。(20)

とはいえ、やはりこの暗黙の前提には大きな疑問がある――いくら民主的に選ばれたとはいえ、はたして有権者が政府を動かして矯正的な政治行動をとらせ、不平等水準をルソーのいう「中程度」に収めるということがあるだろうか(21)。

最上位層の所得および富のシェアから得られる証拠は、実際の民主主義国が、不平等が大きいからといって富裕層への課税を重くはしないことを示唆している。第3章と第4章では、不平等と所得税および相続税の最高税率との関係を考察する。最上位層の所得および富のシェアに関するデータからわかるのは、第一に、不平等の水準が全般に高くなったからといって、政府が富裕層への増税でそれに対応するという証拠は、全体として非常に弱いということである。第二に、富裕層への課税が引き上げられると、たしかにその後は不平等水準が低下している。このことは、高い最高税率が不平等に取り組む強力なツールとなることを意味しているが、だからといって、不平等の存在だけでは、政府にこの戦略を追求させるには不十分である。また、支払い能力論だけでは勝利が得られないことも暗示されている。したがって、なぜ政府はある場合には不平等に対応し、ある場合には対応しないのかを考えなければならない。

**「民主政治は富裕層に捕獲されることがある」**　民主主義国では、富裕層もそれ以外の全員と同じく1人1票しかもっていない。しかし当然のことながら、だから富の有無による不公平はないと考えるなら、それは甘い。修正版の民主主義仮説では、民主主義になって富裕層への課税が強化されるのは、富裕層がその富を使って政治過程を捕獲できなかった場合だけだとする。先に指摘したように、共和政治の理論家は、富の不平等が豊かな階層による政策の押しつけにつながることを昔から恐れていた。今日、こうした影響を生じると思われる道筋はいくつも考えられる。論理的に考えれば、富裕層は、ロビィ活動をするにも選挙運動に献金するにも有利な立場にある。具体的な政策が自分たちにどのように影響するかについての情報にも詳しいだろう。単純に、政策策定者と同じ世界に出入りすることも多いと思われる。

　この問題を考えるとき、多くの研究者は、今日の合衆国の例にまず言及する。数十年前から合衆国の政治運動は大口の選挙献金に依存しているが、特に連邦最高裁の２０１０年シチズンズ・ユナイテッド判断〔シチズンズ・ユナイテッド対ＦＥＣ（連邦選挙委員会）裁判。支持する候補者や政党と直接的な協力関係にない政治活動に関する場合の献金額に限度を設けてはならないとした〕以後はそれが強まっている。おそらくそのためだろう、マーティン・ギレンズやラリー・バーテルズといった調査研究者による慎重な研究でも、アメリカの連邦議会で議員が投票する際には、一般の有権者ではなく、高所得の選挙民の考えに最も沿う傾向があることが示されている。[22] 合衆国政府が以前と比べて富裕層への課税を減らしているという事実は、単純に、この捕獲現象が広がった結果なのかもしれない。この課題を広範に検証し、献金と政策選択とのつながりを支持する明確な証拠を発見した研究もある。[23] それ以外にも、遺産税〔日本の相続税に相当。個人の残した財産（遺産）に課税されるため被相続人（実際には遺産管理人ないし執行人）が納税義務を負う〕のような特定の税に関する展開を説明するのに、捕獲という考え方が役立つとする主張もある。[24]

　捕獲仮説は、合衆国での近年のできごとを説明するには理想的に思える。莫大な選挙資金が私的に提供されているし、ロビィ活動への私的な支出はさらに巨額に違いない。[25] しかし、選挙資金とロビィ活動への言及をもって全体像についての納得のいく説明とするためには、この仮説が、富裕層への課税を減らしてきた他の民主主義国についても真でなければならない。実際に多くの国が、相続課税を完全に廃止するなど、合衆国以上のことをしてきている。所得税の最高税率は他国でも劇的に下がっている。捕獲仮説の問題点は、政治における私的マネーの役割がずっと限定的な国も含めて、このような展開になっていることだ。たとえばカナダでは、近年まで選挙運動が公的資金で補塡されてきたが、それでもカナダ政府は１９７１年に相続税を廃止している。スウェーデンも、政治にかかる費用は合衆国と比べてはるかに少ないにもかかわらず、2004年に同様のステップを踏んだ。

とはいえ、選挙資金のあり方と富裕層課税の程度とのあいだに関係が見いだされなかったというだけで、捕獲仮説がまったく的外れだということにはならない。また、富裕層によるロビィ活動が、合衆国におけるここ数十年の富裕層課税にまったく影響してこなかったということにもならない。たとえばヘッジファンドマネジャーは、自らの所得を成功報酬（キャリード・インタレスト）に分類することで支払うべき税額を抑えられるのだが、この政策が金融部門の面々によるロビィ活動によって維持されていることは疑う余地がない。しかし全体として見ると、捕獲仮説は多くの国の、長期にわたる、幅広い税率の変化を説明するには不十分だ。捕獲仮説についての納得のいく証拠があるとするなら、それは、民主主義国が富裕層に重く課税できていない広範な事例において、その失敗が、ダロン・アセモグルとジェイムズ・ロビンソンが示唆するような、エリート層の根強いパワーに帰されることを示さなければならない[26]。またそのような説明は、富裕層課税についての国ごとの、長期にわたる違いが捕獲の程度の違いで説明できることも示さなければならない。

**「政府は、それが自滅的だと考えるときには富裕層への課税を回避する」**　富裕層課税に反対する多くの主張のなかで最もよく耳にするのは、この政策は自滅的だというものだ。すなわち、富裕層に高い税を課すのは、彼らにそんなに働くな、あまり投資するなと命じるようなものであり、資本移動の世界にあっては、富を外国へ移せと言っているようなものだという考え方である。したがって、そんな政策なら初めからしないほうがよい、となる。われわれの目的は、こうした主張の妥当性を評価することではない[27]。代わりに問うのは、こうした主張に政治の舞台でどれだけの力があったのか、長期的に見た最高税率の変化がそれで説明できるのか、である。こうしたインセンティブ効果についての知識が時代とともに変わることはあるだろう。それはおそらく、経済がどう機能するかについての新しい理論や新しい証拠が出てくることによる。たとえば経済成長率が下がったときに、インセンティブ効果が負の影響を及ぼしているから富裕層への課税を軽減するべきだ、と考えられるようになるかもしれない。第8章ではこうした可能性を分析しているが、過去数十年の各国政府を見ても、成長が鈍ってきたので最高税率を下げたという証拠は、全体としてほとんど見当たらなかった。[28]

これ以外では、単純につい最近まで、インセンティブ効果が経済の重荷になるとは考えられていなかった可能性もある。鋭敏な研究者にもこのような考えを示唆している例がある。[29] しかし歴史の示すところでは、これほど真実とかけ離れたものもない。たしかに、経済理論が進歩したことで、課税によるインセンティブ効果を直接取り込んだ数学的モデルの構築が初めて可能になったのは事実だ。その最も顕著な貢献がジェイムズ・マーリーズの研究で、1970年代初めのことだった。しかし、インセンティブ効果をめぐる議論がマーリーズとともに始まったとするのはまったく正しくないし、本人もそのような主張はしていない。早くも1897年にフランシス・エッジワースが、所得平等化に基づく理想的な政策と思えるものにもインセンティブ効果の微妙な影があるはずだと明確に述べている。「こうして一瞬、社会主義の絶頂が垣間見える。しかしそれは、たちまちのうちに疑念と留保の雲に覆われてしまうのである」[30]。第2章では、インセンティブ効果をめぐる議論が実際には16世紀にまでさかのぼることを示す。近代的な累進課税制度が提案された最初の日から、反対派は、これが投資と雇用を損ねると主張してきている。しかし、こうした効果の重要性に関する考え方の変化によって、19世紀および20世紀に見られた政策の大転換が説明できるという証拠を、われわれはほとんど見つけることができなかった。

## 市民の平等な扱い

民主主義の基本原則のひとつは人びとが平等に扱われるべきだということだが、課税については、この「平等に」の意味で意見の割れることが多い。われわれは、富裕層課税を支持する最も強力な政治的主張は補償論、すなわち、富裕層は国家から不公正な特権を与えられているのだから課税して補償させるべきだという主張だったと考えている。これまで、補償論はさまざまな装いで登場してきたし、われわれはそのすべてについて検討していくのだが、過去2世紀で最も強力な補償論は、戦争のための大規模動員に伴うものだった。

1914年に大規模戦争の時代が到来したことで、富裕層への課税を支持する新しい、強力な主張の可能性が生まれた。労働者階級が徴兵されるのであれば、公平性ということから、資本家階級にも同様のことが要求される。富裕層にほかの国民より高い税を課すことは、この目的を達する手段のひとつだった。大規模戦争は、20世紀を通じて、累進税制の発達を形成する主要な力であり続けた。このことを強調するという点で、われわれの考えは、戦争による国内政治への影響を強調する近年の研究と軌を一にしている[31]。しかし、ここからわかるのは戦争のことだけではない。富裕層課税を支持する最も強力な政治的主張は、平等な扱いを回復するための補償を根拠とするものなのである。

20世紀の二つの世界大戦では、大国においてもそれ以外の国においても、前例のない規模でのマンパワーの動員が行われた。かつての軍隊は、人口のごく一部を志願兵ないし限定的な徴兵で集めていた。それが突然、皆兵制度によって幅広い人口から兵士を選ぶようになった。非常に大規模な軍を編成するためには、国家は、この方法で兵士を集めるしかないと考えたのかもしれない。志願兵では報酬のための税負担が耐えがたいものになってしまうからだ。また、皆兵制度を求める公正論もある。マーガレット・レヴィが明確に示していように、それまでの限定的な徴兵制度から皆兵制度が生まれてきたこと自体、平等な扱いへの要求の結果なのだから。(32)

しかし皆兵制度にも問題はある。徴兵抽選が行われる前の段階ですら、平等な扱いが必ずしも保証されないのだ。まず、ほとんどの皆兵制度には兵役免除となる理由がいくつもあって、富裕層はほかの人びとよりもそうした機会に与《あずか》ることが多い。年齢も同様で、これはどこの兵役制度でも免除の理由になっているが、周知のように、年齢は富との相関が強い。最後に、皆兵制度は国家の労働力ニーズを満たすだけで、戦争努力のための資金を誰から集めるかについてはなにも語らない。国民負担が増すなかで、資本家だけが、自分の投資する企業への製品需要の高まりから利益を得るということになれば、これも、広く共有された平等な扱いという約束を反故にすることになる。

皆兵制度ですら市民の平等な扱いを保証できなかったことで、20世紀の累進課税支持派は、富裕層課税のための新しい、強力な補償論を手に入れた。戦争の負担が平等でないのなら、富裕層はそれ以外の人びとより重い税を課されるべきだ。言い換えれば、それまでは支払い能力などの主張に依存せざるを得なかった累進課税論者が、富裕層への課税を重くしないのなら戦争努力のための公正な割り当ても負担しない、と主張できるようになったのである。この主張を最も明快に示したのはイギリス労働党で、彼らは、労働者階級の徴兵に見合うだけの「富の徴兵」を要求した。二つの世界大戦では、ほかの多くの国でもこれと同じ主張がなされた。

戦争のための大規模動員によって、富裕層課税に向けた補償論を主張するという、新たな可能性が提供された。こうした主張のできる時期が限られていることから、補償の論理は、富裕層の税が上がった理由だけでなく、最終的に下がった理由の説明にも役立つ。本書で示すように、第二次世界大戦直後の時期には、戦争の犠牲を強調する補償論が旧交戦国のいたるところで見られた。第一次世界大戦後がそうだったように、このときも補償論は、戦争負債の返済方法をめぐる議論のなかで突出していたし、退役兵への年金提供に関しては、第一次大戦後をはるかに上回っていた。しかし、やがて大規模動員による戦争が行われなくなると、そうした主張は視界から消えていった。代わりに、富裕層への高課税は新たな既存体制となり、それを固守するには**支払い能力**を持ち出すか、富裕層への課税は「公正」だと、なんの説明もなしに主張するしかなくなっていった。そのような状況で、富裕層の税が最終的に下がっていくのは不可避だった。このことは、正確にいつ富裕層の税が下がったのかを説明するものではないが、なぜそのような進展が不可避だったかは示してくれている。

大規模戦争が富裕層課税に向けた新しい補償論を生み出すのだとして、認識しておく必要があるのは、すべての戦争がこの可能性を開くのではないということだ。一部の論者は、近年のイラク戦争やアフガン戦争の期間中にブッシュ政権が富裕層の税を下げたことを奇妙だと捉えてきた。なぜ新たな「資本の徴兵」を求める声が出てこないのかと訝《いぶか》る声もあった(33)。しかし、こうした主張には根本的な問題がある。こうした近年の戦争では、合衆国国民の大半は犠牲を求められていないのだ。それなのに、なぜ富裕層だけが犠牲を求められなければならないのだろう。今日の合衆国が戦っているのは限定戦争であり、動員されているのは人口のごくわずかな割合にすぎない。しかも兵士は志願兵を集めている。したがって、富の徴兵についての主張がかつてのような重みをもつことはない。

さらに、累進課税の歴史についてのわれわれの解釈には最後の、決定的な要素がある。合衆国のような国がこれまで戦ってきた戦争の方法は、軍事技術の発達段階と戦っている敵のタイプによって大きく変わってきているのだ。両世界大戦中のような規模での軍の動員は、鉄道の登場によって初めて可能となったものだ。

しかしここ50年ほどは、技術がまったく逆の方向に発展している。大規模な軍を展開することは今も可能だが、弾道ミサイルやレーザー誘導爆弾、無人航空機といった兵器の発明によって、もうそうしたことは必要でなくなっている。

軍事技術と国際的な敵対関係に関するわれわれの発見が重要だという理由は二つある。第一は、なぜ当時は急勾配の累進課税が行われたのか、なぜ今日ではそれを実現するだけの政治的支持を達成することが難しいのかについて、さらに深く、さらに多くを語ってくれるからである。補償論が信頼を得たのは偶然ではない。補償論が信頼を得たのは、国際的な敵対関係と軍事技術のパターンが、国家の戦う戦争のタイプを変えたからだったのである。第二は、われわれの発見によって、20世紀の富裕層課税は（そしておそらくは不平等の流れさえも）偶然によるものだったのかという、トマ・ピケティの主張に顕著に見られる疑問についても、新たな光が当たるからである。[34] ピケティが戦争を強調していることには同意しつつも、われわれの結論は、富裕層への高課税が単なる偶然ではなかったことを示唆している。究極の原動力となったのは、国際的な敵対関係と戦争遂行に利用できる技術を中心とする、長期的な流れだったのである。

## 富裕層課税の未来

大規模戦争が重要だったのは、それによって、富裕層への課税を公正だとする理由付けに新たな考え方と新たな主張が生まれたからである。そして戦争動員の規模自体は、その時代に支配的な戦争技術によって決定されていた。では、こうしたことのすべては、富裕層への課税をめぐる今日の議論に向けて、どういったことを示唆しているのだろう。第一に、技術の変化によって戦争は限定的な形態になってきているので、20世紀の状況が単純に繰り返されることは考えにくい。強力な補償論が登場して、非常に高い限界税率の所得税や相続税につながることはないだろう。

不平等の拡大による影響についてはどうだろうか。これは、富裕層課税を要求する原動力とはならないのだろうか。今日、富裕層課税を支持する主張として最もよく耳にするのは、単に不平等が大きいから、それがさらに拡大しているからというものだ。本質的に、これは支払い能力主義のお題目だ。しかし2世紀にわたる証拠は、単に不平等が大きいという理由では、たいていの政府は富裕層に課税しないことを示している。富裕層が課税されるのは、単に国民が、不平等が大きいと考えているからではない。富裕層が課税されるのは、国民が、そこに根本的な不公正があると感じ、その理由を、初めから富裕層に有利なようにカードが配られているからであり、政府がそのカードを配っているからだと考えているときだ。言い換えれば、国民は補償論を信じているのである。

現在の流れに基づいて考えれば、富裕層課税をめぐる将来の議論は、支払い能力に固執する者と平等な扱いや経済効率を強調する者との、おなじみの亀裂をなぞると思われる。そうした議論の結果によって、上位1・0パーセントないし0・1パーセント層への課税が大幅に増加することは考えにくい。変化が起こるかどうかは、富裕層課税の支持者が平和な時代の補償論を作り上げられるかどうかにかかっている。第9章ではそうした可能性についていくつか考察するが、結論としては、富裕層への課税を望む者は、20世紀ではなく19世紀に主張されたタイプの補償論に目を向けるのがよいのではないだろうか。あの時代には、所得税を累進的にして、ほかの国税による逆進的な負担を相殺する必要があるという主張が多かった。新しい時代にこうした昔の主張をすることで、富裕層への課税がそれなりに増える可能性はある。ただし、20世紀が繰り返されることはないだろう。また、変化が起こるかどうかは、究極的には、富裕層への課税を望む者自身が、平等な扱いの論理に訴えられるかどうかで決まるのかもしれない。今は、日々を暮らすのがやっとの者より最上位層のほうが実効税率は低いというケースがある。こうしたことへの反対を主張するのに、支払い能力や不平等の拡大に訴える必要はない。このような結果は平等な扱いという基本原則に反したものであり、そうした公正さについては、富裕層課税への反対者も自ら信奉しているからである。

# 第2章　市民の平等な扱い

民主主義社会の基本原理のひとつは、人びとは政府から平等に扱われなければならないということだ。政治的平等は公正ないし正当なことだと見られている。この一般規範の一環として、市民は課税においても平等に扱われるべきだ。1848年にジョン・スチュアート・ミルは、税政策は「犠牲の平等」を第一目標とするべきだと述べたが、そのときのミルはこれを、政府は人びとを平等に扱わなければならないという、一般的な行動原理の一部として見ていた。身分に大きな不平等のある社会でさえ、課税を免除されたエリート層はたびたびその必要を感じて、課税の領域では全員が平等に扱われていると主張してきた。だから、たとえばアンシャン・レジーム時代のフランス貴族はほとんどの形態の課税を免除されていたが、彼らが理由として提出したのは、自分たちには兵役の義務があるから、というものだった。これは、フランス国家は市民を平等に扱っていると主張するための（かなり怪しげではあるが）ひとつの方法だった。

政治的平等という規範が明確に意味しているのは、公正な社会を確立するためには制度的な特権を取り除かねばならないということだ。だから、社会を異なる地位に分割して、一部の者にそれ以外の者より大きな特典を与えるべきではない。同様に投票権も、十分な教育や資産を有する者だけが享受するべきではない。

最後に、国家は少数の特権者に閑職や年金、独占を提供するべきではない。ヨーロッパ全土では――またそれ以外の地域でも――18世紀から19世紀の初めにかけて特権廃止のための闘争があった。こうした展開は、逆から見れば、国家がコミュニティーの一部に特定の義務を負わせないようにするための努力であって、たとえばアンシャン・レジーム時代のフランスに存在した賦役《ぶやく》〔フランス革命以前に封建領主が税金の代わりに道路工事や補修などの強制労働を課したもの〕はこれに当たる。

課税において、市民の平等な扱いにはどのような意味合いがあるのだろう。この理想をお題目のように唱えるだけでは、どのような税制度であるべきかが見えてこない。平等というなら、全員に同じ額を支払わせる定額税も平等だと言えるだろう。しかし今日では、これは逆進的で不平等な税だと見るのがふつうだ。金持ちほど、所得からの支払い割合が小さくなるからである。しかし、この評価がつねに正しいわけではなかった。たとえば本書の冒頭に引用した聖書の「出エジプト記」を見てほしい。ここでは、神の前では全員が平等だと考えられている。「あなたたちの命を贖うために主への献納物として支払う銀は半シェケルである。豊かな者がそれ以上支払うことも、貧しい者がそれ以下支払うことも禁じる」

市民の平等な扱いということでは、全員が同じ率で払う税も考えられる。「フラット・タックス」運動を支持した初期の知識人が考えていたのはまさにこれだ。この見方を**平等な扱い論**とよぶことにしよう。ロバート・ホールとアルヴィン・ラブッシュカが1981年に次のように述べている。「思い出してほしい。ごく最近まで、公正とは法の下での平等な扱いを意味していた。公正を同一ということに置き換えて、富裕層に多くを支払わせるというのは現代の発明であって、彼らは税制度を利用して所得を再分配し、全員を平等にするべきだと信じているのである[1]」

最後に、市民の平等な扱いには累進課税の意味合いも含まれるかもしれない。この制度では、富裕層がそれ以外の市民よりも高率の税を払うことになる。しかしそれならば、税の累進性が、単にホールとラブッシュカの述べた再分配の目的を達するのではなく、市民の平等な扱いになるのだという理由が示されなければならない。

本章では、こうした疑問に対する潜在的な二つの答えについて考察していく。その第一は**支払い能力主義**、第二は**補償論**である。まずはこの二つの概念について、その反対論とともに、歴史的な発展をふりかえってみよう。そうすることで、こうした考え方が16世紀から現在まで続く根強いものであることが示されるからである。そのうえで、実験的なゲームと、われわれが実施した調査から得られる現代的な証拠に目を向けていく。現代的な証拠が映しだすものは、歴史的なデータベースに見られるものと瓜二つだ。人びとは、課税では公正さが大切だというが、話が「市民の平等な扱い」の解釈に及ぶと、そこには個人間の深刻な差違がある。そうした差違は富裕層課税をめぐる政策選好の違いとなり、究極的には、各国が採用する税政策に影響を及ぼすことになる。

### 支払い能力主義

金持ちは高率の税を払えるはずだという概念は、一見してきわめて明白なので、誰が最初にこれを思いついたのかを問うても、たいした意味はないかもしれない。本当の問題は、この原理に賛同する者が、これを市民の平等な扱いという規範とどう調和させようとしてきたかにある。この概念が正確に「支払い能力」ということばで課税と結び付けられるようになったのは、ようやく19世紀末になってからだ。しかし、基礎となる考え方にはずっと長い歴史がある。この物語は、富裕層課税をめぐる議論には永続的な特徴があることを示している。支払い能力主義（「応能理論」ともよばれる）の支持派は、これはたしかに市民の平等な扱いを含んでいるとしてきた。反対派は、支払い能力主義を実践するのは困難であり、これが公正さの判断規準として適切かどうかも疑わしいとしてきた。人びとが最初に公正なやり方で金を得たかどうかを考慮して補足するか、場合によっては置換する必要がある、というわけだ。こうした批判は強力なものではあるが、歴史的に見ると、支払い能力論は富裕層課税に対する姿勢に大きな影響を及ぼしてきている。

近世以後で最初の支払い能力主義への言及と思われるものは、16世紀初めのフィレンツェまでさかのぼる。そして、最初の批判もこの時代のものである。１５００年、フィレンツェの大評議会は土地からの所得に対して「デッチマ・スカラータ」とよばれる累進税を導入（実際には再導入）した。この税をめぐっては賛否が大きく分かれ、そうした議論がフランチェスコ・グイチャルディーニの関心を引いた。グイチャルディーニはその名もずばり『ラ・デッチマ・スカラータ』という短いテクストを著した。これは二人の論述家による仮想の対話を描いたもので、両者は大評議会の前で、一方は反対、もう一方は賛成の立場から議論を繰り広げる。グイチャルディーニ本人はこの税に反対していたが、歴史家は、このテクストには、富裕層課税に対するフィレンツェでの賛否両論が反映していると推定している。[2] デッチマ・スカラータに賛成する側の論述には、数世紀後の支払い能力主義の立場と瓜二つの一節が含まれている。「しかしここには課税の平等がない。各人が支払わねばならない税率は誰もが同じであるべきだが、その支払いについては、誰もが同程度の不便を被るものであるべきだ[3]」

グイチャルディーニの対話編での累進課税反対派は、この支払い能力論に何通りかの対応をしている。その第一は、富裕層はその地位を維持するために貧困層より多く出費するというものだった。[4] 第二は、共和国では人びとは平等に扱われなければならないが、それは平等な政治的権利があるという意味であって、犠牲の平等や結果の平等を達成するために税制を利用しようとしてはならない、というものだった。

平等が共和国にとって善であり、実際に必要でもあることは認めよう。なぜなら、これは自由の基礎だからである。しかし、われわれが目的とすべき平等は、いかなる市民も他の市民を抑圧できない、また、すべての市民は、法とその権威に従う、そして評議会の票数に認められる各人の投票権は、他の者のそれと全く同じである、といったことからなる。(5)

フィレンツェの累進課税批判派は、金持ちは自分で稼いだのだからそれを所有する資格があるだろう、とも言っている。言い換えれば、支払い能力は税における公正さの判断基準として適切ではないということだ。これは今日に至るまで、支払い能力主義を批判する者に共通している。グイチャルディーニより1世紀前には、マッテオ・パルミエーリ〔1406―1475年。イタリアの歴史家、詩人〕が著書『市民生活論』で、金持ちが多くを所有しているのは彼らが有徳で勤勉だからだ、したがって累進課税は正しくないという考えを示した。パルミエーリのことばを引こう。

称賛に価するこのような人たちは、自分の技術なり専門知識なりを誠実かつ十分に実践し、公共の利益を増大させ、個人としても多くを稼ぎ、ほかの者よりも先へ進んだのだから、いかなる環境下においても嫉妬の対象とされるべきではない。それどころか、彼らはその美徳を保護され、奨励されるべきである。そしてもし、彼らがなにかの機会にほかの者より有利になることがあったとしても、その特権は正しく保護されるべきである。彼らは最も有益な市民であり、ほかの誰にも増して価値があるからである。(6)

時代が下ってからの支払い能力主義の使用例を見るに当たっては、18世紀の商業社会の拡大を考える必要がある。新たな形態の富の登場により、かつてフィレンツェに存在した議論が復活した。こんどは「贅沢」の望ましさと、その潜在的に不健全な影響をめぐる議論である。ある者から見れば、贅沢は最低でも商業発展のために許されるべきもの、そうでなければ祝福されるべきものだった。反対者にとっては、贅沢は商業社会に不可避の、しかしまったく望ましからざる要素だった。贅沢をめぐるこうした広範な議論で大きな要素となったのが、贅沢品を特定の税の対象とするべきかどうかという問題だった。(7) ジャン゠ジャック・ルソーは最も強硬な贅沢反対論者であり、贅沢税の支持者だった。使用人のお仕着せや馬車、鏡、シャンデリアといったものに課税することをよびかけたルソーは、こうしたものに課税するべきなのは、それがまさに必需品ではないからだという考えを示した。

これらすべてのことを注意深く結びつければ、租税を公正で真に比例的な仕方で配分するには、課税はたんに納税者の財産に比例して行なわれるべきではなくて、さらに彼らの身分の差異と彼らの財産のうちの余剰分との複比例で行なわれなければならないということがわかるであろう。(8)

グイチャルディーニの『デッチマ・スカラータ』に出てくる累進課税支持者と同様に、ルソーは、公正さの判断基準としての支払い能力に明確に言及している。

18世紀にも傑出した贅沢税反対論者はいた。そうした反対論者にとっては「贅沢」という曖昧な語句に現実的な意味はなく、課税の領域に容易に適用できるものではなかった。ヴォルテールもこのような見方をしていた。適用不能というこの考えは、当時から現在まで、支払い能力主義に対する一貫した批判となっている。

贅沢税を支持したルソーの支払い能力論に対する18世紀の第二の批判は、先に引いたマッテオ・パルミエーリの発言をなぞるものだった。すなわち、支払い能力論はその金をどのようにして稼いだかを語っていないのだから、そもそも誤った評価基準だということである。ルソーのテクストが初めて世に出たのは、ディドロらの編纂した『百科全書』の「政治経済」の項目だった。１７６５年、ジャン＝フランソワ・ド・サン＝ランベール〔１７１６―１８０３年。フランスの詩人、哲学者、軍将校〕は『百科全書』の「贅沢」の項目を寄稿し、(9) 贅沢の善悪を判断することを目的とするべきではない、問題はそれがどのように生み出されたかであるという考えを示した。初めから国家によって不公正な優位性が与えられ、そこから贅沢が生み出されているのなら、その元となっている優位性を除去することで対処するべきである。そうでないのであれば、贅沢はそのまま許されるべきである。サン＝ランベールは公正さを基礎として不平等の理論を提供した最初の著述家で、どのような場合が公正でどのような場合が不公正なのかを示していた。

課税原理の進化においてアダム・スミスは、贅沢をめぐる18世紀の議論と、富裕層課税を統治する原理を作ろうとする近代の努力との、中間点に位置している。課税に関するスミスの第一原理は、公平さの観点から税を納税者の「能力」に応じて割り振ることが必要だとする。そのうえでスミスは、これは「各人が国の保護のもとで得ている収入にできるかぎり比例して」という意味だと述べている。(10) これはどう見ても、累進税ではなく比例税の擁護論だ。しかし、スミスが贅沢をめぐる18世紀の議論にも影響されていたことはまず間違いない。(11) スミスは商業の熱心な擁護者ではあったが、贅沢税の支持者でもあった。少なくともひとつの例でスミスは、貧困層の支出を原則として必需品、富裕層の支出を原則として贅沢品と見て、この両者を区別したうえで、富裕層では家賃に対する税金の負担が収入への比例分を超えてもよいとしていた。(12) ここに支払い能力の論法が働いているのを見逃すことは難しい。

スミスの第一原理をさらに明確化しつつ、同時に支払い能力主義を明確化する仕事はジョン・スチュアート・ミルに託された。『経済学原理』第5巻第2章の有名な一節でミルは、税は「犠牲の平等」があるように課されるべきだと述べている[13]。ここでミルが言っているのは、人は平等に扱われなければならないというだけのことだ。そのうえでミルは、次のような問いを投げかける——犠牲の平等が意味するのは比例税だろうか、それとも累進税だろうか[14]。

ミルの答えは二つの部分にわかれている。第一は、必需品と贅沢品は別の扱いをされるべきであり、その限りにおいて、支払い能力主義は正当化されるとしたことだ。言い換えれば、ミルは、贅沢をめぐる前世紀の議論で浮き彫りとなったキークェスチョンに直接言及していることになる。ミルは、近代功利主義の創始者ジェレミー・ベンサムが先に提出した構想を支持して、課税されない必要最低限の所得があるべきだとした。そしてそのうえで、この必要最低限を上回る所得はすべて同じ比率で課税するべきだとした[15]。

ミルにとっての次の疑問は、はたして支払い能力主義を引き合いに出せば、必要最低限を上回る収入への累進課税を支持する主張ができるのか、ということだった。この疑問に対してミルは、できないと答える。


もっとも、1000ポンドの中から100ポンドを徴収することは、（たとえこの中から5ポンドを還付するとしても）1万ポンドの中から1000ポンドを徴収する（ただし同じように5ポンドを還付する）ことよりも、より重い課徴となる、と主張する人が確かにあるであろう。しかし、この学説は、私には、それを採って課税の原則の根底とするには議論の余地が大き過ぎ、またかりに真理であったとしても、そうするのに十分な程度まで真理ではないと思われる。1年1万ポンドの所得を有する人が1000ポンドに対して注意を払う程度は、はたして1年1000ポンドの所得しか有しない人が100ポンドに対して注意を払うよりも、より小さいかどうか、またより小さいとして、はたしてどれほど小さいかということは、私には、国会議員あるいは財政家が行動の基礎となしうる程度の確実さをもって決定することができないことであるように思われる。(16)

ここでの発言は、かつての贅沢税反対論者がとった立場と瓜二つだ。ミルの理由付けをたどっていくと、支払い能力主義の根拠となっている前提が正しいかどうかはわからない、たとえ正しいとしても、その実施は一国の議会の能力を超えている、したがって、犠牲の平等ということでは支払い能力を考慮するべきだが、それは限定的な範囲に留まる、ということになる。これは、ミルが富裕層課税に反対していたということではない。実際に、イギリスで実施されているいくつかの税負担については、逆進的になっていると非難している。(17)また、働かなくてもよいほどの富の源泉がある場合には、それに累進的な税を課すことを支持していた。(18)言い換えれば、サン＝ランベールやスミスといった先人と同じく、ミルも、その金がそもそもどのようにして得られたのかを考慮していたということである。

ミルにとっての犠牲の平等は、支払い能力を限定的に考慮するだけで維持できるものだった。それが19世紀の後半には、犠牲の平等は支払い能力主義の全面適用と同義になっていく。この変化を導いた知性面での展開は、経済学における限界革命だった。限界革命によってミルの時代より完全な効用理論が導かれ、それに合わせて、分析のための数学ツールも完成されていった。その礎石となったのが、限界効用逓減の法則である。1897年に発表されたフランシス・エッジワースの論文『課税の純粋理論』は、この動きが累進課税に適用された重要な例を提供している。すでにこの時点では、必要最低限の水準だけを課税から控除するのではなく、それを上回る所得に累進課税をどう適用するかが問題となっていたのである。

もうひとつ、エッジワースとそれに続く著述家――その代表格は近代厚生経済学の父アーサー・ピグー――とともに起こってきた重要な動きとして、犠牲の平等を公正の判断基準とする解釈から離れたことが挙げられる。[19]各個人が課税によって同じ効用の損失を被るようにする（「絶対犠牲均等説」）、あるいは同じ比率の効用を失うようにする（「比例犠牲均等説」）といった目標を追求するのではなく、課税による社会の総損失を最小化することが目標となったのである。エッジワースによれば、これの解決策は、課税された最後の1ドルによって失われる効用が各個人で同じになるように税率を設定することだった。この解決策は「限界犠牲均等説」とよばれるようになった。これは単純に、課税された最後の1ドルが社会の各成員で同じ犠牲である状況、と理解することができる。この時点で、課税をめぐる経済学者の議論は、全員を平等に扱うという、公正さによる評価基準を離れ、社会福祉の合計を最大化するという、厚生主義へと向かうようになる。[20]

限界革命に続く最後の重要な展開は、富裕層課税をめぐる経済学者の議論が非常に技術的なものとなり、学者が、そもそもの富が公正に生み出されたかどうかという、基本的な問題にほとんど言及しなくなったことだ。これは、当初スミスやミルが思い描いていたこととの明確な違いである。

エッジワースとピグーの研究は支払い能力主義の頂点を表していた。しかし、こうした主張はその後、二つの痛烈な批判の対象となる。第一は、1932年にロンドン・スクール・オブ・エコノミクスのライオネル・ロビンズが強調したものだ。これは、個人間での効用比較の不可能性ということを含んでいた。ロビンズは、政府がすべての市民の効用関数を知ることは不可能である、したがっていかなるものであれ、犠牲均等説による規準を課税に適用することは不可能だと主張した。ロビンズが引きだした意味合いは厳しいものだった。限界効用逓減の法則は富裕層から貧困層への移転が全体の満足度を高めるという推定を正当化しない、累進的な所得税のほうが非累進的な人頭税よりも社会便益への損失が少ないとは言えない、というのである。[21]

ことばは違うが、本質的には、ロビンズの主張は18世紀の贅沢税反対論者と同じだ。それから20年後、ロビンズの主張はウォルター・ブラムとハリー・カルヴァンが1952年に発表した有名な批判に使われることになった。タイトルは「危うい累進課税擁護論」。ふたりは支払い能力を測定するうえでの根本的な困難を強調した。ブラムとカルヴァンは、累進課税を支持する主張が最高レベルの納得を得られるかどうかは、当初の所得や富の配分が公正でないことを示せるかどうかにかかっているという考えを示した。これは、初期シカゴ学派の経済学者ヘンリー・サイモンズから採用した考え方だ。[22]ブラムにしてもカルヴァンにしても、課税前の所得配分がその時点で不公正だとしているわけではなかった。そうではなく、この点を指摘することで、ふたりは支払い能力主義の根本的な問題を特定したのだ。所得や富が正当に稼いだものか不当なものなのかということになんらかの言及をしないかぎり、累進課税を支持する主張は知的な説得力に欠けるのである。

ブラムとカルヴァンが論文を発表したのは1952年だった。当時の合衆国の最高限界所得税率は92パーセントだったから、累進課税を支持する議論が弱かったなどというのはばかげていると思えるかもしれない。以下の章で、われわれは、この見かけ上の矛盾に対する答えを提供していく。実は支払い能力論だけでは、富裕層課税を大衆に納得させるには不十分だったのである。高い最高税率が採用されたのは、政治の舞台にいる者が、同時に補償論も主張して、当初の所得配分が公平かどうかを問題にしたからだった。しかし、そうした議論に踏み込む前に、まずはその知的な源泉を見ておく必要がある。そのために、以下では累進課税の補償理論を考察してみよう。

### 補償論

補償論では、富裕層が国家からなにかの特権を与えられているときに、彼らに課税することでそれ以外の国民への補償となる場合には累進課税は公正だとされる。この考え方に補償論という名称を与えたのはエドウィン・セリグマンだが、本人はこの考え方に明確に反対していた。この理論は適用不能であり、補償論では一時的に崩れたバランスを取り戻すのが精一杯で、そこから先へは進めないとセリグマンは考えていた。以下、われわれはセリグマンの用語を借用していくが、彼の結論には同意しない。結果として補償論は、累進課税を支持する政治的主張として最も強力なものとなった。このセクションでのわれわれの目的は、補償論の背後にある前提を明らかにしつつ、その歴史的な源泉をたどることにある。補償論の妥当性を実証的に示すことは、あとの各章の目的となる。

補償論の基礎へと進む前に指摘しておくべきは、これがまた別の、受益者負担の原則とよばれる課税ルールと少なからず類似していることだろう。受益者負担の考え方は、政府が提供する財から利益を得ている者はその見返りを、自らの利益に応じた割合で支払うべきだとする。しかし受益者負担主義は、公的に提供される財に応じた税配分にしか言及しない。ある税を使って別の税を補償することについてはなにも語らないのである。また、政府によるほかの介入の効果を税で埋めあわせるという、われわれが以下で述べるようなことにも言及しない。

著述家のなかには、課税における公正さは努力によって稼いだ金か単なる幸運による金かで決まる、とする者もいる。こうした判断基準はたいてい「運の平等主義」とよばれる。そこで、グイチャルディーニの描く累進課税支持者は、フィレンツェの土地持ちエリート層は怠惰と相続を通じて金を得たのだからデッチマ・スカラータを払うべきだ、しかし、同市の商人は勤勉を通じて自らの富を得たのだから税を免除されるべきだとした。それから3世紀を早送りしてみると、ジョン・スチュアート・ミルが同様の態度を表明している。ミルは、必要最低限を控除したあとは同じ比率で課税するべきだと考えていた。ただし、土地の評価額から利益を得た者は、まったく本人の努力なしに稼いだのだから余分に税を支払うべきだ、とも論じた。相続財産への重い累進課税を擁護するミルの主張も、同じ論理をたどっている。19世紀には、アーサー・ピグーが偶発的な利益への課税を主張した。これは「人びとの資産の実質価値の増加のうち、予見されなかったもの、いかなる程度であれ努力、知性の働き、リスクの負担、資本の投資によらないもの」を意味している。[23] さらに近年にはトマ・ピケティや、ローラン・ベナボーとジャン・ティロールが、再分配的な課税に対する姿勢は各個人がその所得を努力によって得たと考えるか幸運によるものと考えるかによって決まる、という考えを示している。[24] いま挙げた例に共通して含まれているのは、最大の所得を得た者は単にしかるべき時にしかるべき場所にいたにすぎないのだから彼らに課税するべきだ、という主張である。

以下で示していくのは、こうしたタイプの主張が最も強力となるのは、富裕層の幸運が単なる偶然ではなく国家の行動によるときだということである。そのような場合には、国家による市民の平等な扱いという規範が侵されたことになり、その回復のために富裕層への課税を求める補償論が出てくる。これは、富裕層が国家から特殊な権益を認められている場合にも当てはまる。平均的な市民が追加の負担を義務づけられているときも同様だ。

われわれのこの主張は、ライアム・マーフィーとトマス・ネーゲルによる、さらに一般的な指摘と関連している。[25] 公正な税制度を設計するには、単純に各人が稼いだ市場所得だけを出発点として各人の支払い額を決定するべきではない、とマーフィーとネーゲルはいう。そうではなく、政府の行動が各人の市場所得に影響するすべての道筋を考慮したうえで、その事実に照らして税負担を配分するべきである。課税は、国家が決定するほかの特権や責任を補償するよう設計されなければならない(26)。マーフィーとネーゲルが著書で述べているのは規範的な議論だ。政府はこのようにするべきだと考えているのである。彼らの考えを完全に実施しようとすれば、政府の行動が課税前所得に影響するあらゆる筋道を知らなければならないし、もし国家がまったく存在しなかったら所得がいくらになるかまで考慮する必要がでてくるだろう。しかし、ふたりの推論をもっと限定的に用いて、実際に政府がどうするかについて積極的な予測をすることはできる。もし国民が市民の平等な扱いという規範を動機としているのなら、明らかに特権と思われる事例が現れたときには、国家が税制度を用いてそれを是正ないし補償することを望むだろう。

　補償論でまず考えるべきは、ある税によって別の税を補償するべきかどうかを考察することだ。歴史的に見ると、多くの政府は歳入の大半を間接税で集めていて、たいていは一般消費財に課税していた。そうした税は、個人や世帯に課税する直接税と比べると、官僚組織の能力が高くなくても徴収できるものが多い。貧困層や平均的な国民は、所得から一般消費財に支出する割合が富裕層よりも大きいので、その限りにおいて、間接税は逆進的な負担となる。そのような状況下では、いずれかの形態の直接税（所得税など）を累進的な形態にして間接税の逆進的な負担を補償するべきだという主張が成り立つ。

　ほかの者は間接税の負担が大きいのだから富裕層に課税するべきだという主張は、19世紀に大きく広がった。これについては第6章で詳しく述べるが、実際には、こうした主張はもっと早い時期に現れている。1287年から1355年にかけて、イタリア・シエーナの自治共同体《コムーネ》は、少数の有力商人による九人委員《ノーヴェ》とよばれる体制で統治されていた。共同体政府の資金はガベッラとよばれる間接税のほか、二つの評価台帳（「所有物一覧」と資産評価《リラ》）に基づく各種の直接税および強制融資によって賄われていた。この時期のシエーナ史の第一人者であるウィリアム・バウスキーによれば、シエーナの指導者たちはこれを公正な制度だと考えていて、税を組み合わせて適用し、ひとつの税による負担を別の税で補償しようとするものだとしていた。自身の主張を支持するためバウスキーは、１３２３年5月9日に立法委員会がシエーナの市評議会に提出した以下の質問を引用している。

シエーナのコムーネが生きてその事業を達成するのは〔所有物〕一覧によらなければならないのだろうか。……それとも、生きてその勤めを果たすのはリラの作成によって、あるいは作成したリラを通じて、あるいはガベッラによってであるべきだろうか。……あるいは、同じ評議会が喜ぶなら、先に述べた三つの方法をすべてまとめて同一にし、将来シエーナのコムーネで生まれる金額の一部をこの方法で——具体的には3分の1は一覧で、3分の1は、そう、リラで、そして3分の1はガベッラでという具合に——市民から取り立てるべきだろうか。……そしてこれは、この方法によって市民のあいだにさらに大きな平等が維持されるからであり、一覧での負担が大きくなっても、リラやガベッラなどで救済されるからである。(27)

ほかの税による貧困層の負担を補償するために公正さの観点から富裕層への課税が必要だということの考え方が、非常に古くからの遺産であることは明らかだ。研究者は、もっと近年の補償論も考察している。この主張を最も明快に定式化したのはほかならぬジョン・スチュアート・ミルだった。ミルは、間接税の負担は貧困層、中間層に特に重いのだから、当時の所得税の制度が１５０ポンド未満の所得控除を設定しているのは公正だと主張した。この問題についてのミルの見解は、１８５２年の所得税に関する議会証言で表明された。

ジョゼフ・ヒューム　すべての当事者から平等な犠牲を求めるためには、所得税だけでなく、共同体のさまざまな階級への負担となっている課税項目についても考慮したうえで、すべての階級にとって公正かつ平等な税率がいくらであるかを公表しなければならない、というご意見だと理解しますが。
ジョン・スチュアート・ミル　その通りです。(28)

ミルは、犠牲の平等は個人を対象とするすべての税についての考慮に基づかなければならない、所得税だけのことではないと明言している。たとえ当時のイギリスの世帯の大多数が所得税を免除されるとしても、彼らは間接税の負担の大部分を背負っていたのだから、これは筋が通る。ミルは、所得税において最初の150ポンドの所得控除を公正だと考えた。しかし、この補償論を累進的な所得税の支持に用いることはしなかった。その一歩は、あとに続く研究者が進めることになる。(29)

いま挙げた例は、範囲は狭いが明快なタイプの補償に言及したものだ。人びとの平等な扱いを信じるなら、一般消費財にかかる間接税がこの原則を破っているという考えに反論するのは難しい。所得の目盛りの低いところにいる人ほど、所得のうちの大きな割合を支払うことになるからだ。したがって、所得への累進課税が補償のために必要となる。しかし、累進的な所得税（または相続税）は、ほかにも、国家が市民を平等に扱えていないことの補償に使えるのではないだろうか。ライアム・マーフィーとトマス・ネーゲルは、政府の行動が各人の市場所得に影響するすべての道筋を考慮したうえでと述べたが、そのときふたりが念頭に置いていたのは、もちろん間接税の負担だけではなかった。ジョン・ロールズは、ほかの既存の政策が人びとを公平に扱っていないなら「急勾配の累進所得税であろうとも」必要ではないかと述べたが、これについても同じことが言えるだろう。「有効な制度編成のうち最善のものが、複数の欠陥・不完全性の打ち消しあい

（すなわち不正義を補正するための調整）を包含しうるという意味において、そうした二つの不正が合わさるかたちで、ひとつの正（正しさ）をもたらすことができる」[30]

マーフィーとネーゲル、そしてロールズの洞察をたどるためには、税の例を越えて、税以外に国家が与える特権ないし国家が課す負担について考えていく必要がある。歴史を通じて、国家の第一目的は対外防衛の提供だった。多くの場合、国防の費用は課税を通して賄われたが、歴史を見ると、多様な形態の軍役を通して、あるいは愛国心に訴えることで国防を提供した国家もかなりある。先に挙げた一例では、社会の一部が軍役の対象となっている場合には、その者たちは税に関して有利な扱いを受けなければならないと考えられた。これは、アンシャン・レジーム下のフランス貴族が課税免除を求めてたびたび持ち出してきた論拠だった——われわれは自らすすんで武器を担うことで、事実上、われわれだけに課された税を支払っているのだから、ほかの税は免除されなければならない、というわけである。また逆に、貧困層や中間層に軍役負担の補償を与えるのが公正だと考えられた例も歴史上にはある。

どのような社会でも、一部の個人が共同防衛に従事することを義務づけられ、ほかの者にはそれがないとなれば、それは出征しない者に課税するとりわけ強い理由になる。近代においては、フランス革命の軍事的背景からこの主張が生まれている。１７９３年の初めの数カ月には、戦費を賄うために累進的な課税制度を確立せよという声がフランス各地から挙がるようになった。多くの場合、この方針の支持者は、支払い能力論を使ってこれを正当化していた。しかし、補償論を唱える者もあった。パリ市は、フランスを侵略してきたさまざまな軍勢と戦うために、市内の一般階級から若者を募っていた。１７９３年３月９日、パリ革命政府《コミューン》の検事総長だったピエール＝ガスパール・ショーメットは、国民公会で次のように演説した。

市民のみなさん。これまで、あまりに長きにわたり、貧しい者だけが最大の犠牲を捧げてまいりました。彼は手許になにも残さず、自らの、さらには自らの子どもの血さえ差し出してまいりました。彼はすべてを提供して国家に尽くしてきたのであります。今こそ、自ら孤立して財宝の陰に隠れている富裕なエゴイストからその財宝を引き剝がし、その一部を共和国の必要と彼自身の幸福のために差し出させるときであります。私どもは、この階級の面々に――これまでなんの役にも立たず、革命に害でさえあった面々に――戦争税を課し、その一部を分配して、国の守り手の妻や、父や、母や、子どもらの負担をやわらげるよう求めるものであります。(31)

ショーメットの演説を受けて、国民公会は、富裕層に戦争税を課すという原則を直ちに採用した。この演説自体、累進課税への政治的支持の拡大に補償論がどのように使えるかを示す理想的な例を提供してくれている。あらゆる証拠から見て、ショーメット本人は、同時代の多くのジャコバン派と同様、支払い能力論だけを根拠に累進課税を支持していたようだ。しかし彼は、公会の議員全員がそうではないことを承知していたに違いない。

ここまで、補償論が累進課税への支持基盤拡大にどのように使えるかを示してきたが、この考えに対する批判についてはまだ考察していない。有力な批判をしたのはエドウィン・セリグマンで、概ねは、合衆国経済学会の初代会長を務めたフランシス・ウォーカーの初期の見解の繰り返しだった。(32) 論理的な広がりでいえば、補償論は、個人の市場所得に影響するあらゆる政府行動に適用することができる。しかし、そのような完全な評価をしようとしても望みがないことは明らかだ。

そこで、どのような補償論ならセリグマンやウォーカーの批判に抵抗できるのかを問う必要がある。政治の舞台でも納得が得られることを証明するためには、当然のことながら、補償論は、国家の行為によって生み出された明々白々たる不平等の修正をめざすものでなければならない。本書は、先行する不平等がどこまで大きく、あるいは明白になれば補償論の主張が信頼を得るのかについて、事前予測めいたものを提供するものではない。ただ、そのことを認めたうえでひとつ言えるのは、歴史的に見て、有効な補償論は必ず先行する不平等、それも直近の過去に生まれた不平等と固く結びついているということだ。19世紀には少なからぬ著述家が、歴史の全体を通じて国家が国民を平等に扱ってこなかったことを根拠に、累進課税は（少なくとも一時的には）正当化できるという考えを示した。[33] 20世紀以後では、課税をめぐる主要な政治議論でこうしたタイプの主張は見られない。

補償論への第二の批判は、18世紀の贅沢税の支持者に対してサン゠ランベールが浴びせたものと同じだ。もし国家が一部の者に特権的な地位を与え、そのことで不公正な不平等が生まれたのなら、論理的な対応は課税ではなく、不平等のそもそもの根源を取り除くことであるべきだ。補償論への第一の批判の場合と同様に、この第二の批判についても、これが補償論の政治的影響力にどう作用するかを考察する必要がある。もし、政府が一部の者のために不必要な特権を作り出していて、それが一般的な利益をもたらしていないのであれば、そこに課税するよりも、単純にその特権を取り除くべきだという主張のほうが政治的には強力だろう。しかし、なかには特権が容易に除去できない場合もあるだろう。間接税は必要だが、それでは負担が逆進的になりやすい。[34] 徴兵が必要な場合もあるだろうが、すべての年齢層を軍務に就かせるのは現実的ではない。そのような場合にこそ、累進課税を支持する補償論は最も大きな影響力を発揮するのである。

## 人びとは平等な扱いを信じているのか

規範的基準としての課税の公正さをめぐっては、きわめて多くの議論がある。言い換えれば、公正さは、政府が達成をめざすべきものとして見られているということだ。本章での議論は、この種の規範的な主張に焦点を当ててきている。しかし、公正さについての考えが、人びとの選好や政府による税政策選択の動機となるか否かに関しては、学問的な取り組みがずっと少ない。政府が追求する税政策を説明しようとするときに、大半の学者が想定する「人びと」は、自分の所得を最大化しようとするだけで、公正さによる制限には目もくれない。公正さは、政府のすることを予測ないし説明する際に、なんらかの役割を果たしているのだろうか。しかし、人びとは自分の所得の最大化にしか関心がないか、公正さによるなんらかの規範を守ることに専心しているかのどちらか一方だと仮定する必要はない。各個人が、こうした目的のそれぞれに、それなりの重みを置いているということはまったくありうる。またその重みにしても、個人差があるだろう。一部の人には、こうした公正規範がほかの人と比べて強い動機となっているかもしれない。累進課税の歴史についての解釈を正確なものにするために必要な仮定は、公正規範に反応する程度は人によって異なる、ということだけである。

過去数十年にわたって蓄積されてきた圧倒的な量の証拠は、実験室環境では、人類が（そしておそらく他の霊長類も）心理学の用語でいう「向社会的」な行動をとることを示唆している。ここでいう向社会的とは、個人は自分の所得を最大化する選択をしないという意味だ。人は、他者のためにテーブルに金を残しておくのである。こうした証拠が数多く蓄積されているのはごく基本的な実験ゲームでのことで、本書で考察しているような課税という文脈と比べればはるかに単純だ。しかしたとえそうであっても、こうした結果は有益なものとなりうる。ここからは二つの重要なことが示唆される。第一は、少なからぬ人が平等な扱いを信じていること、第二は、少なからぬ人が支払い能力主義ないし補償論の考えに賛同しているということである。まずは「最後通牒ゲーム」および「独裁者ゲーム」という二つの実験ゲームからの証拠を考えてみよう。

こうしたゲームは実験室環境だけでなく、幅広い分野のさまざまな文脈での「フィールド実験」でも行われている。最後通牒ゲームでは、2人1組の被験者に一定の金額を示し、一方の被験者（提案者）が、それをどう分けるかをもう一方の被験者（応答者）に提案する。応答者が提案を受け入れれば、提案されたルールにしたがって全額が分割される。応答者が提案を拒否すれば、どちらも受取額はゼロになる。応答者にすれば、いくらであってもゼロよりはましなのだから、狭義の自己利益で考えれば、金額がプラスでさえあればどんな提案でも受け入れるはずだ。また、そのように予測されるのであれば、提案者には、ほぼ全額を手許に残す提案もできることがわかっているはずだ。ところが実際には、提案者はそれよりずっと多い額を提示する。50対50の分割を申し出た例もかなりある[35]。

「独裁者ゲーム」からも、人の平等な扱いをめぐって同様の結果が得られている。このゲームでは、一方の被験者は提示された額を拒否できず、受け取るだけの受領者になる[36]。こうしておけば、提案者がプラスの金額を提示した場合に、低額だと受領者から拒否されると予想しているからではないかという疑問を排除できる。証拠は、プラスの金額を提示するときの「独裁者」には、明らかに50対50分割への共鳴があることを示している。独裁者ゲームのメタ分析を見ると、かなりの提案が50対50分割の周辺に集まっていて、この基準から上下に離れた提案と比べてずっと多い[37]。このことは、平等な扱いということを非常に直接的に証明している。この現象をさらに追求したある研究では、研究者らが、アメリカ人被験者１０００人を対象に、修正版の独裁者ゲームを実施した。このゲームでは、独裁者から受領者にある額の「再分配」が行われる。このような膨らませた設定にすることで、自己利益と公正さとを区別するとともに、効率への関心も考慮に入れることができる。単純な独裁者ゲームから得られた結果と同様に、論文の著者らは、回答者のうちのかなりな割合が、公正さということに強く、あるいは少なくとも部分的に動機付けられていることを見いだしている。[38]

独裁者ゲームや最後通牒ゲームで提案者がプラスの金額を提示する正確な理由については多くの議論がある。行動には異文化間のバリエーションもかなりあるし、市場統合の進んだ社会の個人ほど多額の提案をするのが一般的だ。[39]

こんどは独裁者ゲームないし最後通牒ゲームを単純に拡張して、課税の補償理論と関連づけてみよう。この拡張版では、提案者か受領者（応答者）のどちらかがまず（たとえば数学のテストで）資金を稼ぎ、それを再分配する。これは行動にどのように影響するだろう。これは補償論と一致していて、提案者が自分で資金を稼いだ場合には提示する額が少なくなり、受領者（応答者）が資金を稼いだ場合には、提案者の提示する額が多くなる傾向がある。[40] こうした結果からは、課税の補償論で人びとの行動を予測できることが示唆される。しかしこうした実験では、自然の働きとしての幸運と政府の行動の結果としての幸運とが区別されないので、われわれのいう補償論との一致は完全ではない。

別の実験の結果を再検討して、人びとが支払い能力主義に執着するかどうかを検証することもできる。この実験では、自分が公共的な価値のためにいくら寄付するかを各個人が決めなければならない。[41] 各個人に異なる財産が与えられた状態でゲームを始めると、多くもらっている者がたくさん払うという規範が現れる。しかし、ここがわれわれの研究にとってきわめて重要な点なのだが、こうした不均等財産のゲームでは、現れる公正規範にばらつきがあって、全員が寄付するが額は平等ということになったり、財産の多い者ほど多く寄付することになったりする。

経済政策の選好に関する世論を扱った文献も、政策に関する個人の意見では、自己利益に加えて、公正さへの関心が重要だという多くの証拠を提供している。[42] 本章で検討しているような公正規範の差違が税政策の選好に影響するかどうかをもっと具体的に調べるために、われわれはテキサス大学の呂暁波と共同で、ある調査を設計・実施した。２０１４年のこの調査では、合衆国の代表サンプル５００人を対象に、比例的な税スキームと累進的な税スキームのどちらが好ましいかを表明してもらい[43]、そのうえで、回答者に自分の選択を説明する機会を与えた。われわれは、この自由記述式の回答を使って公正規範についての推論を引きだした。われわれの意図は、この調査の結果をもって、本章で展開してきた課税をめぐる議論の包括的なテストとすることではない。そうしたものは、以下の章で示す歴史的な証拠によって現れてくるだろう。ここでこの調査結果を提示するのは、単純に、人びとは公正さへの関心を動機とすることもあるということ、しかしその公正さへの関心には差違があることを示すためである。調査で用いた質問の文章は、正確には以下の通りである。

> 合衆国の多くの研究者が、連邦政府の赤字には歳出削減と所得増税の組み合わせで取り組むべきだという考えを示しています。歳入を増やして赤字削減に役立てるために、連邦所得税が上がると想像してください。わたしたちは、所得増税のさまざまな案についてあなたがどう考えているかに関心があります。
>
> 　これから所得増税の案をいくつか示しますが、どの案でも歳入の増額分はほぼ同じです。必ず二つの可能な案を並列で示しますので、それぞれを比較して、どちらの税法がよいと思うかを教えてください。どちらもよい、あるいはどちらもよくないと思われるかもしれませんが、その場合も、どちらかましだと思うほうを選んでください。比較する案は全部で４組あります。
>
> 　この問題についての意見は人によって違いますから正解、不正解はありません。潜在的な変化を読み取るときにはじっくり時間をかけてください。

それぞれの選択について、回答者には二つの案が示された。A案は比例的な案で、すべての個人について個人所得税を1パーセントポイントずつ引き上げる。B案は累進的な案で、所得が2万5000ドル未満の個人には増税なし、2万5000ドルから20万ドルの個人には無作為で割り振った率で増税、所得が20万ドルを超える個人にはさらに大きな増税率を無作為に割り振った。[44] 全体として、当時の回答者の39パーセントがA案を選んだ。B案の正確な率には実験上のばらつきがあるが、それはわれわれの主な関心事ではない。ポイントは、単純にA案が比例的な増税で、B案が累進的な増税であることだ。では、各人はどのような理由からこうした選択肢を支持したのだろう。

各人に自分の選択を説明するよう求める際には、考慮した4組の増税案のうち、特に最後の組について考えるよう指示した。その後、事前に定めた手順を用い、共通に観察される多くの主張にしたがって回答をコード化し、さらにそれ以外にも、いくつかの公正判断を含めた。[45] カテゴリーは以下の通りである。

- 平等な扱い（公正さ）——比例税ないしフラット・タックスを通じて、政府が市民を同じように扱うことを望ましいとするもの。[46]
- 支払い能力（公正さ）——富裕層のほうが貧困層よりも余裕がある、または増税によって受ける損害が少ないと明確に述べているもの。
- 補償（公正さ）——ほかの不平等ないし優位を理由に、富裕層への税を高くすることが正当化されると示唆しているもの。
- 一般的公正（公正さ）——公正さに言及しているが「平等な扱い」「支払い能力」「補償」といった公正さの概

念には明確にふれていないもの。こうした回答は「それが公正だから」といった形式のものが多く、A案（比例的）とB案（累進的）のどちらを選ぶ場合にも理由付けとして採用されていた。

●累進的な扱い——富裕層に多く、貧困層に少なく課税する案を支持しているが、理由を述べていない主張。[47]

●経済効率——自分の選んだ案がなんらかの意味で経済によいと主張しているもの。

●自己利益——回答者自身が経済的に得をする案を選択している場合。

●その他——それ以外のすべての主張。[48]

こうした回答のパターンには驚くべき特徴があって、大多数の個人が、自分の政策意見の根拠として公正規範に訴えている。回答者の53パーセントの主張が、それぞれ「平等な扱い」（15パーセント）、「支払い能力」（19パーセント）、「補償」（4パーセント）、「一般的公正」（16パーセント）に分類される。われわれのコード化の主観的な性質を懸念する人に対しては、客観的な指標を用いて、結果の一部を再現することができる。驚くことではないが、たとえば「公正」という語句の使用は、その回答が公正さの四つのカテゴリーのどれかに入ることを示す優れた予測因子となっている。同じく「余裕」という語句は、その回答が支払い能力のカテゴリーに入ることを示す優れた予測因子となっているのである。われわれの調査結果について出てくると予測される最後の疑問は、われわれが補償論を重視しているにもかかわらず、なぜ採用する人がこれほど少ないのかということである。これは、本書の中核となる主張と完全に一致している。補償論は強力ではあるが、現在の文脈では、これをかつてのように主張する機会が十分ではないのである。今日の合衆国が関わっている戦争では限定的な動員しか行われておらず、20世紀に用いられたような戦時補償論はもう適用されない。平時補償論なら主張することはできるが、近年の大衆的な議論において、そうした主張は顕著ではない。

われわれは、右に述べた結果から、少なからぬ個人が公正規範を動機としていることが決定的に示されたと主張するつもりはまったくない。公正さに訴えているのは単に露骨な自己利益を覆い隠すためだという可能性ももちろんある。暮らし向きのいい者が、単純に支払う額が少なくなるからという理由で比例的なスキームを選好しておきながら、回答では、それが人びとを平等に扱うための最善の方法だからと書くこともあるだろう。まったく同じ理由で、運のよくない者が累進課税を選好しておきながら、本当の理由は支払い能力論を信じているからだと書くこともあるだろう。

この疑問を検証するひとつの方法は、所得水準によって回答にどのような違いがあるかを考えることだ。回答者のうちの214人は年間所得が2万5000ドル未満、281人が2万5000ドルから20万ドルで、3人が20万ドルを超えていた（残りの2人は所得を明らかにしていない）。厳密な自己利益が選択を支配しているのなら、年間所得が2万5000ドル未満の人は累進課税のスキームを支持し、それ以上の所得のある人は比例的なスキームを支持すると予想される。このパターンに当てはまる人を「適合的な」選択をした人とよぼう。全体では、約53パーセントの個人が適合的な選択をし、残りは「非適合的な」選択への選好を示した。ここで現実を考えると、個人が非適合的な選択をする理由はいくつもありうる。公正さが動機になる人もあるだろうし、なにかほかの利己的な理由で非適合的な選択が最善だと考える人もいるだろう。たとえば、低所得のカテゴリーに入る人でも、富裕層の税を引き上げたら経済成長を損ねると考えれば、比例税を選好するかもしれない。

この問題に取り組むために、適合的な選択をした人と非適合的な選択をした人が挙げた根拠の分布を考察してみよう。すると、公正さを主張する4タイプのいずれか（以下、単に「公正さ」）に当てはまるものと「その他」に当てはまるものとに分けることができる。全体では、適合的な選択をした人の——つまりは見かけ上の自己利益によって選択した者の――49パーセントが公正さを理由に挙げていた。この人たちについては、公正さと自己利益を見分ける方法がない。では、非適合的な人の例を考えてみよう。見かけ上の経済的自己利益に反する税スキームを選択した人たちだ。すると、非適合的な人の約58パーセントが公正さを選択の根拠に挙げていた。ここで重要なのは、この割合が適合的な人で見た49パーセントより大きいということではない。単純に、非適合的な人のうちのかなりな割合が公正さを主張していることが興味深いのだ。この人たちが本当に公正さを動機としていたのか、確かなことは今もわからないが、実際にそうだったと思えるだけの、もう少しはっきりした数字もでている。この回答者を異なる所得グループに分けてみても、似たような結果が見えてくるのである。年間所得が2万5０００ドル未満で非適合的な人のうち、58パーセント弱が公正さを理由に挙げていた。所得が2万5０００ドル以上で非適合的な選択をした人たちでは、58パーセント強が公正さを理由に挙げていた。

この結果が、各人が本当に公正さを動機としていたことを示しているのか、確かなことはわからないが、実際にそうであるという有力な数字は提供してくれている。同じく重要なのは、これがもうひとつの論点をも支持していることだ。すなわち、課税においては、公正さの規準として妥当なものがいくつもあるのである。

## まとめ

歴史を通じて、人びとは、自分の選好する税制度を正当化するのに、その税制度が国家による市民の平等な扱いを含んでいると語ってきた。本章ではそのことを、中世およびルネサンス期のイタリア、贅沢税をめぐる18世紀の議論、そして富裕層への課税をめぐる19世紀、20世紀の議論に見てきた。そして最後に、今日の合衆国で実施したわれわれの市民調査から得られた結果にも同じことが見られた。

人びとを平等に扱うひとつの方法は、支払い能力主義のお題目を唱えることだ。これは今も、累進課税を支持する際の最も一般的な公正論だが、多くの人にはその潜在的な弱点が見えている。多くの人びとはこの主義のことを、妥当ではあるが実施は困難で、したがって政策の根拠としては弱いと考えているのではないだろうか。端的に、支払い能力を評価基準に用いることがそもそも誤りだと考えている人もいる。才能と努力によって稼いだのなら、単にたくさん持っているという理由で高率の税に苦しまされるべきではない。

累進課税の補償論は、支払い能力主義に替わる根拠を提供してくれる。最も幅広い形態の補償論は、財産を蓄積するうえで努力と才能の果たした役割が幸運よりも小さいことが明白な場合には、ほかの者より重い税を課すべきだと語る。われわれは、課税を支持する補償論が最も強力となるのは、富裕層が単に幸運なのではなく、その幸運が国家による特権的な扱いを含んでいることが明らかなときだと主張してきた。この問題に対処する最も単純な方法はもともとの不正を取り除くことだろうが、それが現実的ではない、あるいは望ましくない顕著な例がある。

詰まるところ、富裕層課税への最大の支持が存在するのは、税の累進化に向けて、支払い能力だけでなく補償論にも言及できるときである。政治的経済的な状況から補償論の主張が許されるとき、国は富裕層に重い税を課す。理解しておくべき重要な点は、そうした主張には、もともとあった明々白々とした不平等の修正が含まれていなければならない、ということだ。最後に、納得のいく補償論は、霞のなかから簡単に生み出せるものではないということを認識しておく必要がある。そのような補償論は、そのような主張を信頼できるもの、納得のいくものにするだけの、確固たる政治的経済的状況に呼応して現れてくるのである。

## 歴史を用いてさまざまな主張を評価する

以下、本書では、富裕層課税に関する豊かな情報を経時的に提示し、そうした証拠を使って、ここまでの2章で紹介してきたさまざまな理論の違いを判別していく。

導入部では、課税に関する政治経済のうちの、いわば従来型の見解を検討した。それは、富裕層への高課税は民主主義では標準である、なぜならそれこそ大多数が望むことだからである、というものだった。しかし、その現実化を妨げる障害はところどころに存在しうる。また、この物語の一環として、民主主義国は不平等の水準が高いときに富裕層に課税すると予想される、という考えも提出した。こうした理論には、広範な歴史的証拠に照らして、どのようなときに政府が富裕層に課税してきたかを考えるテストがうってつけだ。そのようなテストによって、民主主義への移行に伴って富裕層への課税がそれ以外の人たちよりも増えたかどうかを分析することができる。また、不平等の拡大に対応して富裕層課税を強化する傾向が政府にあるのかどうかも調べることができるだろう。第3、4、5章では、累進課税の進化に関するわれわれの主要な証拠を提示し、それが従来型の見解をほとんど支持していないことを示していく。民主主義それ自体では、あるいは民主主義に不平等が合わさっただけでは、富裕層課税への影響は驚くほど小さいように思われる。政府が富裕層課税に動いたのは、大規模戦争という状況への対応が大半だったというのが、第3、4、5章の大きな結論になる。だが、なぜそうなのだろう。

ひとつの可能性は、戦争による税への影響は、単純に支払い能力主義が機能していることの反映だったということだ。アーサー・ピグーは著書『戦争経済学』で、もし戦時中に例外的な資源が必要になれば、論理的に言って政府は富裕層から取る額を増やすはずである、なぜなら富裕層はそれ以外の人びとより支払い能力が高いからである、と述べている。おそらく、各国政府はこの原理に単純に従っていたのだろう。しかし、この予言については明白な問題がひとつある。それは、各国の政府が、平時には支払い能力主義に従っていなかったことだ。もし従っていれば、不平等の水準が上がったときにも、それに対応して富裕層への課税を強化していたはずである。では、なぜ戦時になって突然、支払い能力主義を適用しようと決めたのか――そこがはっきりしない。この問題については、第6章でさらなる証拠を提示し、第一次世界大戦中になぜか「支払い能力論」が姿を消していたことを示していく。

考慮する第二の可能性は、戦争による税への影響は、富裕層以外で犠牲を払った人びとへの補償の試みを反映していたということである。もし既存の国家政策が富裕層を特権的な地位につけているのなら、累進課税によってそれを是正するべきだ。興味深いのは、第5章で検討するように、この提案をしたのもアーサー・ピグーだったことで、ピグーは、イギリスが第一次世界大戦に参戦したことを受けて、資本への課税を支持していた。補償論を調査するために、第6章および第8章では、税をめぐる議論についての証拠を活用している。しかし、まずは次の第3章で、所得税の長期的な進化について考察していこう。

# 第Ⅱ部　政府はどのようなときに富裕層に課税してきたか

# 第3章　過去2世紀の所得税

所得税は、近代政府が歳入を増やすために用いる最も重要な政策ツールのひとつだ。そもそも所得税を課すかどうか、課すとしたら、さまざまな所得にどれだけの率で課税するのかという選択は、最も重要な政策判断のひとつでもあって、不平等に大きな影響を及ぼす。所得税が政策上の道具となり、再分配や、さらには政府の役割一般についての論争がこれ一色になることも多い。所得税の検討は、われわれの実証的研究にとっては自然な出発点だ。本章では、これまでの各国政府が、どのようなときに所得税を使って富裕層に重い税を課してきたかを問うていく。そうするなかで、富裕層への重課税の理由が、単に普通選挙制度が達成されたためでも、不平等の水準が高かったためでもないことが見えてくるだろう。各国政府が所得税を使って富裕層に重い税を課したのは、戦争のための大規模動員期間中とその直後だった。戦争効果のこうした解釈は、あとの章でも考察することになる。

19世紀以前の国家には、所得税の経験がほとんどなかった。近代的な所得税の特徴は、個人ないし世帯の所得を評価したうえで、ほぼすべての形態の所得に包括的に課税することである。数世紀ものあいだ、所得の評価は実行困難なもの、ないしは個人のプライバシーを不必要に侵害するものと考えられていた。国家が所得や富に課税したいと思ったときには、ふつうは資産か、または資産から生まれたとみなされる所得に課税した。そうした税には所得税と共鳴する特徴を備えたものもあった。考え方としては、稼いだ分に課税するということだが、実際の所得評価の試みは通常まったく行われず、税は特定の所得源を標的としていた。

エドウィン・セリグマンは、このパターンの重要な例外を二つ指摘している。すなわち、ルネサンス期のフィレンツェと18世紀のフランスである。どちらの場合にも、多くの形態の所得について、評価と課税が試みられた。どちらの状況でも、市民の平等な扱いをめぐっての規範が、税の採用になにがしかの役割を果たしていた。どちらの政体でも、所得と富について、土地と結びつかない新しい源泉があることが明白だった。そうした新しい所得と富の源泉にも確実に課税することが、所得税の動機のひとつだったのである。だが実際には、こうした初期の所得税は、評価も一般適用も困難だった。結局は、それより評価の容易な収入源に課税されることが多くなった。そのため、どちらの税も、実質は所得税より資産税に近いものになっていった。こうした評価の問題は、広範かつ恣意的な課税控除によってさらに拡大された。どちらの所得税も19世紀まで生き延びることはなかった。[1] したがって、近代的な所得税の物語はまずもって1799年、イギリスによる所得税の採用から始まる。以下本章の焦点は、この日付から出発して、国家がいつ所得税を――とりわけ最高税率の高い所得税を――採用したかの判定に絞られる。

**最高限界税率　1800―2013年**

この評価を系統だったものとするため、われわれは、エセックス大学のフェデリカ・ジェノヴェーゼと共同で、各国の中央政府が1800年（または独立の年）から2013年までに個人に課した所得税の最高限界税率について、年ごとのデータを記録した新しいデータセットを構築した。[2] 最高限界税率とは、最も高い所得区分に適用される税率のことである。ある国が近代的な所得税制度を採用していると考えられる条件は、独立した中央政府が、包括的かつ直接的に評価されたさまざまな形態の個人所得に、年ごとに課税していること、とする。

われわれは、富裕な市民の所得税負担について、時間と国をまたいだ全体像を提供したいと考えている。法定最高限界税率はこの負担のひとつの指標で、比較可能な国から、非常に長い期間にわたる大きなデータセットを集めることができる。このデータがこれまでの多くの分析よりも優れているのは、ある国が所得税を採用した時期だけでなく、高所得に課した税率も測定している点だ。そのため、選挙権の拡大、民主化、労働者政党や社会主義政党の台頭、戦争といった要因が、高所得課税にどのように影響してきたかが見えてくる。これは、過去数十年だけに焦点を当てたデータセットでは不可能なことだ。

図3－1は、サンプルにある20国について、1800年から2013年までの所得税の平均最高限界税率を示したものだ。このデータを眺めていると、いくつか興味深いパターンがわかってくる。ひとつには、時期による変動が非常に大きい。最高所得税率の平均は、ナポレオン戦争終結以後25年間のゼロから、1952年の65・2パーセントまで振り幅がある。さらに、イギリスでは1799年にすでに所得税が実施され、優れた歳入源であることが証明されていたにもかかわらず、それ以外の国では所得税は採用されないか、されても19世紀を通じて非常に低い率に留まっている。19世紀の最高税率は10パーセントで、採用したのはナポレオン戦争期のイギリス、南北戦争期の合衆国、19世紀最後の5年間のイタリアである。最後に、20世紀の平均最高税率は逆U字型をしていて、初めは一桁だったものが、世紀の半ばには60パーセントを超え、1970年代初めまでその水準で留まったが、その後は下がって、2013年には38パーセントとなっている。われわれには、20世紀に起こった所得税率の上昇と下降の両方を説明することが不可欠となるだろう。

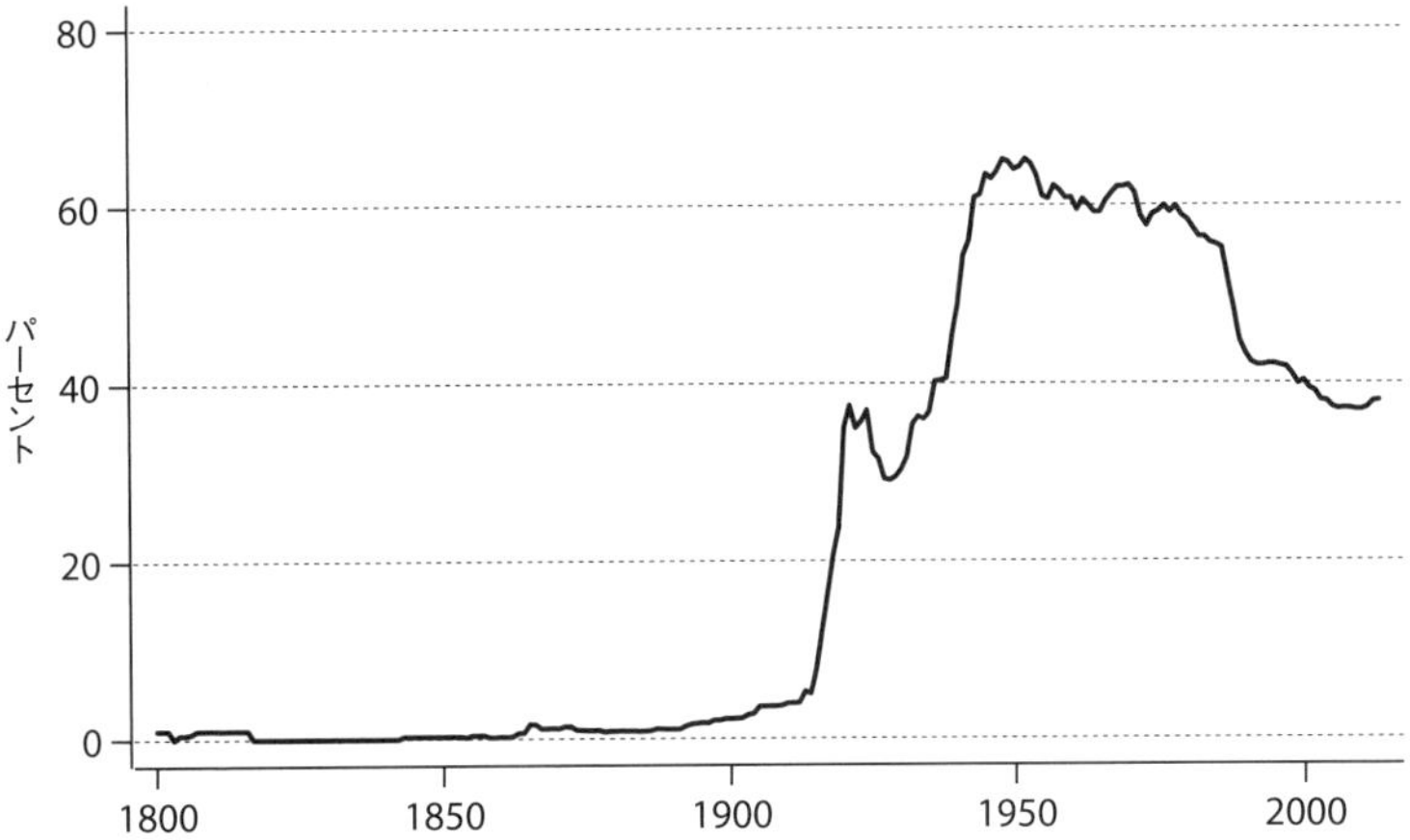


図3－1　所得税の平均最高限界税率、1800－2013年

このグラフは、われわれのサンプルにある20国について、所得税の平均最高限界税率を示している（各国は1800年ないし独立1年目からサンプルに入れている）。

19世紀の末期からあとは、図3－1に示した平均最高税率では、個々の国どうしの有意な違いが覆い隠されてしまう。図3－2は、1900年から2000年までのいくつかの年を選び、サンプル中の各国について、その年の最高限界所得税率を示したものだ。まず気がつくのは、国ごとにかなりなばらつきがあるものの、大半の国が逆U字型のパターンになっていることで、20世紀の前半に税率が上昇し、世紀の半ば以後に下降している。このパターンから外れているのはスイスだけだ[3]。この図で二つめの重要なパターンは、税率が時間とともに大きく変わっているだけでなく、国のあいだの順位も変化していることだ。1900年には、所得税があるのはサンプルにある15国中、7国だけで、最高税率はイタリアの10パーセント、これにオーストリア、日本、ニュージーランドが約5パーセントで続いていた。それが1925年になると、サンプルにある19国中、18国が国レベルの所得税を実施していて、しかも上位国ががらりと入れ替わり、フランスが60パーセント、カナダ、ノルウェー、イギリスが50パーセ

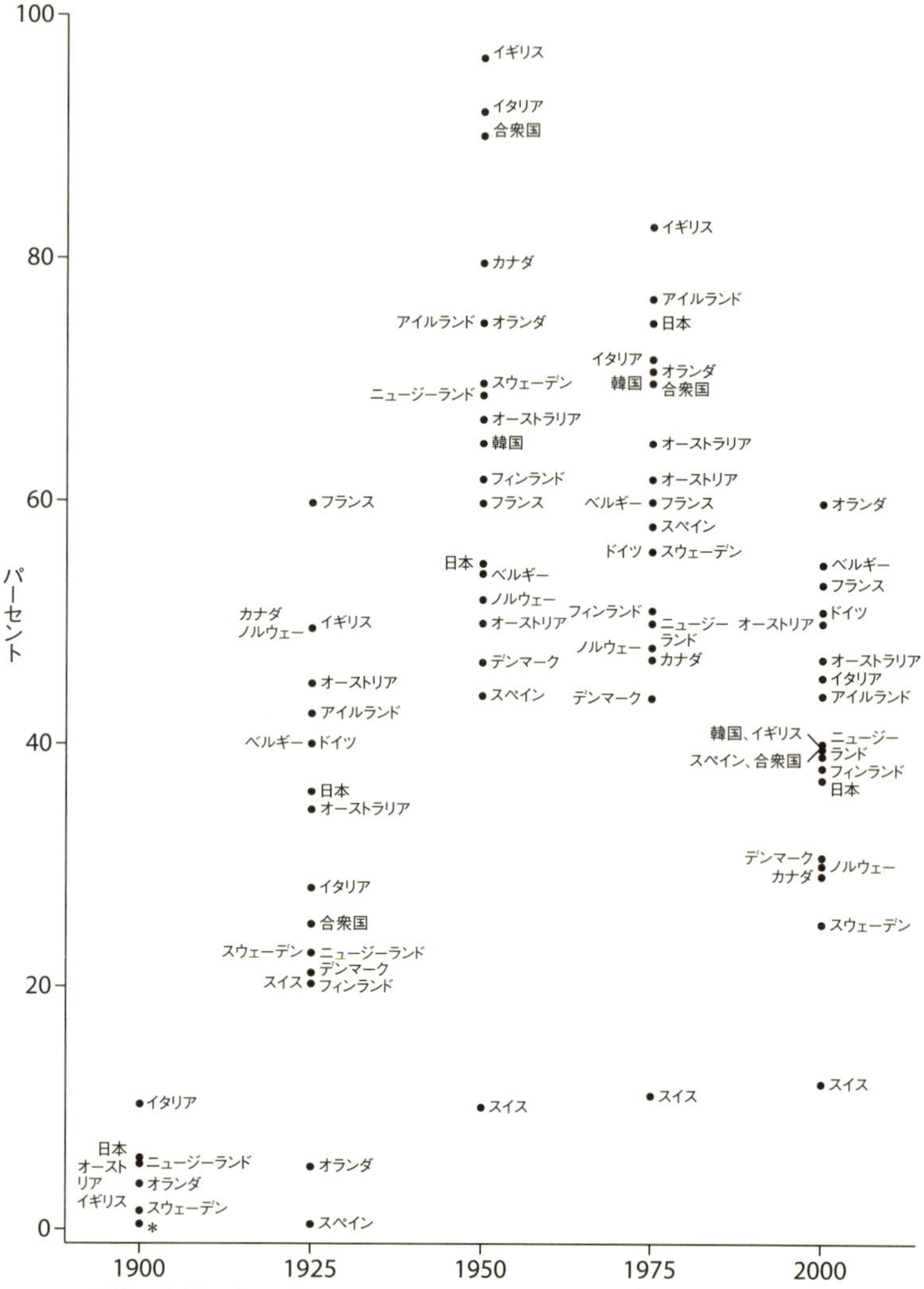


＊ベルギー、カナダ、デンマーク、フランス、ドイツ、スペイン、スイス、合衆国

図３－２　特定年ごとの各国の最高所得税率

この図は、われわれのサンプルにある 20 国の所得税について、特定年の最高限界税率を示している（各国は 1800 年または独立 1 年目からサンプルに入れている）。1950 年にドイツが入っていないのは、それぞれの占領地域で別々に税が設定されていたことによる。

ントとなっている。

どのような政治的経済的要因がこの変動をもたらしたのだろうか。

この疑問を考えるには、まず前段階として、全国レベルの法定税率に焦点を当てることで有益な全体像が描けているかどうかを問うべきだ。サンプル中の多くの国は、市町村などの地方政府が課す地方所得税を採用していた。この問題に取り組むため、われわれは、各国の地方所得税に関するデータも収集した。こうした地方税を合わせて考えることで重要な差違が生じるようであれば、このデータからその差違が浮かび上がってくるはずだが、結果として、そのような例は比較的少なくて済んだ。[4]

二つめの潜在的な懸念は、最高税率で富裕層の所得税負担は測定できるかもしれないが、全体の累進性については優れた指標にならないかもしれないということだ。しかし、各国は低所得の個人には課税しないことが多いので、最高限界税率は累進性の優れた線形近似となる。この主張をさらに詳しく確かめるために、われわれは、選択した国について、所得分布の全体にわたる法定税率のデータを収集した。税率には所得による興味深い変動があるが、最高税率は、所得税の全体的な累進性について信頼できる指標である。

図３−３は、１８７５年から現在までの何年かを選び、フランス、ドイツ、ニュージーランド、スウェーデン、イギリス、合衆国について、それぞれの年の税率表に記載されたすべての所得層の法定税率をグラフにしたものだ。[5]ただし、ここでは税率表そのままではなく、1人当たりＧＤＰに対する倍率という視点で示している。こうすることで、所得分布のさまざまな位置にいる個人の限界税率がどれくらいになったかを、時間と国を超えて比較することができる。所得分布中の百分位ではなく1人当たりＧＤＰに対する倍率を用いるのは、すべての年のすべての国について、信頼できる所得百分位のデータがあるわけではないからだ。選択した倍数は、ピケティが２００１年の著書で報告しているフランスの所得閾値に基づいている。[6]

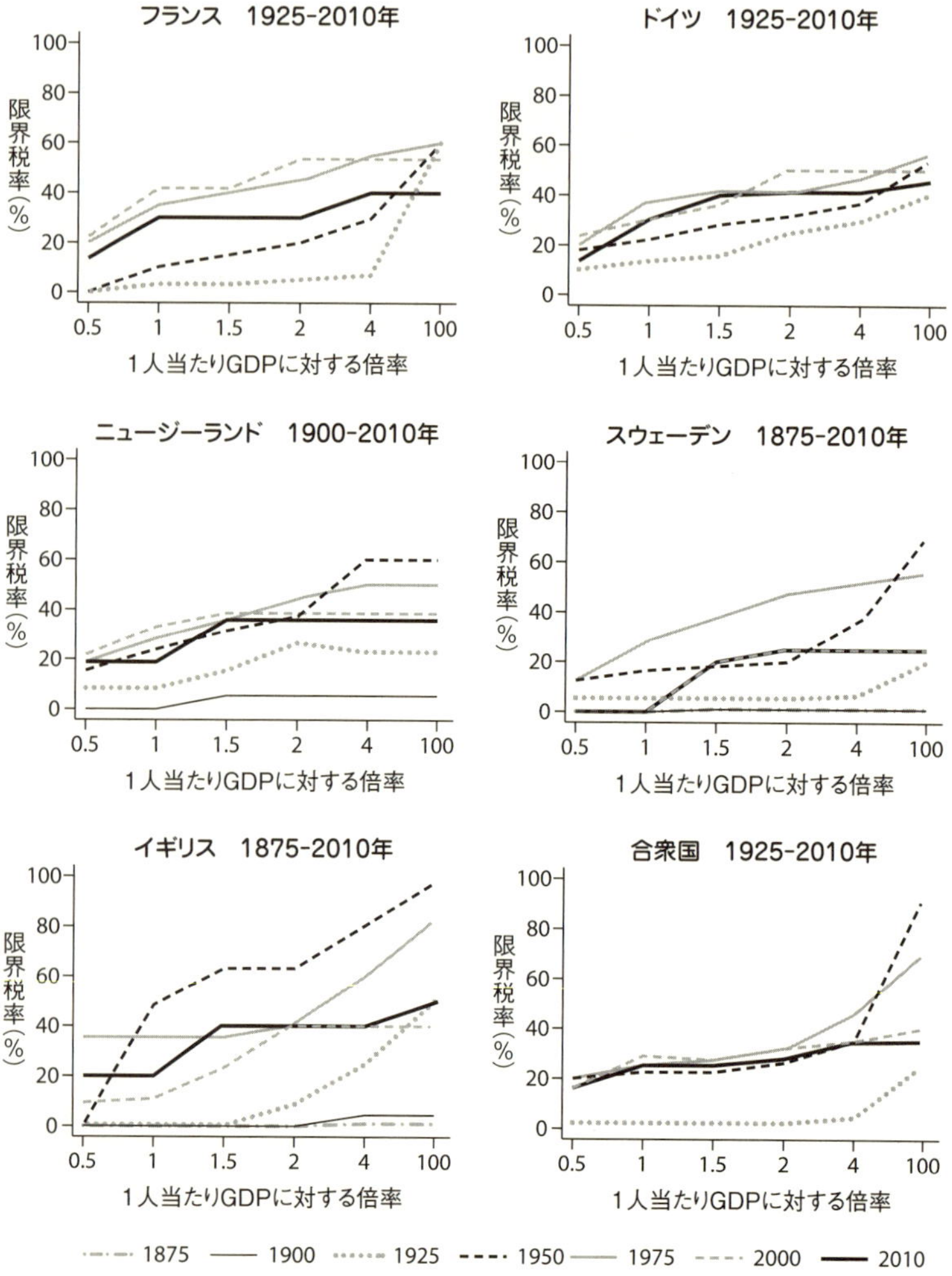


図3−3　すべての所得層の法定所得税率

このグラフは、1875年、1900年、1925年、1950年、1975年、2000年、2010年の6国の、すべての所得層の所得税率を示したものである。ソースと方法論については本文および原注を参照。

図３－３は、限界税率の進化についての豊かな情報を、所得分布の全体にわたたって経時的に伝えてくれている。われわれが最高限界税率に焦点を当てていることの正当性を確認するという目的からは、二つのパターンが顕著だ。第一に、１９２５年のニュージーランドを除いて、所得が上がるにつれて法定税率が下がっている国－年はない。(7)この小さな例外を念頭に置いてみれば、図３－３は、どの国でも高い所得には高い法定税率が設定されていることを明確に示している。第二に、こうした税制度の累進性の簡便な尺度としては、最高限界税率（図３－３では、１人当たりＧＤＰに対する倍率の１００倍の所得にかかる税率）と低所得者の限界税率（同じく１人当たりＧＤＰに対する倍率の０・５倍の所得にかかる税率）との差を見るという方法がある。最高限界税率はこの差と高い相関があって、図中のすべての国－年での全体の相関は０・９３だ。個別の国で見ても、６例のうち４例で、相関が０・９を超えている。このことは、最高税率が、富裕層への所得課税の指標としてだけでなく、所得税制度全体の累進性に関する直観的かつ簡便な尺度としても研究可能であることを示唆している。(8)

法定最高税率を用いることとの第三の潜在的弱点は、現代の税法が多次元的であることだ。今は多種多様な税控除があって、それが市民の支払う実効税率に影響している。キャピタルゲインへの所得税が別の収入源からの所得より低い国もある。各種の富裕税を所得税と連動させ、税の組み合わせによって所得税の割合に上限を設けている国もある。これは、所得税の最高限界税率を実質的に引き下げる。こうした政策の最大の受益者となるのは、たいていは富裕な市民だ。ある種の税法遵守も実効税率に影響する可能性がある。実効税率と法定限界税率の潜在的な差は、所得分布の層によってばらつきがあり、実質的にかなり重要となる可能性もある。幸いなことにわれわれは、いくつかの国について、法定最高限界税率と高額所得者の支払う実効税率との相関を、かなり長期にわたたって評価することができている。

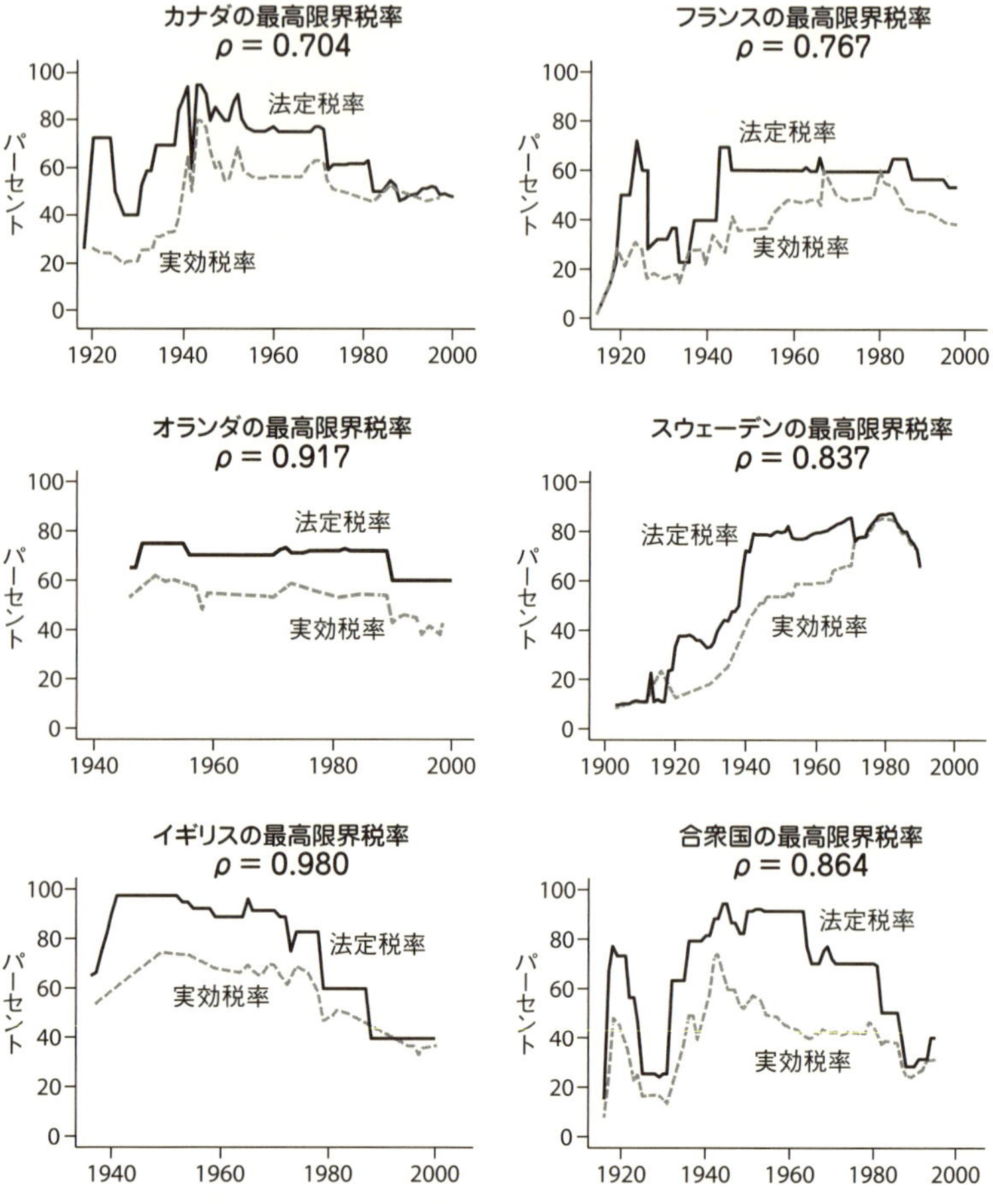


図 3－4　法定所得税率と実効所得税率

このグラフは、上位 0.01 パーセント（オランダとイギリスは 0.05 パーセント）の所得にかかる法定最高限界税率と実効税率を示している。ρ はその国での二つのデータの相関係数である。ソースと方法論については本文と原注を参照。

図3－4は、各国の法定最高限界所得税率と実効所得税率を、ほぼ20世紀を通じて示したもので、カナダ、フランス、スウェーデン、合衆国については所得分布の上位０・０１パーセント層、オランダとイギリスについては上位０・０５パーセント層の所得を対象としている。実効税率に関するデータの大部分は、パリ経済学校の「最上位所得プロジェクト」の論文執筆者らに依っている。[9] 図3－4の六つのグラフは、重要な教訓をいくつか提供してくれている。まずオランダのグラフを見てみよう。実線は最高法定税率を表し、破線は上位０・０５パーセントの所得層にいる個人の平均実効税率を示している。このグラフを見てまず気がつくのは、二つの線が長期にわたって平行して動いていることで、相関は０・９１だ。このことは、こうした税の経時的変動の理解を第一目的とする限りにおいては、最高法定税率が、オランダの超高額所得者が支払っている実効所得税のきわめて優秀な代理変数であることを示している。図3－4から得られるもうひとつの重要な洞察は、法定税率と実効税率には明確な格差があることで、この格差の大きさは時とともに変動している。たとえば、１９４０年代にはこの差は比較的小さかったが、１９５０年代、１９６０年代には拡大している。さらに、実効税率は法定税率よりも下にあって、税法のまた別の側面が、市民の支払う税を引き下げる作用をしていることを示している。また、法定税率は実効税率ほど頻繁には変わっていない。こうしたパターンは、たとえ法定税率が変わらなくても、法律制定とその作用が組み合わさることで、実効税率に変化が生まれることを示している。

問うべき明白な疑問は、所得分布のずっと下にいる個人についても、法定最高税率が実際に支払われる税の優れた代理変数となるのかということだ。これに対する答えは、ずっと小さな所得を考慮するなら、もちろんノーだ。貧困層および中間層の実効税率は、所得税では最高税率から大きくかけ離れている。二つの税率は、大きな格差があるだけでなく、経時的に必ずしも同じ動きをしていない。さまざまな政治的経済的な力によって、国家が低い最高税率を採用し、かつ低所得への税率を上げることで、税率表全体がフラットに近くなることは十分にあるだろう。とはいえ、オランダなど一部の国では、法定最高税率は所得分布の上位10パーセントの所得の実効税率と相関している（ただし、法定税率と実効税率の格差は上位0・05パーセントのほうが大きい）。

全体として、図3－4に示されたデータは、最高法定税率には、所得分布の上位0・01パーセント（または0・05パーセント）にいる超高所得者の実効税率と高い相関があることを示唆している。本書の目的は、過去2世紀にわたって富裕層課税を動かしてきた要因を特定することなのだから、この証拠は、分析の（すべてとは言わないまでも）多くについて法定税率を使おうとしているわれわれに、大きな自信を与えてくれる。とはいえ、このグラフが示しているように、法定税率を代理変数とするのが向いている国（たとえばイギリス）と、それほどでもない国（たとえばカナダ）があるのも明らかだ。同じ警告は、時期の違いに関してもなされるべきだろう。合衆国では、1945年以後の最高税率と有効税率にかなり大きなギャップがあって、それが1980年になるまで縮まらなかった。先回りして述べておくと、合衆国の税率のこの特徴は、上位0・01パーセント層では、第二次世界大戦中に法定最高限界税率と平均実効税率がともに大きく上昇したが、その後は法定税率だけが高いままで長く留まっていたことの明確な証拠となっている。

実効税率が6国中5国でほぼ法定税率と併走していることから、われわれは、本章での分析に法定税率を用いることに自信を感じている。しかし合衆国の結果が強く示唆しているように、最高法定税率が90パーセントを超えているからといって（戦後期の大半がそうなっている）、富裕層が極端に重く課税されていると仮定するにはきわめて慎重である必要がある。トマ・ピケティとエマニュエル・サエズは、1960年以後についての分析で、この疑問を詳細に考察している。ふたりによれば、1960年までの合衆国には、上位0・

01パーセント層の所得税の最高限界税率と実効税率に非常に大きなギャップがあった。これはわれわれの発見と一致しているのだが、ピケティとサエズはこれを、主としてこの集団の所得の多くがキャピタルゲインに分類されるためだとしている。[10] しかしふたりは、企業課税や遺産課税によって上位0・01パーセント層に課された追加負担を考えると、この時期の合衆国の富裕層は、実際にかなり重く課税されていたという考えも示している。また、20世紀の終わりまでには、合衆国の上位0・01パーセント層は1960年よりずっと税負担が軽くなったとも結論付けている。

## 最高税率の変化——民主主義の役割は？

政治学や経済学で再分配政策が語られるときには、ほとんどの場合、選挙民主主義と、労働者階級を動員する政党の役割が強調される。第1章で検討したように、この物語は、所得税政策にそのまま当てはめることができる。投票行動が限定されていたり国が非民主主義的だったりすると、貧困層や中間層には影響力がないので、富裕層は一般に自分たちの利益に有利な税政策を選択する。となれば、所得税はないか、あっても低い税率になるはずだ。こうした条件下では、政府は所得税ではなく、取引税や物品税といった間接税に大きく依存するだろう。国が選挙権を拡大したり民主化したりすると、中間層や貧困層の市民が有権者となるので、彼らは所得税、とりわけ富裕層への税率が高い所得税の採用を支持する可能性が高い。この物語には、選挙民主主義の台頭が全政党の政策選択に影響することを強調したバージョンもある。選挙権が拡大すれば、右派政党といえども、当選を続けるためには左傾化のインセンティブが働くだろう。これ以外にも、政策の変化は労働者政党や社会主義政党が権力を奪取して初めて実現するという、党派的な説明をするバージョンもある。

ここまでの主張の論理は明快だ。有権者は、当然のことながら、自分たちの経済的利益に合致する公共政策を採用する。富裕層の所得税率を上げたほうが、貧困層や中間層の有権者にとって利益が大きいというのは妥当なはずだ。しかし、この論理を突き詰めていくと、たちまち明白な実証面での問題に行き着く。世界の民主主義国を見てみると、一般に貧困層は富裕層から収奪していないのだ。所得税政策の文脈では、図3－1および3－2のデータが示すように、民主主義国で極端に高い税率の所得税を選択している例は多くない。1900年の時点で、サンプル中の多くの国は民主化してからかなりの年月が経っていて、普通選挙もほぼ実現していたのに、10パーセントを超える所得税を採用している国はまったくなかった。20世紀の終わりでも、各国の最高限界税率は11・5パーセントから60パーセントのあいだで、平均は40パーセントだった。これは、世紀初めと比べれば明らかに高いのだが、世紀半ばに採用されていた率と比べるとかなり低い。貧困層や中間層の大多数が富裕層からの収奪に投票した場合に予想される率と比べても、かなり低くなっている。

しかし、たとえ民主主義仮説の極端なほうの予測がまだ実証されていないとしても、民主化と参政権拡大は、所得税に対してなんらかの影響を及ぼしているのではないだろうか。データを見て、所得税の最高税率に対する民主主義の影響を知る方法はたくさんある。出発点として自然なのは、男子の普通参政権がある年とない年を選んで、各国の最高税率の平均を比較することだ。民主化の尺度として参政権に焦点を当てるのは理に適っている。これによって、最も直接的な利益――貧しい有権者の選挙参加資格――について、民主主義の特徴を捉えられるからだ。(11) 1900年には、男子普通選挙を実施していた国（7国）の所得税の最高税率は平均で1・4パーセント、実施していなかった国（8国）の平均は2・9パーセントだった。これは、差として小さいうえに、民主主義仮説の予想とは大小が逆になっている。1925年までには、サンプル中のほぼすべての独立国が男子普通選挙を採用しているので、以後の時期について多国間比較をしても、この仮説による関係に光を当てることにならない。とはいえ、サンプル中のすべてのデータを合わせてみると、男子普通選挙のない国－年の最高所得税率の平均は、男子普通選挙のある国－年の平均よりもかなり低い（4・5パーセント対40・7パーセント）。

この種の多国間比較による証拠は、民主主義が富裕層への重課税につながるかどうか、つながるとすればどの程度までかを決定するものとしては、一般に説得力が強くない。任意の年の多国間比較で民主主義仮説を支持する証拠が欠けている理由が、仮説が間違っているためなのか、それとも、所得税政策に影響するほかの要因があったからなのかがはっきりしないのだ。イタリアでカナダより所得税率が高くなったとしても、そこには多くの理由があるだろう。さらには、民主主義自体がほかの要因で決定されていて、その同じ要因が税政策にも影響を及ぼしているという可能性もある。言い換えれば、相関関係が因果関係を含意しないこともある、ということである。すべての年のすべてのデータを組み合わせても、たいして役には立たない。そのやり方では、結局はこうした多国間比較を用いることになるばかりか、全般的な長期傾向から、潜在的な新しいバイアス源を導入することにもなりかねない。つまり、たとえば1950年のすべての国が1900年のすべての国と違っていたとしても、それはこの二つの時期に特有の理由によるのかもしれないし、民主主義の有無と特に関係のない理由によるのかもしれないのである。

これ以外のデータの使い方としては、各国内の経時的な関係性に目を向ける方法がある。たとえば、ある国で完全な男子普通選挙に到達する10年前と10年後で、あるいは民主化の前後で、所得税の最高税率は上がっただろうか、下がっただろうか。この違いは、サンプル中のすべての国についてはどうなのだろう。このアプローチを使うと、経時的に変化しない要因――たとえばイタリアのような国とカナダのような国との違

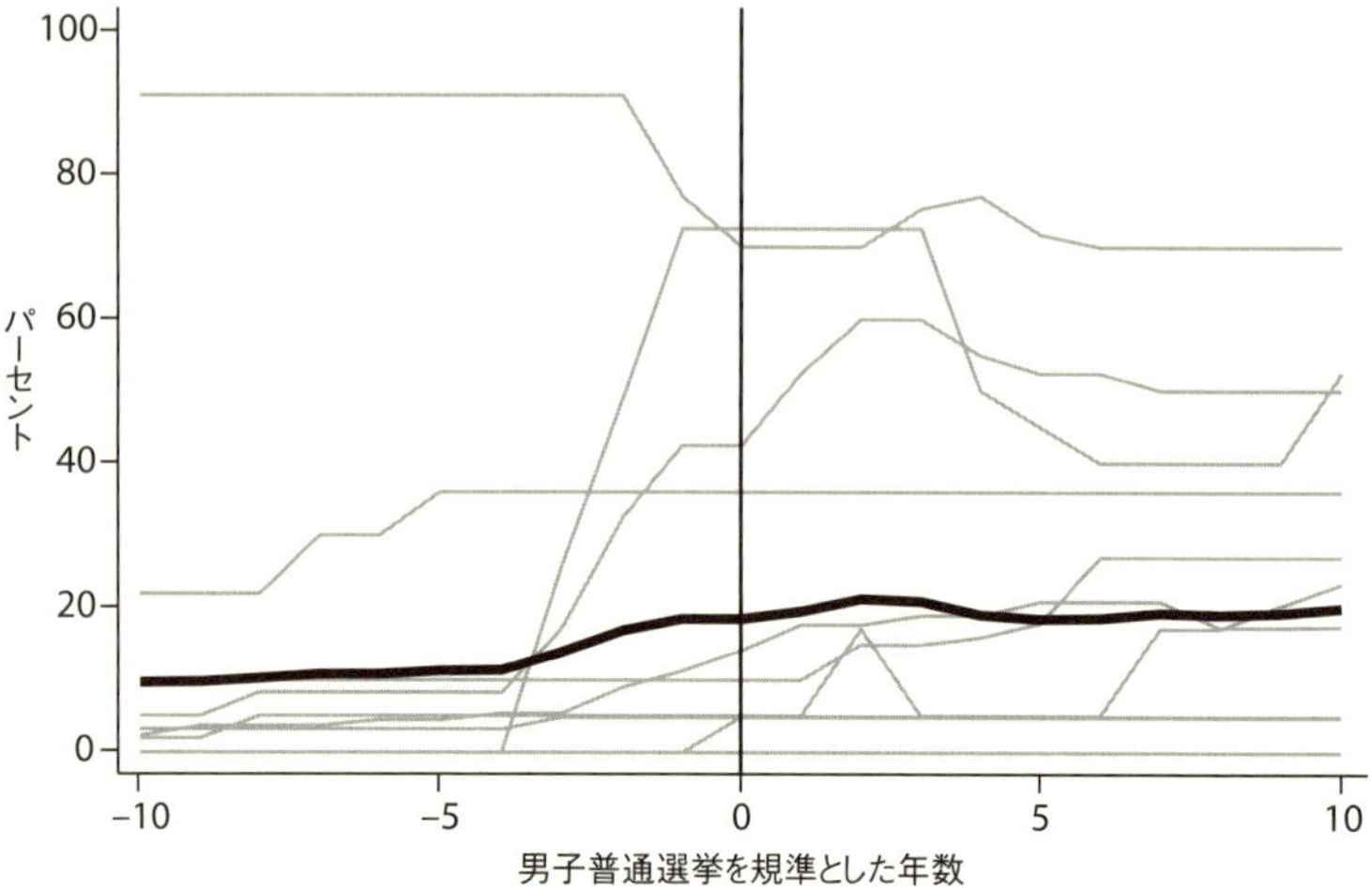


図3－5　男子普通選挙と最高所得税率

この図は、われわれのサンプル中で、不完全な男子普通選挙から完全な男子普通選挙に移行した15国について、それぞれの最高限界所得税率を示したものである。薄い灰色の線は各国の最高限界税率を、濃い黒の線は平均を表している。オーストラリア、ドイツ、アイルランド、ノルウェー、韓国は、独立時点もしくはその直後にすでに男子普通選挙が存在していたので除外している。

いを生んでいる要因――をすべて「統制」することができる。(12)

図3－5は、サンプル中で、不完全な男子普通選挙から完全な男子普通選挙に移行した15国について、移行の前後10年間の最高限界所得税率をグラフ化したものだ。薄い灰色の線は各国の最高限界税率を、濃い黒の線はその平均を示している。オーストラリア、ドイツ、アイルランド、ノルウェー、韓国がこの分析から除かれているのは、独立時点もしくはその直後にすでに男子普通選挙が存在していたためである。平均を示す黒い線は、民主主義仮説について矛盾した物語を語っている。普通選挙が、最高限界税率の大幅上昇を導いているようには見えないのだ。平均値は、男子普通選挙の1年目までは20パーセント弱で、移行から10年後でも約20パーセントに留まっている。この分析では15国しかないことを考えると、

こうした平均値が極端な例によって動かされているかどうかを考察してみる価値はある。しかし、最高限界税率の中央値を考えても、全体像は非常に似かよったものになる。

薄い灰色の線からは、潜在的な重要事例に関する疑問が湧いてくる。いちばん上の薄い灰色の線は合衆国で、事実上、1965年まで男子普通選挙がなかったのだが[13]、税率は、この年を挟んで上がるのではなく、むしろ下がるパターンを見せているのだ。ほかには薄い灰色の線で2本、男子普通選挙への移行に近づく時期に大きく上がっているように見えるものがある。このうちのひとつはカナダなのだが、この上昇は、男子普通選挙が採用される前のことだ。最高税率は、−4年時点で0だったものが、−3年時点では25・9へと上昇し、その後も−2年時点で48・9、−1年時点で72・5へと上がっている。われわれが論じているように、こうした政策変化は、カナダが第一次世界大戦のために大規模動員していた時期に起こったものだ。しかし、男子普通選挙が採用された1921年以後にさらに上昇するということはなかった。二つめの例はイギリスで、こちらは民主主義仮説と一致しているように思える。1918年に男子普通選挙に移行したあとの1919年と1920年に、それまでより高い最高限界税率が採用されている。この例は、一国での前後比較の限界を少なからず強調するものだ。イギリスでは、男子普通選挙が採用される前に、すでに最高限界税率の上昇が始まっていた。税率は、男子普通選挙へ移行する4年前の1914年に8・3パーセントだったものが、移行前年の1917年には42・5パーセントまで引き上げられている。さらに、この前後比較には弱点がある。すなわち、もし男子普通選挙が採用されなかったら税率はそのままだったと仮定することが妥当だとは思えないのである[14]。本章の後半で詳しく論じるように、このどちらの国においても、第一次世界大戦のための大規模動員の影響を考慮することなしに、所得税の最高税率を理解することはできない[15]。

こうした証拠への反対意見として、各国が時間をかけてゆっくりと参政権を拡大したということも考えら

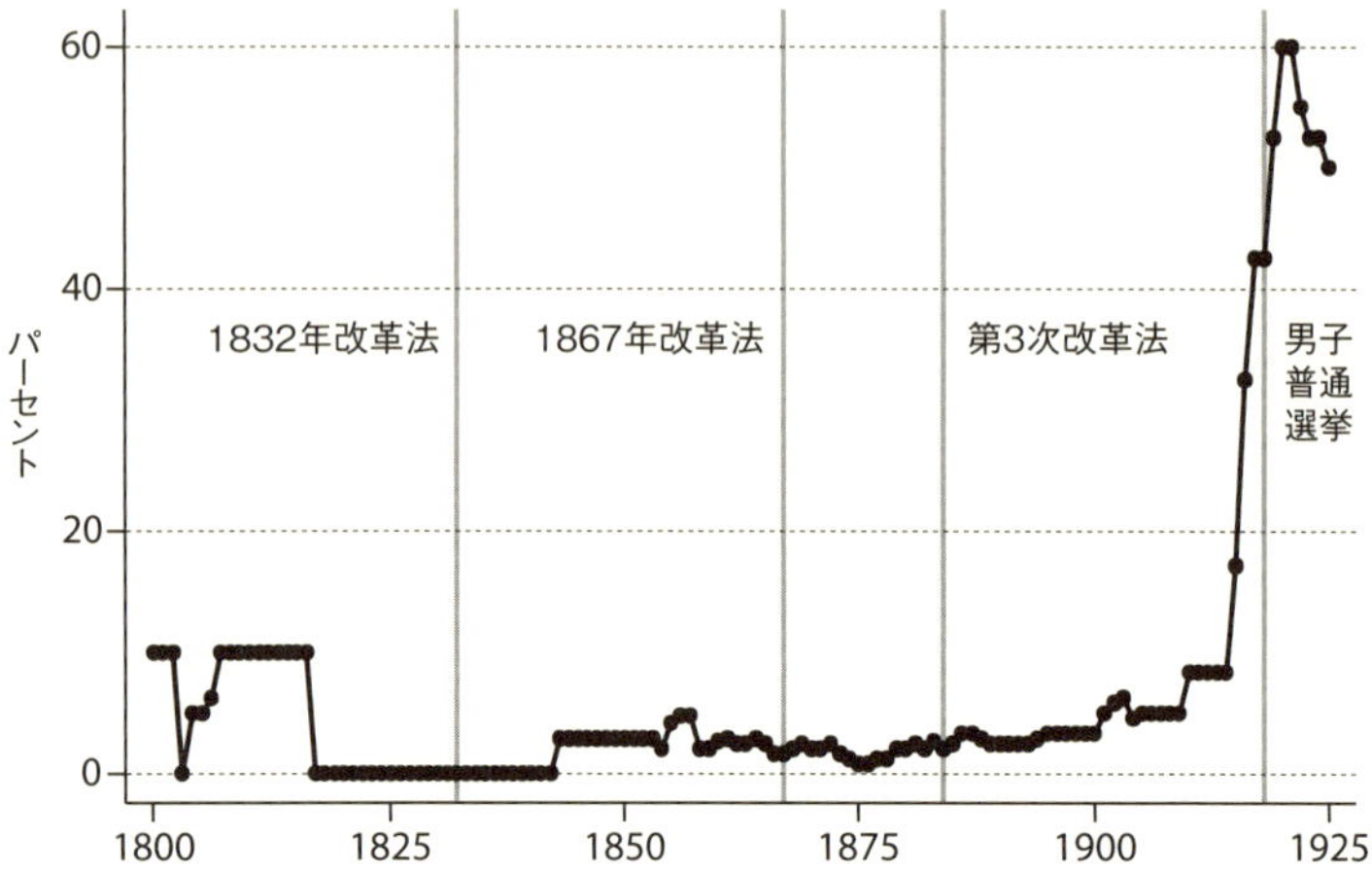


図3－6　参政権の拡大とイギリスの所得税

この図は、1800年から1925年までのイギリスの最高限界所得税率をグラフ化し、併せて、投票権が拡大した重要な改革を示したものである。

れる。もしそうなら、最終的に完全な男子普通選挙が達成されたことが税政策に影響しないこともあるだろう。この可能性を考察するために、われわれは、参政権の部分的拡大を測定してみた。具体的には、男子の25、50、75パーセントが投票権を認められた年について推定しているのだが、参政権の部分的拡大が各国の採用した最高所得税率に影響したことを示す証拠は見つからなかった[16]。イギリスは、この結果に有益な実例を提供してくれている。イギリスは19世紀の前半から20世紀初めにかけて、ゆっくりと参政権を拡大していったからだ。

図3－6は、1800年から1925年のイギリスにおける所得税の最高限界税率をグラフ化したもので、併せて、投票権拡大のポイントとなった改革の時期を示している。全体としてこのグラフは、参政権の拡大が所得税率に影響したという主張とは、どうひいき目にみても矛盾する証拠を示している。

1832年改革法では、所得と資産による選挙資格の条件が引き下げられ、また標準化されたことで、小幅だが重要な参政権拡大へとつながった。1867年改革法では、イングランドとスコットランドでこうした要件がさらに引き下げられた。1884年改革法では、イギリス全土で一律の選挙資格が導入され、所得と資産による制限がさらに引き下げられた。この時点で、都市部の労働者階級も含めた成人男子の大多数が選挙権を有するようになった。

これに対して所得税は、ナポレオン戦争後に一度廃止されたが、1842年にロバート・ピールの保守党政府が新たな所得税法を導入し、最高税率を2・9パーセントとした。以後、19世紀を通じて、所得税は0・8パーセントから5パーセントの間で推移する。第一次世界大戦までで最も重要な法律上の変化は、いわゆる「スーパータックス」の採用だった。これは累進的な制度で、1909／10年の「人民予算」の一環として、高所得層の負担がそれ以外の納税者より重くなっていた。スーパータックスによって高所得者の税率は8・3パーセントに引き上げられた。要するに、参政権は時代とともに着実に拡大し、きわめて高い有権者率に達したが、所得税の最高税率は控えめな上昇に留まったということである。

率の動きは小さくても、中産階級、労働者階級の市民に投票権を与えたことが、英国政府の税制選択に影響した可能性は十分にある。たとえば、所得税を復活させたピールの1842年予算は、同時に多くの関税を引き下げてもいる。これによって、税制度全体がそれまでより累進的になった。これは、1832年改革法によって増加した中産階級の有権者を引きつける努力の一環だったのかもしれない。(17) ピールによる所得税の復活は、補償的な公正論が機能していることを示すひとつの例でもある。こうした議論で顕著だったのは、取引税や物品税は貧困層への負担が大きくなりすぎている、所得税ならそうした税の負担を補償できるだろうという主張だった。同様に、1909年の「人民予算」も、そのネーミング自体、労働者階級の有権者に自由党政府の立場をアピールするためであり、選挙における労働党の脅威に対応するための努力だったことを示している。とはいえ、参政権は19世紀を通じて着実に拡大したものの、所得税の最高限界税率はほとんど変わらなかった。普通選挙になる前から参政権が拡大していたことを考えると、１９１８年の男子普通選挙の採用と、それ以後の所得税率の引き上げとが関係しているという根拠はさらに薄くなる。男子普通選挙は投票権を有する男子の割合を増やしたが、参政権自体は、それまでの数次にわたる改革法によって、すでに大きく広がっていたからだ[18]。また、参政権の拡大がイギリスでの所得税率の設定を動かしていたのなら、図3－6に挙げた大幅拡大の時期のほとんどで税率の上昇が見られるはずだが、そうはなっていない。

　民主主義と所得課税をめぐる議論では参政権が中心となるが、それ以外の、民主主義による統治の特徴も影響するかもしれない。ひとつの可能性として、競争的な選挙が行われれば、参政権が拡大してもしなくても、高所得への課税引き上げにつながるだろう。われわれは、民主主義仮説について、競争的な選挙という尺度を用いた評価もしてみた。ある国を競争的な選挙が行われているとしてコードする条件は、議会が複数政党による自由な選挙で選ばれていること、行政府が大衆的な選挙によって直接ないし間接的に選ばれていること、行政府が有権者に対して直接責任をもつか、または第一の条件にしたがって選ばれた議会に対して責任をもっていること、そして最後に、少なくとも成人男性の50パーセントに投票権があること、である[19]。われわれが普通選挙についてこれまで検討してきたすべてのパターン（もしくはその欠如）も、この競争的選挙の尺度を用いるときには有効となる[20]。

　これ以外にも、民主主義仮説と密接に関連する主張として、貧困層や中間層の有権者が包含されることの影響は、左派政党が実際に政府を率いるようになって初めて全面的に現実化するとする考え方がある。この党派性仮説は、左派政府の実現が富裕層への所得税引き上げにつながることを予想する。しかし、この主張は少なからず不完全だ。労働者政党や社会主義政党の政府に高所得への税率を引き上げる傾向があるとわかっても、それでは根底にある理由、すなわち、なぜあるときにはそのような政府が選ばれ、あるときには選ばれないのかということが本当には説明されない。左派政党はたびたび税率引き上げを要求してきている。政権を取ったときに右派政府よりもそうした政策を実施する傾向が強かったとしても、驚くには当たらない。とはいえ、実際に左派政党が高い税と結びついているかどうかを知ることは、やはり有益だろう。参政権の拡大前には、こうした政党には政府を率いるチャンスがなかったのだから、左派政党と所得税政策とに相関が見られれば、政治的包含と民主的な諸制度はたしかに富裕層課税に貢献しているという、一定の証拠になるだろう。

同じデータを使って、党派性と最高所得税率との関係についても知ることができる。国家間比較による証拠にはかなりな矛盾がある。サンプル中、１９２５年に左派政府だったのは2国だけで、この２国の最高税率の平均は21・８パーセントだった。これに対して、同じ年に左派政府でなかったのは17国で、こちらの平均の最高税率は33・４パーセントだった。１９５０年に目を移すと、左派政府の国が増えて税率も高くなるのだが、税率は、左派政府の国が68・３パーセント、左派政府でない国が66・５パーセントで、大きな違いはない。１９７５年や２０００年についても、左派政府の国の税率が高いという証拠は見当たらない(21)。

国家間比較によるこの証拠にしても、左派政府が最上位所得に高い税率を設定するかどうかを判断するうえで、特に説得力があるわけではない。どの年を見ても、どの国にも多くの特徴があって、そのそれぞれに、異なる税政策の実施につながる可能性がある。もしそうなら、こうした比較で党派性仮説を支持する証拠がほとんど見られないことにも、これで説明がつくかもしれない。たとえ実際にはそのような関係が一般的だったとしても、証拠はでてこないと思われるからだ。データの使い方として説得力があるのは、ここでも、ひとつの国で左派政党が政権を取る前後で何が起こったかに目を向けることだ。

図3－7は、ひとつの国での非左派政権から左派政権への移行ごとに、その前後の最高限界所得税率をそれぞれ示したものだ[22]。グラフ化期間は最長で移行の5年前から5年後までで、それより短い場合は、移行前後の非左派政府および左派政府の継続期間に正確に合わせてある。また、移行前の非左派政府の時期が少なくとも3年、移行後の左派政府の時期が少なくとも3年ある例のみを含めた。薄い灰色の線は各移行の前後の最高限界税率を表し、濃い黒の線は平均を表している。このグラフからは、全体として、左派政府になれば最高所得税率が引き上げられることが示唆されるが、引き上げまでには数年かかっているうえ、規模が小さい。左派政府に移行する前の5年間の平均最高税率は48パーセントで、5年間のすべての年（-5年から-1年）について一定している。移行の年（0年）の平均最高税率は48パーセントだが、そこからは、+1年に49パーセントへと上昇、+2年には51パーセント、+3年には54パーセント、+4年には55パーセントとなって、そのあと52パーセントに下がっている。最高税率の中央値は、移行前が50パーセントで、+2年には51パーセントへ上昇し、+3年には52パーセント、+4年には53パーセントとなったのち、+5年に50パーセントに下がっている。このことは、左派色の強い政府には最高限界税率の小幅な上昇が伴っていることを示唆していて、おおまかには党派性仮説と一致している。

しかし、党派的な結果にはいくつか但し書きがつく。念頭に置くべきは、これがデータの平均的なパターンだということだ。個別の例をそれぞれ見ていくと、そこにはかなりなばらつきがある。たしかに、重要な党派性パターンが明確に表れている国もある。イギリスでは、１９３０年代に左派政府が最高税率を引き上げ、１９７９年と１９８８年に右派政府が最高税率を大幅に引き下げた。しかし、スウェーデンのように、党派性仮説に難しい疑問を投げかける重要な例もある。スウェーデンでは１９３２年から数十年にわたって左派が政権を握り、所得税の最高税率が引き上げられて、24パーセントから、世紀半ばには最高70パーセン

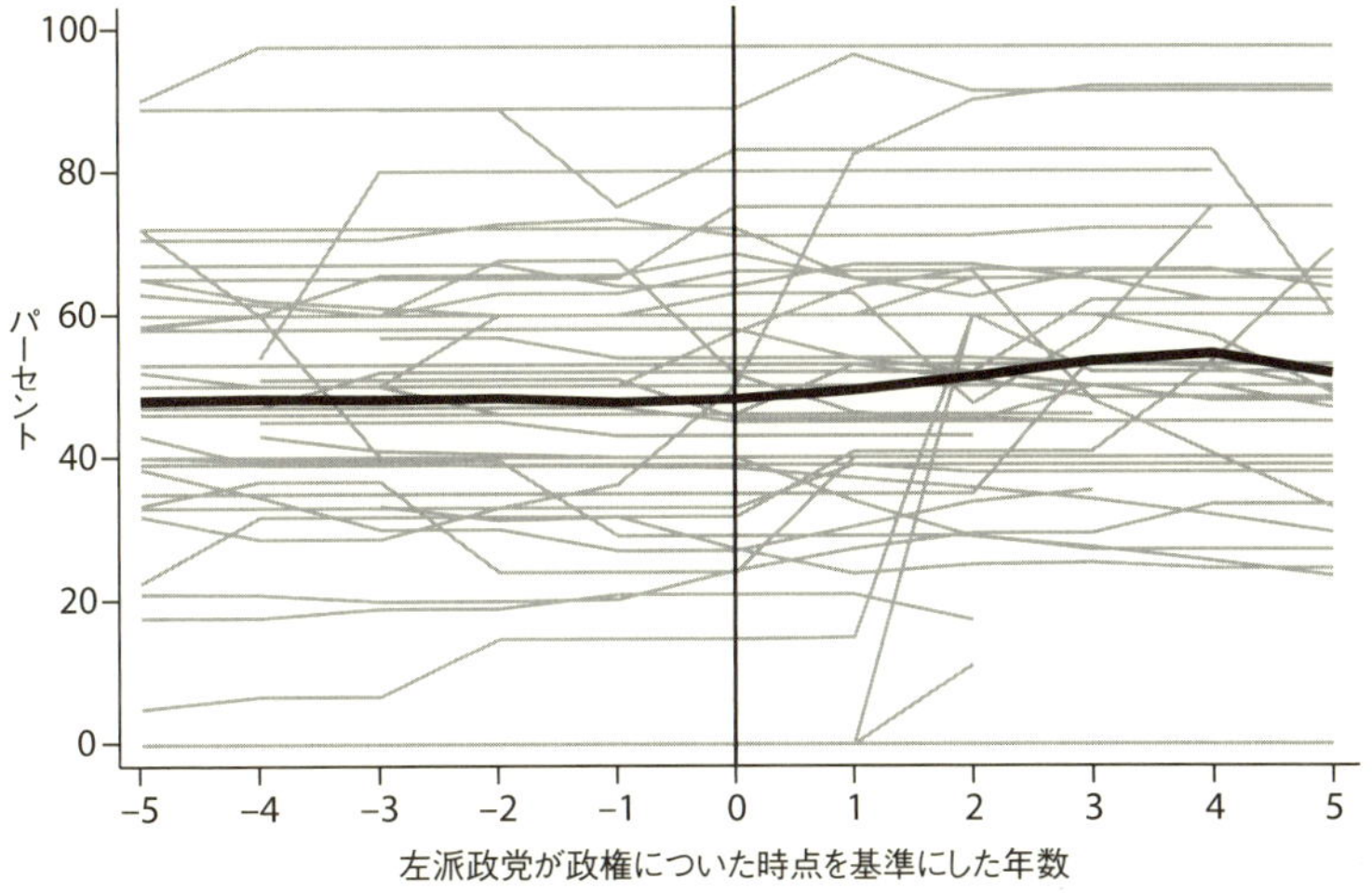


図3－7　左の党派性と所得税の最高税率

このグラフは、ひとつの国での非左派政権から左派政権への移行ごとに、その前後の最高限界所得税率を示したものである。グラフ化期間は最長で移行の5年前から5年後までで、それより短い場合は、移行前後の非左派政府および左派政府の継続期間に正確に合わせてある。また、移行前の非左派政府の時期が少なくとも3年、移行後の左派政府の時期が少なくとも3年ある例のみを含めた。薄い灰色の線は各移行の前後の最高限界税率を表し、濃い黒の線は平均を表している。

トに達した。ところが、同じように左派が政権を握っていたにもかかわらず、20世紀の後半には最高税率が25パーセントに引き下げられているのだ。また、移行はしたが最高税率がまったく変わらなかった例も多くある。さらに別の問題として、先にも論じたが、時間データの証拠を見る際の前提として、もしその国が左派政党の政府に移行していなかったら税政策に変化はなかったと考えなければならない。また、所得税の最高税率に影響する要因はほかにもあるはずだが、左派政党が政権についた理由はそうした要因とは無関係だったという前提も必要となる[23]。最後に、左の党派性ということではもっと広く、各国が所得税を引き上げたのは選挙ないし革命を通じた共産主義政党の台頭を恐れたからだったという可能性も浮上してくる。しかし（個々の例ではこの主張が当たっている部分もあるだろうが)、民主主義と同じで、共産主義の脅威も、たいていは所得税率の大幅引き上げよりかなりな年数、早く現れている。さらに、もし共産主義の脅威がサンプル中の国の大半で広く共有されていたという見方をすると、期間中の各国の税率が大きくばらついていることを説明できなくなってしまう。

## 不平等と最高限界所得税率

不平等も、所得税政策を動かす潜在的な要因だ。第1章で検討したように、この主張にはいくつかの変異型がある。市民は、不平等が拡大するにつれて富裕層への課税を重くしていくのが自分たちの自己利益に適うと思うかもしれない。また、不平等の拡大は機会の不平等のサインであり、したがって富裕層に課税するのは公正だと感じるかもしれない。最後に、不平等の水準が高いときに富裕層への課税を重くしたがるのは、市民が民主的な政治秩序のことを危惧しているからかもしれない。

いま挙げた主張を評価するのは難しい。所得税の最高税率は所得の再分配に影響するだろうが、不平等が税率に影響することもあるのを忘れるわけにはいかないからである。以下では、まず静的な相関を考察する。これは、今日の不平等水準と今日の最高税率との関係はどうかということだ。次に動的な関係を考察して、近年の不平等がその後の税の選択に影響するかどうか、そして、近年の税の選択が今日の不平等水準を決定するかどうかを問うていく。ある変数の過去の値が別の変数の将来の値にどう影響するか(およびその逆)を検証することで、因果関係の矢がどちらを向いているかの判断へと一歩を進められるだろう。

不平等の測定には、所得分布のさまざまな百分位にいる個人の得ている課税前所得を調べ、それが全体のなかでどれだけの割合を占めているかを見ていく。最高所得税率が不平等に及ぼす最も明白な影響は、課税前所得と課税後所得との差に表れるのだろうが、最高所得税率が高くなると課税前の不平等水準が下がることも考えられる(24)。最高所得の割合に関するデータは所得税申告書に基づくもので、パリ経済学校の世界トップ所得データベース The World Top Incomes Database から引いている。トニー・アトキンソン、トマ・ピケティ、エマニュエル・サエズをはじめとする、多くの研究者による労作である(25)。

まずは20国について、異なる時期に着目しながら、不平等と最高税率の相関を考察していこう。1925年――上位層の所得割合に関するデータが、少なくともいくつかの国について得られるようになった最初期の1年――で見ると、上位0・01パーセント層の所得割合と最高税率との相関は0・22だった。1950年には、この相関は0・65まで強まっている。不平等水準の高い国ほど最高税率も高いことが多かった。この関係は20世紀の後半に完全に逆転する。1975年には、上位0・01パーセント層の所得割合と不平等の相関はマイナス0・05になり、2000年も似たようなパターンになっていた。また、多国間で上位1パーセント層の所得割合と最高税率との相関を検証してみたところ、こちらも同様のパターンが見られた(26)。要するに、最上位層の所得割合と所得税の最高税率とには、20世紀全般を通じて安定した静的相関はなかったということである。

次のステップは、個々の国の不平等と最高税率との静的な関係を経時的に考察することだった。図3－8は、所得分布の上位0・01パーセント層にまわった所得の割合と最高限界所得税率を、比較可能な所得割合のデータがある年のカナダ、フランス、オランダ、スウェーデン、イギリス、合衆国について示したものである。ここでは、図3－4で法定税率と実効税率との関係を示すときに用いたデータに合わせて国を選択しているが、データのあるほかの国についてもパターンは同様だ。上位0・01パーセント層の占める割合と最高限界所得税率との経時的相関は、一貫して負になっている。図3－8によれば、相関の幅は、カナダ

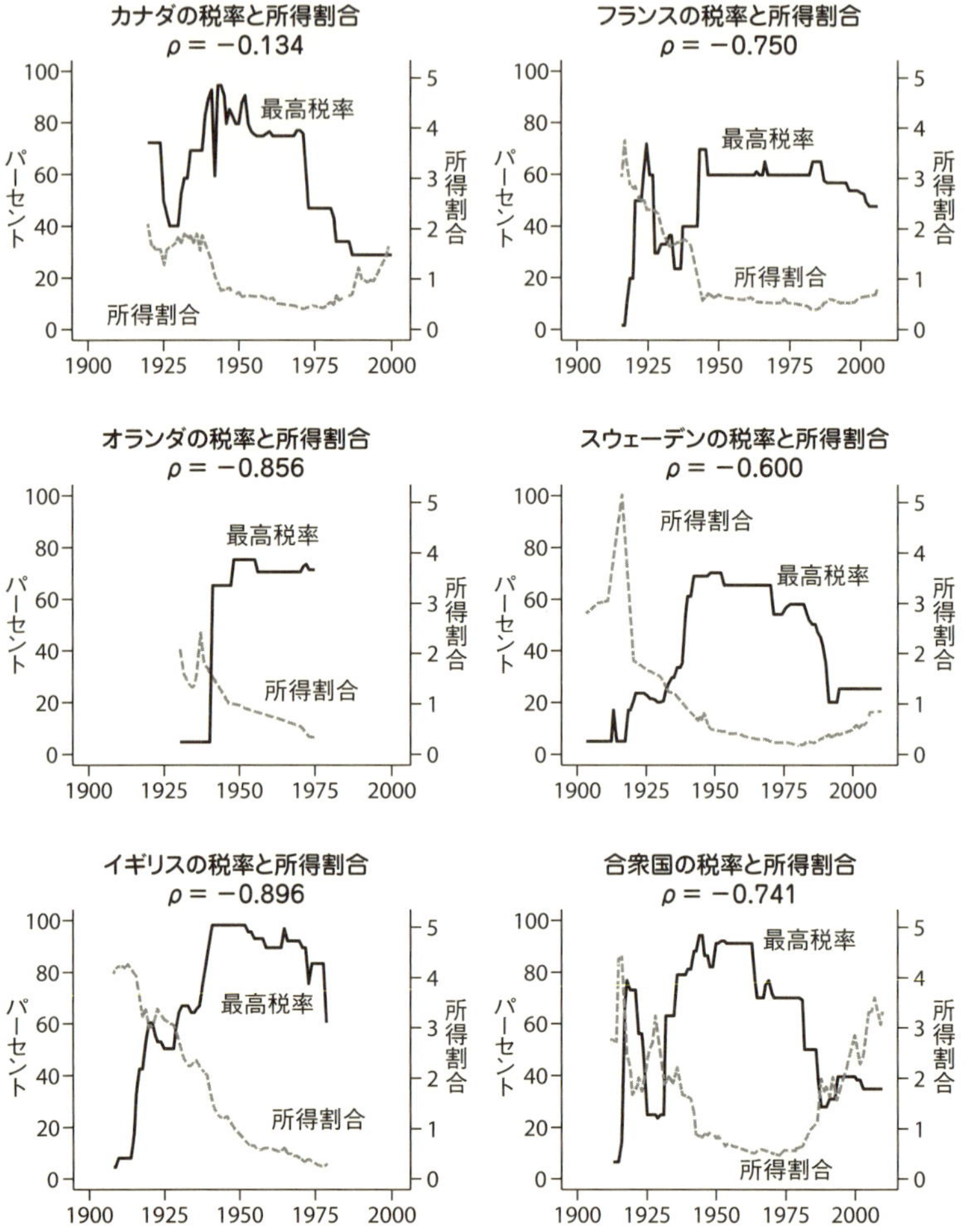


図3－8　不平等と所得税の最高税率

この図は、所得分布の上位0.01パーセント層にまわった所得の割合と最高限界所得税率を、比較可能な所得割合のデータがある年のカナダ、フランス、オランダ、スウェーデン、イギリス、合衆国について示したものである。$\rho$は各国での二つのデータの相関である。

のマイナス0・13からイギリスのマイナス0・90までだ。上位1パーセント層についても同じ傾向と相関を検証してみたが、絶対値こそ小さいものの、1国を除いて、やはり相関はすべて負になっていた。

最後のステップは、不平等と最高限界所得税率との動的関係を考察することだった。そのため、われわれは、いわゆる「グレンジャーの因果性テスト」を行った。このテストの名称は誤解を招きやすい。このテストにおける「因果」関係とは、ある変数の過去の値が別の変数の現在の値に影響する関係のことだからだ。しかし可能性としては、第三の要因が、いまテストしている二つの要因の両方を決定してしまうこともある。そこで、この後者の可能性を、少なくとも部分的に統制するため、われわれのテストでは、期間中のすべての国に共通する要因に加えて、各国の固定した特徴のための統制群も含めるようにした。[27] グレンジャーテストを実施するなかで最初に問いかけたのは、過去の最高税率と今日の不平等水準との間に負の相関があるかどうかだった。税率の変化に対する行動反応にはある程度の時間がかかるだろうから、これは理に適っている。次に問いかけたのは、過去の所得の不平等水準が現在の税率に影響しているかどうかだった。これも、所得の不平等水準はある程度の遅れがあって初めてわかることなので、やはり理に適っている。20国のデータをプールしてこうしたテストを実施してみると、過去の所得の不平等水準が現在の税率を決定しているという証拠はきわめて弱かった。これは、所得不平等の尺度として、上位1パーセント層を用いても上位0・01パーセント層を用いても変わらない。対照的に、現在の税率が将来の不平等水準に影響するという証拠は見つかった。[28]

全体として、不平等の拡大が国による上位所得者への課税強化につながるという主張と一致する証拠は、データ中にはほとんど見つかっていない。[29] 見つかるのは、最高税率が高いと所得不平等が減るという明確な兆候だ。[30] また、この二つめの発見からは、データのノイズが、どんな関係も見いだせないほどには酷くはないことが示唆される。所得税率に対する不平等の（もしくはその逆の）影響を解きほぐすことの難しさを考えれば、この結論の扱いには注意が必要だ。これについては、次章の相続税でふたたび取り上げることになるが、われわれは、そこでもよく似たパターンを見いだしている。

**戦争動員と最高所得税率**

各国は、それを支持する補償論があるときに、富裕層への課税を最も強化してきた。そのための最も重要な文脈は、戦争のための大規模動員だった。ここからは、20世紀の戦争動員と所得課税に焦点を当てることで、この主張を実証的に評価していく。このセクションの目的は、高所得課税の大幅増が、戦争のための大規模動員と同時期に起こっていることを確かめることにある。なぜ戦争にそのような効果があるのかについての全面的な評価は、あとの章に委ねられる。

われわれの議論は、第一次世界大戦に先立つ時期および大戦前後の時期に焦点を当てている。この紛争は、サンプル中の国の多くが、自国人口の相当な割合に当たる大規模な軍隊を動員した初めての戦争だった。[31] 指摘しておくべき重要な点は、われわれが仮定している戦争効果は大規模動員を必要とするということだ。戦略的に重要で、費用のかさむ戦争であっても、近年の合衆国によるアフガニスタンやイラクでの紛争や、17世紀、18世紀の多くの紛争が税政策に同様の影響を及ぼすことは期待できない。ほかにも、第一次世界大戦を出発点とするのが自然な理由はある。図3－1、3－2の統計からわかるように、最高所得税率が初めて大幅に引き上げられたのがこの時期だからである。

第一次世界大戦の影響を評価するためには、まず、戦争前夜の所得税政策に関する文脈を設定する必要がある。すでに指摘したように、イギリスは1842年に所得税を復活させたが、税率は、現代の水準から見れば極端に低く抑えられていた。１９０９年に「スーパータックス」が導入されたときでさえ、イギリスの最高限界税率はわずか８・３３パーセントだった。19世紀には、ほかの多くのヨーロッパ諸国でも、なんらかの所得税を制定する可能性が議論のテーマとなったが、理由としては、イギリスの改革が成功と受け取られたことが小さくなかった。社会が大きく動揺した時期には、現代の税率に近い最高税率を備えた累進税制度を提案する者も現れた[32]。しかし全体として、個人の所得の半分までもを税で引きさるという考えは、当時の大半の研究者からは「非常識な財政制度」（『エコノミスト』誌）と見られていた[33]。第一次世界大戦に至るまでの数十年間には、多くの国がイギリスにならって所得税を創設した。主なところは、スウェーデンが１８６２年（１９０３年にさらに全面的な近代法）、イタリアが１８６５年、日本が１８８７年、ニュージーランドが１８９２年、オランダが１８９３年、オーストリアが１８９７年、デンマークが１９０３年である。合衆国が最初に連邦所得税を採用したのは１８６２年だが、これは南北戦争に関連したもので、１８７２年以後は連邦議会がこの税を更新しなかった。連邦所得税が復活するのは１９１３年になってからのことである（連邦議会は１８９０年代に所得税法を通過させていたのだが、連邦最高裁がこれを無効としていた）。

こうした展開は、所得税の採用に向けた一般的な流れがあったことを示していると思われる。また、累進所得税が規範となったことも事実だ。こうした展開は重要だったたし、参政権の拡大や、労働者政党および社会主義政党の影響が政治的競争に及んだ結果だったとも考えられる[34]。しかし、なによりも衝撃的なのは、累進所得税の採用後でさえも、第一次世界大戦以前の上位所得者が、所得のわずかな部分しか税というかたちで支払っていなかったことだ。こうした低税率は、われわれがこれまで提示してきた証拠と一致している。民主主義も、党派性も、不平等も、富裕層課税についての活発な議論を生み出しはしたが、政策への影響は比較的小さかった。所得税に高い税率を採用できなかったのは、国家の行政能力に限界があったからだと考える人もいるかもしれない。しかし第4章で示すように、相続税でも同じパターンの低税率が支配的であり、当時の相続税は、はるかに低い行政能力で徴収できていた。したがってここでの教訓は、１９１４年の初めには、所得税が将来の流れだと思われていたかもしれないが、それから数年のうちに、社会の最富裕層の成員が所得の半分もの額を税として支払うような税制度を採用する国が出てくるとはとても考えられなかった、ということになる。

第一次世界大戦は、戦争参加国に多大な資金需要を突きつけた。各国政府は、税率の即時引き上げと国債の発行増加の組み合わせで対応せざるを得なかった（後者は将来の課税を約束したようなものだった）。この戦争で新しかったのは、上位所得層に重い負担が課されたことだった。最高限界税率をめぐる議論も、政治の新たな特徴となってきた。戦時中あるいは終戦直後の時期、戦争参加国は急勾配の累進的な税率表を採用したが、これはかつて『エコノミスト』が「非常識」とみなしたような最高税率を伴うものだった。イギリスでは、一連の戦争予算によって、所得税の最高税率が、１９１４年の８・３３パーセントから、１９２０年には60パーセントまで引き上げられた。当時の研究者も、イギリスのような国では、税制度の変更は所得と富の両方の分布に重要な影響を及ぼすとしていた。[35] 合衆国の所得税の最高限界税率は、戦争開始時の７パーセントから、終結時には77パーセントへと上昇した。[36] 同様のパターンのできごとはカナダでも起こっていて、１９１７年に最初に連邦所得税が制定されたときには25・９パーセントだった最高税率が、１９２０年には72・５パーセントまで上がっている。[37] フランスでは、１９１５年に初めて全国レベルの所得税が最高法定税率２パーセントで実施されたが、１９２０年には最高税率50パーセントになっていた。ドイツの政策選択はこうした例とは違っていて、戦争期間中に全国レベルの所得税は採用されなかった。また、地方レベルの所得税率も、少なくとも（われわれの手許にデータがある）プロイセンについては引き上げられていない。とはいえ、この逸脱は一時的なものだった。戦後になるとドイツも連邦所得税を創設し、60パーセントという高い最高限界税率を設定して、その一部を戦費と賠償金の支払いに充てていた。さらに、以下の各章でさらに詳しく検討するように、ドイツもほかの戦争参加国と同様に、戦時利得税を採用していた。

われわれが言及している最高所得税率が適用されるのは、もちろんごくわずかな割合の世帯だし、さらに一般的にいって、当時、こうした国々でなんらかの所得税を課せられていた世帯の割合はごくわずかだった。イギリスの場合でいえば、当初スーパータックスを払っていた世帯数は0・1パーセントの単位だった。[38]ほかの国、たとえばフランスやカナダで最高税率の所得税を課されていた世帯の割合はさらに小さく、それぞれ1000世帯、500世帯という単位である。[39]この最高税率によって生み出される歳入は、当然のことながら、フランスの戦後財政問題を解決するには小さすぎたが、その一方で、高い最高限界税率へ向けた動きは、それが適用される多額の財産にとっては明らかに大きな意味合いがあった。

第一次世界大戦期の重要な側面のひとつは、戦争のための大規模動員を行った国々での税制度の進化を観察できることと同時に、中立を守った国々でなにが起こったかを観察できる点だ。スウェーデンとオランダの例が、われわれの目的にはとりわけ興味深い。この両国で起こった政治的な展開の多くが、フランスやイギリスのような戦争参加国で起こったものと同じだったからである。スウェーデンもオランダも、ほぼこの時期に男子普通選挙を採用している。[40]またどちらの国でも、政治的左派政党が、この時期に初めて議会で大きな勢力を獲得した。どちらの国も、この時期に労働者階級の暴動やボルシェヴィズムの恐怖を経験していて、その点でも戦争動員国とよく似ている。[41]しかし、こうした共通の政治的条件があったにもかかわらず、最高税率に関しては、戦争動員国とはまったく違う結果となっている。オランダの全国レベルの所得税率は1桁のままだったし、スウェーデンでも、全国的な税率は上がったものの、1930年代まで約20パーセン

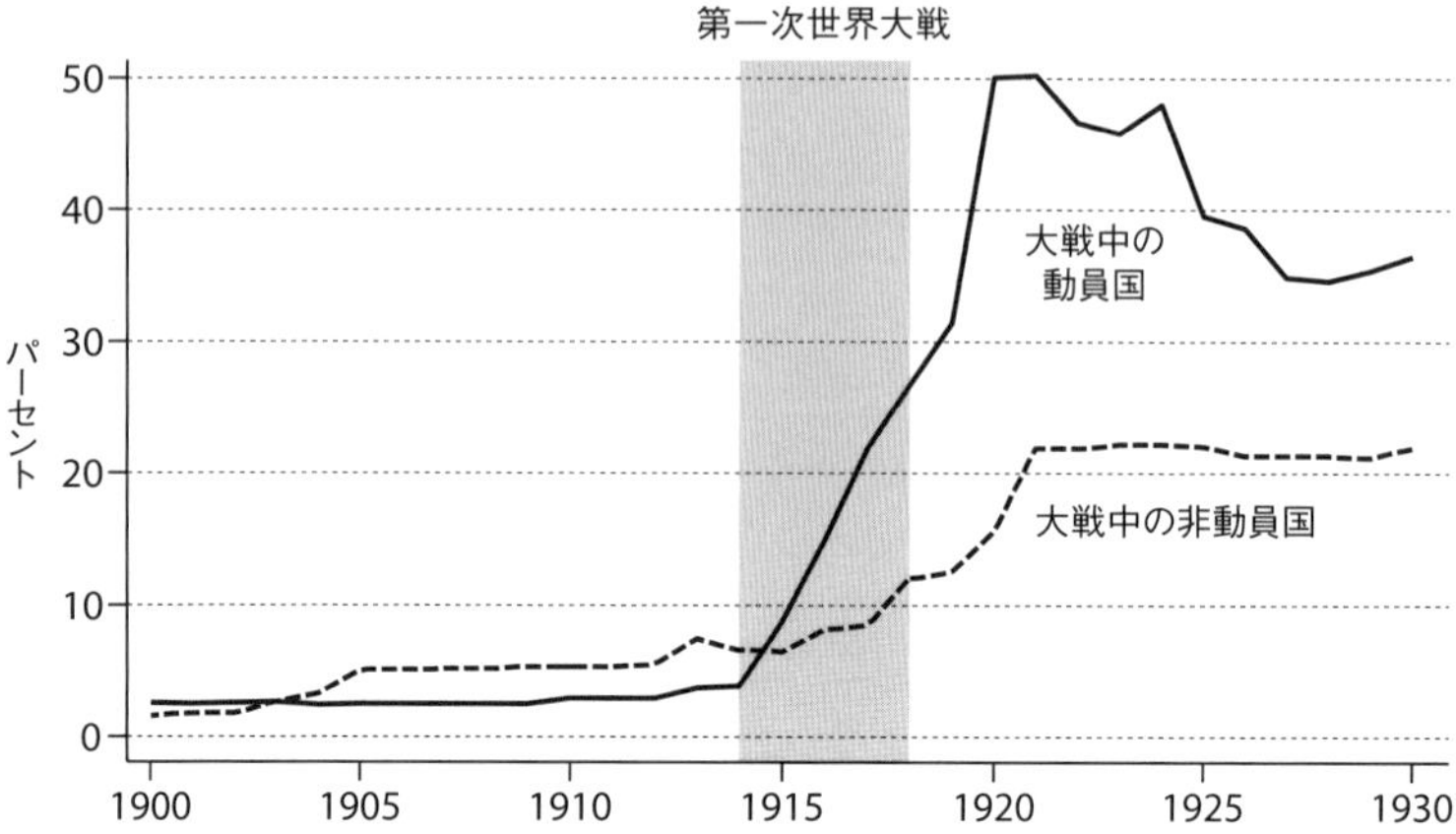


図3－9　第一次世界大戦と所得税の最高税率

この図はわれわれのサンプル中、第一次世界大戦での動員国10国と非動員国7国について、最高限界所得税率の平均をそれぞれ示したものである。フィンランド、アイルランド、韓国は、この時期の大半は独立国ではなかったので除外している。

トのままだった。[42]

図3－9は、サンプルのうち、第一次世界大戦に参加して大規模動員した10国と、中立を保つか、参加はしたが大規模動員をしなかった7国について、1900年から1930年までの最高税率に関する入手可能な情報を示したものだ。戦争のために大規模動員をしたとする条件は、参戦国であり、かつ、総人口の少なくとも2パーセントを軍に動員したことである。日本は、サンプル中の参戦国では唯一、戦争中にこの閾値に達していない時期がある。フィンランド、アイルランド、韓国は、この時期の大半は独立国でなかったので除外した。図3－9を見れば明らかなように、動員国では、戦争に伴って、富裕層課税に向けた大きな動きが起こっている。非動員国でも最高税率が上がっているが、上がり幅はずっと小さい。戦争の影響を推定する目的には、非動員国を反事実として考えるのが有効だ。すると、もし戦争がなかったら、動員国と非動員国との差は同程度にとどまっていたと考えられる。第一次世界大

戦までは、動員があると最高税率がわずかに下がっていたのだから、たとえほかの要因がすべての国での税率引き上げにつながったとしても、この差は継続したはずだ。大戦につながるまでの時期にこの差が比較的一定していたという事実は、この仮定の妥当性を強めてくれる。動員国と非動員国の差が大戦前後でどうなったかという「差の差」が、最高所得税率に対する戦争の影響に関して、われわれの最良推定値となる。図3－9は、1920年にこの差が約34パーセントポイントだったことを示している。差の大きさは時間とともに縮まっているが、それでも、戦争終結後もかなりの年数にわたって大きいままだった。

このアプローチで第一次世界大戦の影響を決定することの潜在的な懸念は、ひとたび戦争が始まってからは、各国は自国がどこまで所得税を引き上げられるかを考え、それに基づいて参戦を選択したかもしれないということである。しかし、少し考えただけでも、これはありそうにないことがわかる。第一に、第一次世界大戦への参戦に関する多くの文献が、当初の参戦国のほとんどが、戦費のかさむ長期戦争を予期していなかったことを示唆している。むしろ、紛争は短期で決着がつくと予想されていたのである。第二に、合衆国という一部の例外を除いて、サンプル中の動員国は選択して参戦したわけではまったくなかった。どの国も、やむを得ず参戦したのだった。戦争のきっかけとなったのは、もちろん政治的な暗殺だった。フランス、イギリス、カナダの参戦が確定するのは、ドイツが、ヨーロッパ全面戦争を想定したシュリーフェン・プランにしたがって西への侵攻開始を決定してからのことだった[43]〔シュリーフェン・プランは、ドイツの軍人アルフレート・フォン・シュリーフェンが1905年に立案した西部戦線での対フランス侵攻作戦計画。対フランス、対ロシアの二正面作戦を避けるため、まず全力でフランスを攻撃して短期間で作戦を終わらせ、一転してロシアを全力で叩こうとしたもの〕。

図3－9の証拠は、各国は第一次世界大戦のために動員を行った時期に高所得への重課税を始めたという、われわれの主張を支持している。では、なぜこの戦争にこのような効果があったのか——この疑問が本書の残りの議論の大半を占めることになる。この疑問をめぐる分析の大半は以下の各章に現れるのだが、ここで

は、戦争の影響を解釈するための二つの重要な疑問を考えてみたい。ひとつは、所得税率はさらに累進的になったのか、それとも単に全般的に引き上げられたのかということ、もうひとつは、第一次世界大戦による最高税率への影響は、すべての国で同じだったのか、それとも政治体制による違いがあったのかということである。

第一の疑問に取り組むため、われわれは、サンプル中の動員国4国と非動員国4国からなるサブセットについて、所得獲得者の上位10パーセント内での累進性の変化を検証してみた。[44] 表3－1は、動員国および非動員国の第90、第99、第99・9百分位にいる個人の限界所得税率の平均が、第一次世界大戦の前後でどう変化したかを示したものである。[45] 表からわかるように、大戦に伴う税の引き上げは、ここに挙げた高い所得水準のすべてにおいて、動員国のほうが非動員国よりも大きく、しかも、所得が上がるにつれてその差が大きくなっている。たとえば、第90百分位の限界税率の引き上げ幅は、動員国のほうが非動員国より3・8パーセントポイント大きいが、第99・9パーセンタイルでは20・6パーセントポイントの差となっている（最高税率では51・8パーセントポイント差）。ここで報告されている税率からわかるのは、第一次世界大戦の結果として採用された所得税率の引き上げでは、富裕層が自身の所得から大きな割合を支払うよう求められたこと、しかもそれが、単に上位10パーセントに入る程度の所得がある者よりはるかに大きかったことだ。このような累進性の増大は、戦争動員の影響をめぐるわれわれの主張から予測されることである（われわれの主張は税の公正さについての考え方に基づくもので、純粋な歳入最大化説は採っていない）。

第二の疑問に取り組むため、われわれは、第一次世界大戦のための動員を行った民主主義国の最高限界所得税率の平均を、同じく動員を行った非民主主義国と比較している。第一のカテゴリーに入る7国は、オーストラリア、ベルギー、カナダ、フランス、ニュージーランド、イギリス、合衆国で、第二のカテゴリーに

表3－1　第一次世界大戦と累進所得税

| | 戦争前 | 戦争後 | 差 |
|---|---|---|---|
| 第90百分位 | | | |
| 動員国 | 0.0 | 4.3 | 4.3 |
| 非動員国 | 2.8 | 3.3 | 0.5 |
| 差の差 | | | 3.8 |
| 第99百分位 | | | |
| 動員国 | 1.4 | 12.1 | 10.7 |
| 非動員国 | 3.7 | 5.0 | 1.3 |
| 差の差 | | | 9.4 |
| 第99.9百分位 | | | |
| 動員国 | 2.6 | 25.0 | 22.4 |
| 非動員国 | 5.7 | 7.6 | 1.9 |
| 差の差 | | | 20.6 |
| 最高税率 | | | |
| 動員国 | 4.3 | 63.0 | 58.7 |
| 非動員国 | 9.7 | 16.5 | 6.8 |
| 差の差 | | | 51.8 |

注：この表は、戦争前（1913年）と戦争後（1920年）の動員国および非動員国における、第90、第99、第99.9百分位の限界所得税率の平均を示したものである。ソースについてはScheve and Stasavage（2010）を参照。

入る3国はオーストリア、ドイツ、イタリアである。図3－10は、1913年から1919年までの年率の平均を示している（戦争直前から直後までの短い時期にだけ目を向けているのは、ドイツとオーストリアがともに戦後に民主化されたためである）。どちらのグループの国も、全体として、戦争中に所得税の最高税率が上がっている。しかし、税率の上昇幅は、民主主義の戦争動員国のほうが非民主主義国より劇的に大きい。民主主義国の平均最高税率は、1913年の3パーセントから、1919年には約39パーセントにまで増えている（しかも、戦争のあとも増え続ける）。それに対して非民主主義国では、同時期の平均税率は約5パーセン

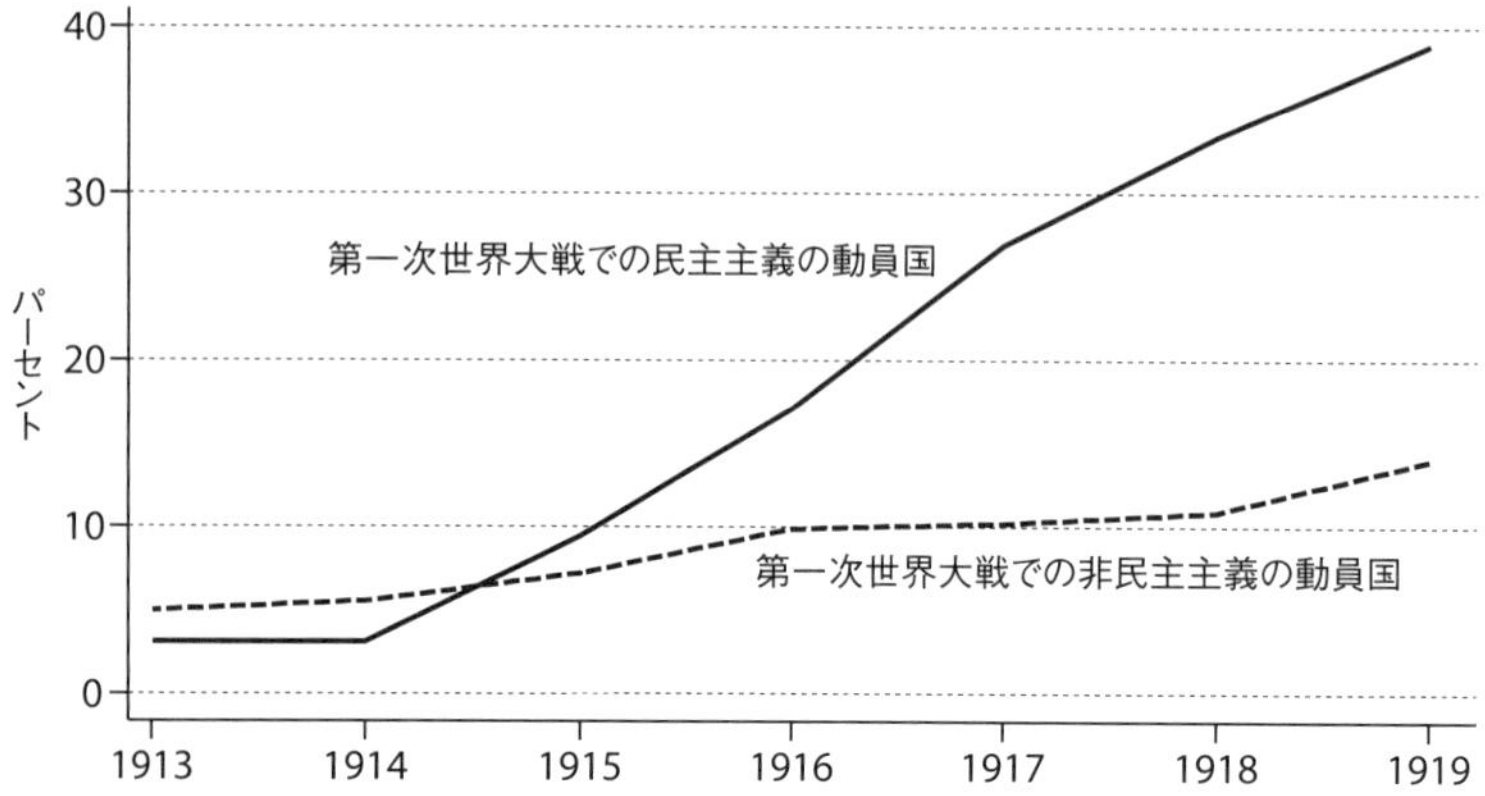


図3－10　政治体制のタイプで見た第一次世界大戦と最高税率

この図は、われわれのサンプル中、第一次世界大戦で動員を行った民主主義国7国と非民主主義国3国について、最高限界所得税率の平均を示したものである。

トから14パーセントに増えただけである。また重要なことだが、民主化されてからは、オーストリアもドイツも、民主主義の動員国とよく似た高い最高税率を採用している。

民主主義国と非民主主義国とのこの違いから、どのような結論を引き出すべきなのだろうか。どちらのタイプの国の指導者にも、自らの政府と戦争努力への傾倒に対する国民の支持を維持したいというインセンティブがある。そのためのひとつの方法は、補償的な税政策を採用して、戦争努力での犠牲の平等感を高めることだ。とはいえ、そのインセンティブは、民主主義国のほうが明らかに強い。市民の平等な扱いが政治システムの基盤のひとつになっているからだ。したがって、図3－10のデータのパターンは、われわれが提示する戦争効果のメカニズムと一致している。[46]

では、第二次世界大戦のための大規模動員も、やはり最高所得税率の引き上げにつながったのだろうか。この疑問に対する単刀直入な答えは、イエスである。サンプル中、第二次世界大戦のために大規模動員を行った11国の平均最高所得税率は、1938年で47・9パーセントだった。留意してほしいのは、この比較的高い税率が二つの事実を反映していたことである。第一に、第二次世界大戦のために動員を行った国の大半は、先の第一次世界大戦でも動員を行っていたので、その戦争の正の影響がまだ残っていた。第二に、両大戦間の経済危機によって生まれた財政赤字に対応するなかで、第一次世界大戦への参戦国は、大戦のための動員を行わなかった国と比べて、最高所得税率を引き上げて予算を均衡させようとする傾向が強かったという証拠が少なからずある。また、大恐慌の時期の税をめぐる議論が、1930年代初めの新しい国家緊急事態を前にして、第一次世界大戦中に広がっていた「平等な犠牲」という言辞に少なからず立ち返っていたことも興味深い。このように、出発点がかなり高かったにもかかわらず、第二次世界大戦の動員国は戦争中に所得税率を引き上げ、1946年の平均最高限界税率は75パーセントとなった。

この「ビフォー・アンド・アフター」の証拠は衝撃的であり、かつわれわれの中核的な主張と一致しているのだが、その一方でこれは、戦争がなければ税率は同じ水準に留まっていたと仮定している。この仮定を正当化するのはかなり難しい。サンプル中の、第二次世界大戦のために大規模動員を行わなかった8国で見ると、平均最高税率は、1938年の30・5パーセントから1946年の49・4パーセントへと上昇している。ここから、第二次世界大戦への参戦の影響は、差の差による推定値で8・2パーセントポイントということになる。これはかなりな影響であり、われわれの主張とも一致しているのだが、第一次世界大戦の影響と比べると規模が小さい。

第二次世界大戦の推定影響値が小さいことには、文脈に沿った理解が必要だ。第一に、大半の国はすでに戦争のための大規模動員を行っていた。先行する戦争によって税率が上がったままだったのだから、また動員があっても、税率への絶対的な影響は小さくなって当然だ。第二に、第二次世界大戦の差の差による推定値は、質的に、第一次世界大戦のものほど強くはない。非動員国のサンプルには、ベルギー、デンマーク、オランダ、ノルウェーの4国が含まれているが、どこも戦争中は被占領国だったので、そのことによる相当な影響を受けている。非動員国のサンプルは残り4国だが、そのうちのスウェーデンとスイスは、戦闘にこそ参加しなかったものの、人口の相当な割合を動員していた（スウェーデンで6パーセント以上、スイスで12パーセント以上）。さらに、第二次世界大戦の起こったタイミングや範囲、出費は、第一次世界大戦のようにまったく予想外のものではなかった。すでに高かった1938年の税率の少なくとも一部は、将来の戦争を予期した再軍備努力によるものでもあった。こうした要因のすべてが、第二次世界大戦による最高所得税率への影響に関して、われわれの推定値を小さくするのに寄与したのだろう。というわけで、繰り返しになるが、こうした問題があるにもかかわらず、なおわれわれは、戦争が高所得課税に大きく影響した証拠を見いだすのである。

ここまで、20世紀初めから半ばまでの大規模動員を伴う紛争についての証拠を提出してきたので、次に、大規模動員による最高所得税率への全体的な影響についてデータがなにを語っているかも、簡単に考察しておくのが有益だろう。われわれには1816年から現在までについて、ある国が国際紛争を戦ったかどうか、そして人口のどれくらいまで動員したかを記録したデータがある。この証拠は、図3-1に示した平均最高税率の逆U字形と併せて、われわれの主張である、戦争のための大規模動員は高所得課税が放物線を描くうえで中心的な役割を演じてきたということと、おおまかに一致する。1900年以前は税率も低く、戦闘のために人口の2パーセント以上が動員された紛争は一度きり（普仏戦争）だった。(47) 1970年以降は、2パーセントの閾値を超える動員を伴う戦争を経験した国はない。すでに指摘したように、この時点から現在まで、最高所得税率はゆっくりと、しかし着実に下がってきている。第8章では、20世紀後半における最高所得税率の低下について、さらに詳細に検証していく。オンライン資料には、非常に多様な計量経済学的特定化を採用した回帰分析が含まれているが、そのなかでわれわれは、大規模動員を伴う戦争には最高所得税率の引き上げが伴っていること、この関係は因果的に解釈するのが妥当であることを示す明白な証拠を見いだしている。

最後に、戦争のための動員による影響にはもうひとつ特徴がある。それは、最終的には非動員国でも税率引き上げにつながることがある、ということだ。われわれはここまで、富裕層課税についての態度を決めるものが、自己利益であり、公正さへの配慮であり、そして最後が経済効率についての判断であることを強調してきた。第一次世界大戦の交戦国が、戦争中および戦争後に、それまで想像もできなかった水準まで最高限界税率を引き上げたことで、富裕層課税を強化しても経済的な破滅には至らないことが示された。これがきっかけとなって、非動員国の政府が富裕層にどこまで課税できるかの計算を変更した可能性がある。もしこれが正しければ、われわれの「差の差」による比較は、その分だけ、最高税率への戦争の影響を過小評価しているのかもしれない。(48)

### 戦争と個人の態度についての最初の証拠

大規模戦争に関するここまでの証拠は、形式的にはすべてマクロである。国がなにをしたかは語ってくれるが、戦争のための動員が個人の態度の変化につながったのか、富裕層課税をめぐる議論で用いられる公正論のタイプが変わったのかについては、なにも語っていない。以下、本書の大半はこの問題に割かれることになる。個人の態度の変化をたどるのは非常に難しい作業だ。第一次世界大戦の時期には世論調査が行われていなかったうえ、第二次世界大戦についても、入手可能なものはきわめて限られている。合衆国は、大規模動員が税への態度にどう影響したかを測定するのに、第二次世界大戦期の世論調査を用いることが妥当と考えられる国のひとつである。初期のギャラップ社による2回の調査が、参戦によって実際に個人が富裕層への課税強化を支持したという、一応の証拠を提供してくれている。ただし、個人が公正さをめぐる特定の主張に反応したのかどうかはわからない。ここでは、個人の態度が変わったことの暗示的な証拠としてこの2回の調査を提示し、そのうえで、以下の各章でこのテーマを深く掘り下げていこうと思う。

1941年7月、合衆国の第二次世界大戦への参戦が未決問題だったときに、ギャラップ社は全米の成人人口から調査対象を抽出し、次のような質問をした――「国防費支払いの一助とするため、政府は所得税を引き上げざるを得なくなると思われます。もしあなたが決定者だとしたら、4人家族で所得がXドルの典型的な家族に、どれくらいの所得税の支払いを求めますか」

この調査では、スプリット・バロット法〔ワーディングや質問の順序などを変えた数種類の調査票を、ランダムに分割した複数の回答者集団に割り当て、それぞれの調査票への回答を比較する方法〕のアンケートを用いて、年間1000ドルから年間10万ドルまでの8つの所得層について望ましいと思われる税率を聞き出している。また、真珠湾攻撃後の1942年3月にもまったく同じ質問がされていて、このときは「国防」が「戦争」に替わっている。2度の調査のタイミングとそれに対応する質問の表現の違いを、戦争のための動員によって富裕層課税を支持する態度が変わったかどうかの「ビフォー・アンド・アフター」テストに使ってもいいだろう。図3-11は、観察された世論の変化を示している。三つのグラフは、社会経済的地位（SES）の異なる集団の回答者のデータを表したもので、回答者のSESについては、質問者が主観的な階級尺度に基づいてコード化して決定していた。尺度は「貧しい」から「平均的」「裕福」までである。それぞれのグラフでは、中央値の回答者が好ましいとした実効税率を、質問で言及されている仮想の4人家族の所得に対してプロットした。相対的に低・中所得の家庭が支払うべきだと考えられた税率には、三

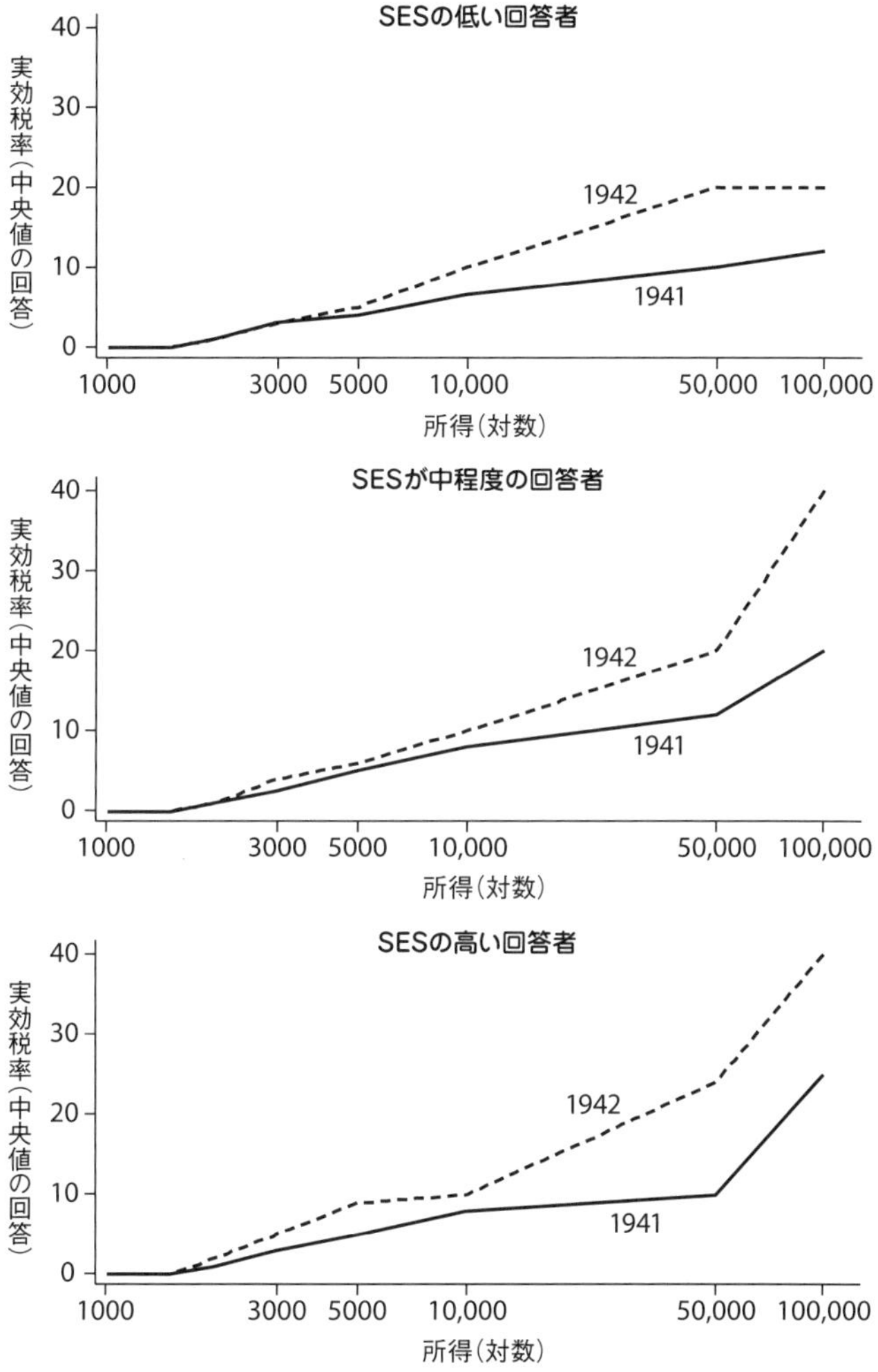


図３－11　第二次世界大戦と税の累進性に関する合衆国の世論

この図は、第二次世界大戦が始まる前後のギャラップ調査の質問への中央値の回答を示したもので、さまざまな所得水準の４人世帯の実効税率について、合衆国国民の選好を導き出したものである。望ましいとされた税率表は、SES の高・中・低で分けて示している。SES は、質問者が主観的な階級尺度に基づいて回答者をコード化して決定した。

出所：Gallup Poll #1941- 0242 and Gallup Poll #1942- 0263.

つのSES集団のすべてを通じて、戦争の影響はほとんどなかった。まったく対照的に、最も高い所得層への課税強化については、三つの集団すべてで支持が見られた。

1940年代に実施された2度のギャラップ調査は、戦争のための大規模動員によって、すべての所得層が富裕層課税の強化を支持するようになりうるという、強い予備的証拠を提供してくれている。もちろんこの調査は、個人が富裕層課税を支持する理由を語ってはいない。それは、われわれが示唆するような補償論の力かもしれないし、ほかの理由があったのかもしれない。本書の残りの部分では、国民的な議論のなかで人びとがなにを語っていたのかに関するさらに詳細な証拠を用いながら、この疑問に取り組んでいく。

## 最高所得税率の決定要因

この章は、各国がいつ、なぜ、富裕層に課税するのかを実証的に調査することから始めた。最高限界所得税率に関するデータには多くの重要な流れが示されているのだから、およそ「なぜ」の説明をするのなら、それはこうした流れを説明するものでなければならない。近代的な所得税の考え方とその有効性は19世紀初めから確立されていた。それにもかかわらず、大半の国は19世紀末ないし20世紀初めまで所得税を採用しなかった。たとえ採用しても、最高税率は非常に低い水準に設定されていた（たいていは1桁だった）。高い最高税率の所得税は、1910年代に入るまでまったく存在していなかったのである。高い所得税率を最初に採用したのは、第一次世界大戦を戦うために動員を行った国々だった。紛争のあとも、大戦を戦った国と戦わなかった国との差は長く残った。とはいえ、この大戦によって、高い税率の採用という発想はすべての国で妥当なものとなったようで、所得税をめぐる政治的な紛争は、どの国でも政治競争の中心的特徴となっていった。大恐慌とそれに伴う財政難から、各国は――とりわけ大戦に参戦した国は――戦争中に採用したのと同様の水準まで最高税率を引き上げるようになった。第二次世界大戦はこの水準をさらに押し上げ、一部の国では最高税率が90パーセントを超えるまでになった。そうした税率は戦後になって少し下がったが、それでも1950年代、1960年代を通じてかなり高いままだった。それが1970年代末になって大半の国で大幅に引き下げられ、今日に至っている。[49]

本書の残りの部分で考察している問題は、富裕層課税に対する戦争の影響をどう理解するのが最も良いのかということである。[50] それは、大規模動員によって富裕層課税を支持する新たな補償論が可能になったことで説明できるのだろうか。われわれが提出した国民世論に関する最初の証拠はこの解釈と一致しているが、そのような解釈はほかにもありうるだろう。第6章では、富裕層課税に使われる公正論のタイプが第一次世界大戦によってどう変わっていったかについて、幅広い視点を提供する。しかしその前に、戦争効果についてのほかの説明で、公正さと無関係なものをいくつか考察しておくことが重要だ。そのうちの四つは説得力がなく、簡単に退けることができるので、ここで処理しておこう。[51] あとの二つは突っ込んだ検討が必要なので、そちらは第4章、第5章で扱うことにする。

第一の可能性はナショナリズムに関わっている。富裕層は、単純に愛国的な熱意にあふれていたから、自らすすんで課税されたのだろうか。この主張の問題は、ナショナリズムがほかの国民も同じように鼓舞してしまうことだ。愛国心にあふれた国民なら、たとえ戦場で犠牲を払っても、富裕層への課税を要求しはしないだろう。[52] したがって、富裕層が財政的な犠牲を求められた理由を理解するためには、公正論を考える必要がある。

第二の可能性は、第1章で考察した考えと関連している。すなわち、最高税率は政府の規模拡大に合わせて上がっていくのだろう、ということだ。もし戦争努力によって支出水準が上昇し、そのために富裕層の税

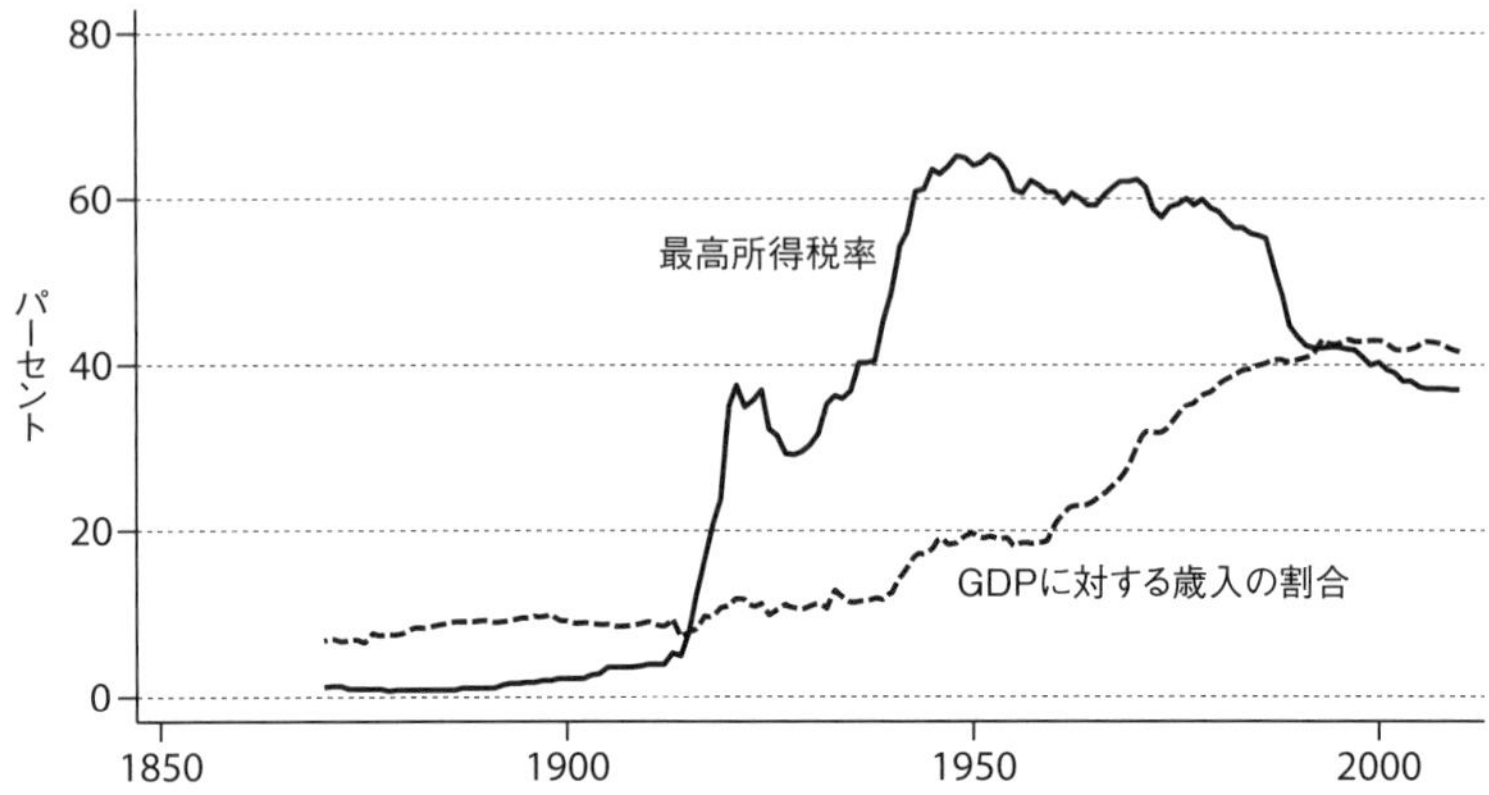


図3－12　平均最高所得税率と政府の規模、1870－2010年

率が上がるというのであれば、これで戦争効果を説明することはできる。しかしこの主張は、論理的に考えて、所得分布全体の税率が同程度に上昇することを暗示している。表3－1で見たように、また第5章でさらに詳しく論証するように、これは事実ではない。戦争中、各国政府は富裕層の税率を大幅に上げた。さらに図3－12は、平均最高所得税率と政府の規模（平均税収がＧＤＰの何パーセントに当たるかで測定）をグラフ化したものだが、これを見ると、政府の規模が一般に税率を押し上げるわけではないことが強く示唆される。歳入は20世紀を通じて拡大を続けているが、最高所得税率は下がってきている。

　第三の可能性は、税の引き上げが支持されたのは、政府が、平時の国防や基本的公共財の提供ではなく、戦争を戦うために支出していたからだというものだ。この考えでいくと、国民が税を支持するのはその使われ方次第だということになる。われわれは、この見解と一致する証拠をいくらか見いだしている。ギャラップ社は、第二次世界大戦中のさまざまな時点で世論調査を行い、現在支払っている連邦所得税の額を公正だと思うかどうかを問いかけた[53]。戦争の最中は、回答者は驚くほど高い割合で、自分たちの支払っている税額は公正だと答えていて、1

943年から1945年までに実施された4回の調査の平均は86パーセントだった。しかし1946年の2月、戦争が終わってから初めて同じ質問をしてみると、公正な額の所得税を支払っていると答えた回答者の割合は、全体の平均で65パーセントまで下がった。1946年11月に同じ質問をしたときにも同様の結果だった。[54]こうした結果は、課税についての国民世論は歳入の使われ方によって変わる、という考えと一致している。しかし証拠は、税への支持がすべての所得層で変わっていることを示している。したがってこれは、なぜ戦時中に富裕層の税が最も大幅に増えたのかを説明していない。

第四の可能性は、戦争によって富裕層の政治的立場が大衆と比べて弱くなったというもので、理由は、おそらく戦時中に資産が破壊されたため、あるいは、貧困層や中間層が動員を通して価値あるスキルを（戦闘の方法も含めて）身につけたためだとする。この主張も証拠と一致しない。戦時中に資産の破壊がなかった国（合衆国やカナダなど）の政府も、第一次世界大戦で壊滅的な打撃を受けた国（フランスなど）の政府と同様か、もしくはそれ以上に富裕層に課税している。同様に、貧困層や中間層がスキルを身につけたのは民主主義国でも非民主主義国でも同じだったと仮定できるが、動員による富裕層課税への影響は民主主義国のほうが目立っていた。

こうした説明に説得力がないとしても、公正論によらない戦争効果の説明はあと二つあるので、それは以下の章で詳しく検討しなければならない。これに含まれるのは、国家の行政能力と、単純な財政面での必要性（すなわち、政府は単にそこに金があったから富裕層に課税した）の役割だ。[55]民主主義国の政府は、本当は富裕層課税をしたかったのだが行政能力がなかったのだというのであれば、問題は国家の能力だったのかもしれない。もしそうなら、われわれは、大規模動員との関連で語ってきた民主主義についての結論を見直さざるを得なくなるだろう。さらに言えば、戦争によって国家の能力が増大したおかげで、各国は高率の所得税を徴収できるようになったということもあるかもしれない。この可能性を調べるために、第4章では相続税の歴史を考察する。この税は、徴収にも執行にも所得税ほどの行政能力を必要としない。次いで第5章では、政府を富裕層課税へと向かわせるうえで、財政面での必要性が果たす役割について、さらに突っ込んで検討していく。

# 第4章　相続財産への課税

政府が富裕層に課税する方法は数多いが、相続財産への課税は歴史を通じて最も異論の多い方法のひとつだ。故人の遺産の一部を取り上げることで、政府は富の集中を制限することができる。富の集中が民主主義にとってよくないという、その限りにおいて、これは望ましい目標となりうる。相続財産への課税は、将来世代の機会の不平等を減らすことにも役立つだろう。それでも、一部の者はほかよりずっと多くの財産を手に人生を始めるだろうが、そうした不平等も、最初に税で格差を縮小しておけば、それほど極端ではなくなるだろう。他方、相続財産への課税には大きな欠点があると主張する者もいる。貯蓄を善い行動だと見るなら、相続財産への課税はその美徳へのペナルティーになってしまう。また、自分の子どもを養うという、これも間違いなく望ましい能力への介入ともなる。本章では、政府がいつ、どのような理由で相続財産に課税してきたかについて、歴史がなにを語れるかを考えていく。

相続財産への課税は古くから実践されてきたことで、包括的な所得税よりもずっと古い。たびたび引き合いに出される例としては、紀元6年に初代ローマ皇帝アウグストゥスが、兵士の給与に充当する目的で相続財産に5パーセントの税を課したことがある。この話の原型はローマ時代の歴史家カッシウス・ディオの

『ローマ史』に見ることができる。[1] 以後、二〇〇〇年にわたって、さまざまな政府がさまざまな形態で相続財産に課税してきた。近代以後に目を転じると、最初はたいてい、一般に印紙税とよばれる一律の手数料を課している。これは、故人の遺産に対する法的権利を取得した（または検認を受けた）相続人に関連するものだった。イングランドは1694年、かつてホラント〔現在はオランダ西部の2州〕で一時的に課されていた類似の税を真似て、検認税を制定した。合衆国は1797年、フランスとの宣戦布告なき戦争を背景に、最初の検認税となる印紙税法を制定した。この税はまもなく廃止された。フランスは、近代的な相続税らしきものを最初に制定した国だった。これは1791年の国民議会で承認された最初の税で、遺産を相続する人物（もしくは人物たち）に課されることになっていた。ほかに近代の例としては、1916年に制定された合衆国の遺産税のように、遺産自体に直接課税するという慣習が採用されている。印紙税も相続税も遺産税も、技術面で細かな違いはたしかにあるが、詰まるところは、どれも、次世代に継承するべき富を有する者の能力に影響する税である。紛らわしさを避けるために、以下この章では、この三つのタイプの税すべてについて「相続税」という一般名称を用いることにする。

先に指摘したように、相続税の重要な特徴のひとつは、多くの国ではこれが非常に古い税で、所得税より1世紀以上も早いということだ。これは理由のあることで、近代的な所得税が制定されたのは、ひとつには近代的な金融システムを備えた産業経済が登場したことで、所得の追跡が可能になったからだった。産業経済になっても、年間ベースで所得税を徴収するにはかなりの行政能力が必要となる。想像できると思うが、政府が高率の所得税を課そうとすると、それを逃れようとするインセンティブが強まるため、行政能力の問題はさらに大きくなる。歴史的に見て、相続税を徴収するための行政能力はずっと少なくて済む。課されるのは毎年ではなく、1個人について1回切りである。また、故人の富の相続者には、国家当局に事実を開示して富への権利を確保しようという、強いインセンティブが働く。おかげで、歴史的に見て、税当局の仕事はずいぶんやりやすかった。まさにこの理由のために、イギリス内国歳入庁の元長官のひとりは次のように述べている。「このように、遺産税はかなりな程度までひとりでに集まってくる税なので、執行のための複雑な機構をまったく必要としないのである」[2]

相続税の徴収が所得税ほどの官僚機構を必要としないという事実は、前章で湧き上がってきた疑問に大きく影響してくる。前章で見たように、参政権拡大が最高所得税率にあまり影響しなかったのは、国家の能力の弱さが理由だったのかもしれない。普通選挙で選ばれた政府は、本当は高い最高税率を課したかったのだが、それを実施するだけの能力に欠けていたのではないだろうか。相続課税に目を向けることは、この問題の解決に役立つだろう。相続税は徴収に強力な官僚機構を必要としないのだから、このチャンネルを通してもなお、民主的に選ばれた政府が富裕層に重い税を課せていないようなら、説明は別のところにあるに違いない。

## 相続課税をめぐる議論

第2章では、富裕層課税をめぐる議論の概観を提示した。そこでの議論は、まずもって所得への課税に焦点を当てたものだった。相続課税をめぐる議論では、さらにいくつかの課題が浮上してくるので、まずはそちらを検討してから、われわれの分析に進むのがよいだろう。

相続課税における公正さをめぐる議論では鍵となる考えが二つあって、焦点はほぼ絞られており、それぞれに支持者がいる。第一の考えは、富を相続するときは、たくさん相続する者のほうがよい立場にいるのだから多くの税を支払える、というものだ。これは、累進所得税を善とする支払い能力論の直接の類似形である。20世紀初めの議論を振り返って、ウィリアム・シュルツは1926年にこう述べている。「これまでのところ、相続税における累進課税の擁護者で最も数が多いのは、自らの基盤を「支払い能力」主義およびその心理的な後継概念である「犠牲の平等」におく者である」。この同じ前提は、今日もなお、分析的研究の動機となっている。(3)

相続課税をめぐる議論がいま述べた立場に限定されるなら、このテーマをめぐる政治的対立は、所得税に見られるものをなぞるだけだと考えられる。しかし、そこにはまた別の、重要な違いがある。大半の人にとって、所得は努力と外生的環境の混合物から派生してくるものだが、相続で受益者が受け取る金額は、個人の実績とは明らかに無関係だ。所得への累進課税には慎重だったジョン・スチュアート・ミルが、相続財産への課税については熱心に支持したのは、まさにこの理由による。しかし、この処方箋が受け入れられるかどうかは、詰まるところ、人を個人と見るか、一族で継承してきた王朝の一員と見るかにかかってくる。たしかに、相続財産の受益者はそのために働かなかっただろうが、親は働いただろう。大半の、そしておそらくすべての社会において、貯蓄は――そしてとりわけ子どものための貯蓄は――望ましい特質だと見られている。この、子どものための貯蓄と機会の平等の保全という、二つの非常に強力かつ文句のつけようのない規範のあいだの対立が、相続課税をめぐる議論を激しいものにしていると言えるだろう。

所得税の場合と同様、相続税をめぐる議論でも、経済効率に焦点が当てられてきた。相続税があることで、個人は貯蓄の意欲をなくすかもしれない。貯蓄という選択をしても、結局は自分の金が国庫に入るだけだと考えれば、そういうこともあるだろう。貯蓄の意欲がなくなり、その経済的な結果がマイナスになると考える者が多くなれば、たとえ相続課税を維持したほうが公正だと考えたとしても、これを制限せよという主張が強くなるだろう。所得課税の場合は、どうせ税金で取られるからと、各個人が稼ぐのを控える選択をしたときに、効率費用が生じる。相続課税の場合は、個人が富を消費してしまうか、そもそも富の蓄積努力をしない選択をしたときに、効率費用が生じる。

最後に、歳入面での配慮も、当然のことながら、相続税をめぐる議論ではひとつの役割を果たしてきた。ここで、われわれは奇妙な現実と直面する。相続税は徴収が容易だが、どの国を見ても、これが歳入の約10分の1を超えたことは一度もない。過去数十年でも、合衆国の連邦遺産税および贈与税の収益は、連邦歳入の約1パーセントを占めているだけなのである。(4)

## 最高相続税率のデータセット

われわれは19の国について、1800年から2013年まで、約2世紀にわたる相続税率の情報をまとめた。これは、スペインを除いて、所得税のデータをまとめたのと同じ国々である。相続課税の歴史的な税率をまとめるのは、手間のかかる作業になることが多い。税率は、国の統計部局や財務省などの定期刊行物で報告されるものではないので、たいていは、税率を定めた元の法律にあたる必要が出てくる。相続課税のデータセットは、主に元の法律に基づいてまとめていき、それに加えて、ほかの信頼できるソースも利用した。(5)われわれとしては、法定最高相続税率のデータから正確になにがわかり、なにがわからないかを透明にしておくことが重要だ。考えるべき課題は大きく三つある。

第一に、最高税率の閾値が非常に高く設定されていて、ほとんど無視できるくらい少数の相続財産にしか適用されない可能性がある。所得税の場合と同様に、いつ、どのような場合には最高税率がまったくの象徴になるかを判断する必要がある。この問題については本章の最後で、完全な相続税率表から得られる証拠を再検討することで考察していく。

考察するべき第二の要因は租税回避である。一部には、重い相続課税は無意味だ、なぜなら富裕層は遺産管理に関わることができるから、死亡する前に縁者などに財産を移転するか、富を非課税の信託に預けてしまうからだという考えがある。この主張はあまり大きく考えるべきではない。それなりの相続税を制定した限りは、どの国もすぐに「贈与」税を創設して、こうした可能性を防ごうとしてきた。さらに、ジェームズ・ポターバが明白に示したように、合衆国での「生存者間の」贈与は、富裕層が王朝の効用を最大化しようとして可能な限り多くを子孫に継承した場合に予想されるよりも、はるかに低い水準にとどまっている。(6) また、通俗的な発想から、富裕層は資金を信託に預けることで相続課税を回避できるとされている。たしかに、信託にはそのような効果があるかもしれないが、実際にどれだけの信託が存在しているかについても、やはりデータに当たってみるべきだ。ウォジシェック・コップザックとエマニュエル・サエズによれば、1997年の合衆国のすべての信託の価値総額は、個人の富の総額の1・5パーセントでしかなかった。(7) 割合がこれほど小さいことは、信託への委託が量的に重要な現象であるとする考えへの反証となる。

第三の問題は、一定の資産の評価と除外に関わるものだ。大きな家督はあらゆる形態と規模で現れてくるし、タイプの異なるさまざまな資産から構成されていることが多い。そうした資産には、市場に出回ることが少なくて、評価の難しいものもあるだろう。その場合には、そうした資産をどのように評価するべきかについて、相続税法で具体化しておく必要があるし、そのことが、支払われるべき税の総額に大きく影響する可能性がある。場合によっては、一定の資産が丸ごと除外されることもあるだろう。こうした問題を19の国について全面的に扱うとなれば、それだけで一冊の本が必要になってしまうので、ここでは、現金の相続に適用される税率に焦点を絞ることで、多国間、時代間の比較をしやすくしている。

こうした三つの問題に加えて忘れてならないのは、相続への課税は、政府が富裕層に課税する際に最初に用いる手段ではあるが、当然のことながら、これが唯一の使用可能な手段だったわけではないということだ。年に一度の資産課税が歴史的に重要な歳入源だった政府も少なくない。したがって、実は19世紀を通じて富には重い税が課されていたが、それは相続への課税ではなく、資産への課税を通じてであったとも考えられる。しかし、証拠は逆のことを示唆している。資産への課税に関するヨーロッパの経験を再検証したうえで、エドウィン・セリグマンは、この形態の課税が19世紀を通じて「時勢後れ」になっていったこと、大きな理由は、実際にはその対象がほとんど不動産だけで、それ以外の形態の資産には課税されなかったことだとしている。[8] 不動産への課税にしても、税率が相当高かったことを示すものはほとんどない。フランスの場合、資産への直接課税は年間所得の2パーセント相当分にすぎなかった。[9]

19世紀の合衆国はこのヨーロッパのパターンから外れているが、たとえそうであっても、富裕層が重く課税されたとするのは正確ではない。合衆国国勢調査局の記録があることで、1860年から1912年までに合衆国の全州の市町村、郡、州レベルで支払われた資産税の総額を知ることができる。また、課税対象の富（大半が不動産）と非課税の富（「個人」資産とよばれた）の総額についても、この調査による推定値がある。国の工業化が進むにつれて、国富の総額に占める個人資産の割合は増加していった。これが、セリグマンが資産税は時勢後れだとした最大の理由である。ところがこの約50年間、資産税の総額を国富の総額で割った値は、毎年0・6―0・7パーセントの範囲でほぼ一定していた。[10] 富の所有者が自分の資産から毎年5パーセントの利益をあげていたと仮定すると、富に対する0・6―0・7パーセントの税は、この収益源の12―14パーセントということになる。とすれば、合衆国ではヨーロッパより富への課税が重かったことになるが、それでも、のちの20世紀に適用される税率と比べれば、はるかに低い水準だったと言える。

過去100年では、年に一度の包括的な富裕税を課した政府がいくつかある。富裕税は、各種の控除や適用除外を認めたあとの個人または家族の純資産を課税標準とし、それに特定の税率を掛けて課される年間ベースの税だ。富裕税が最も一般的だったのはスカンディナヴィア諸国、文書証拠が最も多いのはスウェーデンで、グンナー・ドゥ・リエッツとマグヌス・ヘンリクソンが最近の論文で検討している。[11] スウェーデンの富裕税率が大きくなるのは、普通選挙が確立された数十年後のことだ。したがって、本章で富裕税を無視しても、参政権による富裕層課税への影響はなかったとする結論が誤りとなるリスクはない。また、スウェーデンの富裕税率は1940年代初めに大きく上がってはいるが、単純なシミュレーションが示唆しているように、これを無視しても、スウェーデンの富裕層課税の程度を劇的に過小評価することにはならない。[12]

ほかにも各国の政府は、さまざまなタイミングで、富に対して1回限りの税を課してきた。これは資本税とよばれることが多い。この課税を無視すると、政府が富裕層に課税してきた有力な方法のひとつを見落としてしまうことになる。しかし第5章で示すように、現代の資本税は、大規模動員を伴う戦争の直後に最も多く実施されている。多くの国の政党は、第一次世界大戦後に資本税を課すことを議論していて、今回の調査対象となった国でも、イタリア、オーストリア、ドイツでこの種の税が試みられている。第二次世界大戦の直後には、日本が資本税〔財産税〕を課している。[13] 巨額の債務の存在がこの種の臨時課税への原動力ではあったが、その一方で、当時の政治的議論においては、戦争参加の公平性が動機として用いられていたことも、認識するべき重要な点である。第5章、第6章で提出する資料はまさにこのことを明瞭に示している。

こうした三つの問題に加えて、相続法一般の効果に関しては、課税水準のほかにも考慮するべきものがあることを強調しておかなければならないだろう。歴史的に見て、世代間の富の継承による不平等への影響を懸念する人びとが最も熱く議論してきた問題のひとつは、長子相続制の問題なのである。[14]

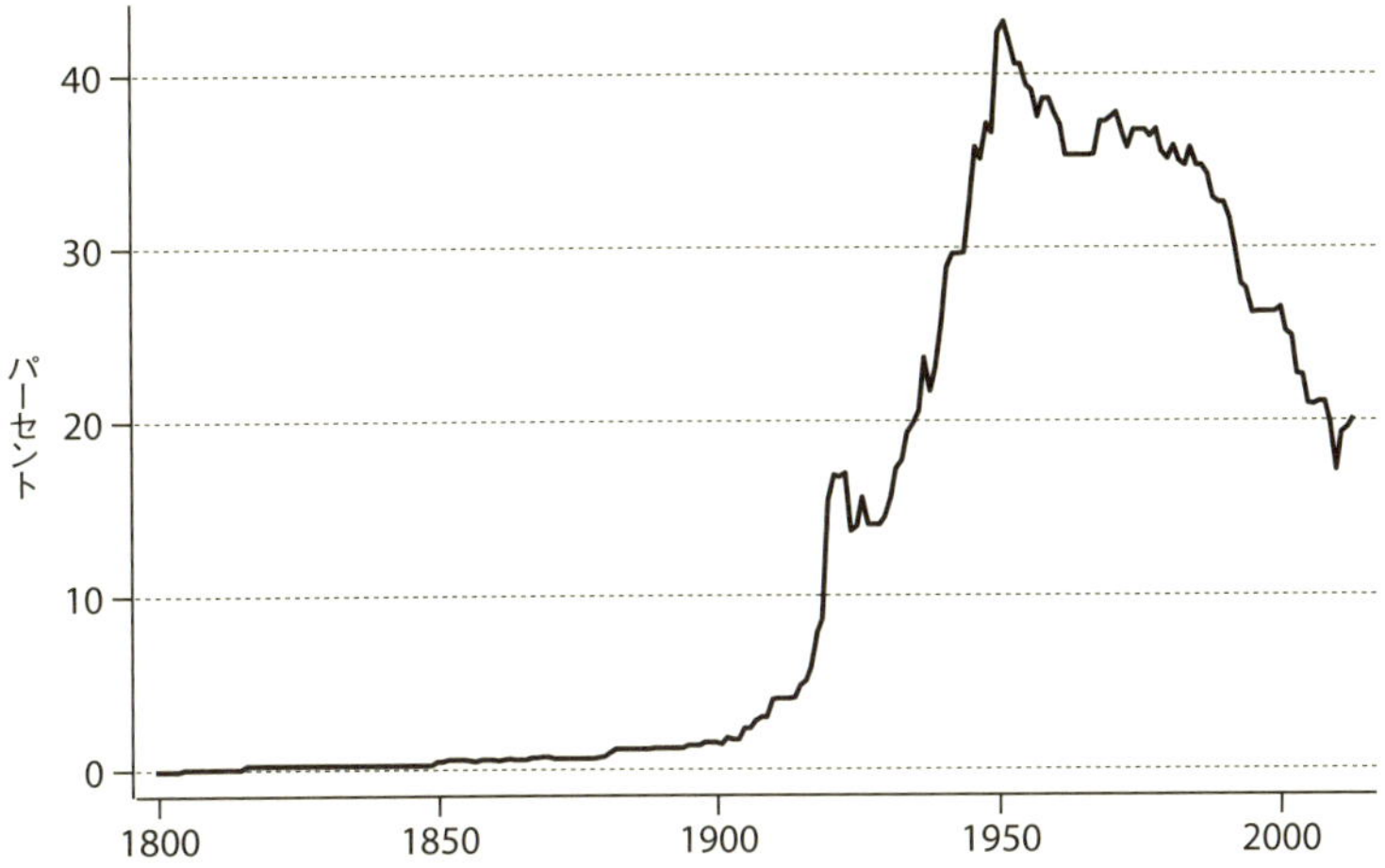


図4－1　相続税の最高税率の平均、1800－2013年

この図は、サンプル中の19国の相続税の平均最高限界税率を示している（それぞれの国がサンプルに入るのは1800年または独立初年）。

### いつ、どのようにして相続財産は課税されたか

データは三つの歴史的時期に分割して考えることができる。すなわち長い19世紀、両世界大戦の時期、そして現代である。この三つの時期を通じて、相続税の最高税率は、所得税で見られたものとよく似たパターンをたどっている。展開を視覚化しやすくするため、まず図4－1で、19国の相続税の平均税率を示しておく。

長い19世紀を通じて、相続税はどの国でも、現代の基準からすれば非常に低い水準に留まっていた。この時期の大半で、相続遺産への課税は、印紙税を通じてのものか、特定の金額を控除したうえでの一律課税だった。これを、当時の傑出した著述家の主張と対照してみると興味深い。ジョン・スチュアート・ミルは、相続財産に重税を課して機会の不平等を最小化することを主張していた。この視点は、当初は比較的小さな効果しかなかった。1880年になっても、19国の限界相続税率は最高でもわずか3・25パーセントだった。これは、ミルの国であ

るイギリスで適用された税率である。これほど低率の相続税が次世代への富の継承にほとんど影響しなかったことは明らかである。

19世紀末の20年ほどで、相続課税をめぐる新たな議論が起こってきた。それまで印紙税を実施していたいくつかの国が、対象範囲の広い相続税を創設したのだ。相続税を累進的にして、所得の多い者には高い税率で課税するよう要求する声も多かった。考察している19国中では、1894年の初めに、イギリスが初めて累進的な相続税を課している。ほかの国もすぐにイギリスのあとを追った。

多くの方面で、また多くの研究者から、累進的な相続税の到来は政治的左派の大勝利として扱われた。[15] しかし、この変化の本当の規模を、さらには富裕層課税に向けて社会が実際にどこまで動いたのかを判断する前に、まずは証拠を考察することが重要だ。累進税率による包括的な相続税を設立した国でさえ、最高税率はごく低いままだった。1913年になっても、最高の相続税率の国が最大の財産に課した税率はわずか17パーセント、すべての国の平均税率はたった4パーセントだった。[16]

所得税の場合と同じで、1914年ごろから工業国は新しい時代に入り、ほんの数年前なら明白な没収と見られたような相続税率が適用されるようになった。全体として、19国の平均最高相続税率は、1920年には15・5パーセントになっていた。最高税率も、最も高い国では前代未聞の75パーセントに跳ね上がった（ワイマール時代のドイツでのことだった）。第一次世界大戦前と比べても、いくつかの国は、すでに累進的相続課税という新時代に突入していた。近代史上で初めて、各国の政府は、世代間での富の継承に現実的な影響を与えるほど重い相続課税を実施するようになったのである。

1914年以後の各国政府は、全体としては最上位層の遺産への課税に動いたが、この「全体」という表現では、重要な区別を無視することになる――第一次世界大戦に参戦した国の政府は遺産への重課税に動いたが、非参戦国はそうではなかったからである。1920年までに、ドイツは最高相続課税率を75パーセントまで引き上げた。イギリスの40パーセント、フランスの38パーセント、合衆国の25パーセントがこれに続いた。ここで、戦争のための大規模動員をしなかった国でなにが起こったかを考えてみよう。スウェーデンはこのグループでは相対的に高い税率だったが、それでもまだ8パーセントで、非動員国グループの平均税率はわずか5・4パーセントだった。

1914年以後、動員国では相続税の最高税率が上昇したが、だからと言って短絡的に、この形態の課税が政府歳入の大きな財源になったと決めつけてはならない。実際にはまったく正反対のことが起こっている。大半の国では、歳入総額に占める相続税の割合は1900年前後がピークなのだ。相続課税の動きが最も強かったイギリスでさえ、相続税が税収総額の12・4パーセントを上回ることは一度もなかった(17)。その点では、相続税全体の重要性は着実に低下している。なぜそうなったのか。相続税の意味が薄れていったのは、所得税に取って替わられたからだった。

第一次世界大戦のあとになにが起こったのだろう。かつての動員国と非動員国との最高税率の格差はほぼそのまま残った。第3章で見たように、大恐慌が到来したとき、第一次世界大戦に参戦した国の政府はそうでない国よりも大幅に最高所得税率を引き上げたのだが、相続税ではそれほど明白な引き上げはなかったからだ。ただし合衆国は大きな例外で、1936年にルーズヴェルト政権が、相続税の最高税率を70パーセントに引き上げる選択をしているし、その前には、フーヴァー政権がやはり相続税率を引き上げていた。

ほとんどの国は大恐慌による最高相続税率への影響が小さかったとしても、第二次世界大戦となるとまったく話が違っていた。1938年にミュンヘン危機〔チェコスロヴァキア・ズデーテン地方のドイツへの帰属を要求するヒトラーに対し、同年9月のミュンヘン会議で英仏政府は、それ以上の領土要求を行わないという約束と引き換えにヒトラーの要求を全面的に認め、戦争を回避した〕があった時点で、最高相続税率の平均は21・8パーセントだった。合衆国が広島と長崎に原爆を投下するころには、この平均税率は32・3パーセントへと大幅に引き上げられた。第3章ですでに提出した理由から、第二次世界大戦の動員国と非動員国について、有効な差の差による比較を行うことはさらに難しい。相続税率のわかっている19国中、戦争のための動員をしなかった国はほとんどなく、どの国もそれなりに戦争の影響を受けているからである。

第二次世界大戦後の数十年は、相続税が比較的動かない時期だった。フランスが1960年に最高税率を30パーセントから15パーセントに引き下げた以外、最高税率に大きな変化はなく、多くの国ではまったく変わらなかった。合衆国の遺産税などは、1940年から1976年まで最高税率77パーセントのままだった。

合衆国の現在の潮流を研究している者は、相続税への攻撃を合衆国に特有の現象で説明する図式を描くことが多い。これには、ロビィ団体の重要性、選挙運動での献金、巧妙なレトリックの工夫（とりわけ「遺産税」は「死亡税」だというレッテル貼り）などが含まれる。[18] しかし、ここで理解するべき重要なことは、相続税離れの動きが一般的なものであって、政治制度が大きく違う国でも起こっているという点である。こう聞くと驚く人が多いかもしれないが、相続税を最初に廃止したのは合衆国の北隣の国だった。しかも、カナダは合衆国よりずっと社会民主主義的な政策を採っているという評価があったにもかかわらず、である。カナダ政府が1971年に相続税を廃止すると、1979年にはオーストラリアが、1993年にはニュージーランドが、2004年にはスウェーデンが、2009年にはオーストリアがあとに続いた。したがって、たとえ合衆国が遺産税を廃止することがあっても、この動きの先頭に立っているとはとても言えないのである。[19]

## 富の不平等と相続課税

相続財産に課税されてきた理由について満足のいく説明をするためには、一部の国の政府はなぜ多額の財産への重課税に動いたのか、そしてその同じ政府が、なぜ後年になってその方針を覆すか、少なくとも大きく修正したのかという、両方の理由を示す必要がある。このテーマに関する既存研究の多くは、相続課税の台頭か消滅かのどちらかを説明しているが、同時に両方を説明しているものはない。ここでは、この二つの流れを検証していく。異なる国で政治の変化と課税の変化が起こるタイミングに目を向けることで、不平等、民主主義、大規模戦争の因果的な役割を解きほぐしていけるだろう。

第1章では、不平等が大きいときに市民が富裕層への重課税を求める理由を三つ提示した。これにはまず自己利益、次に結果の不平等が機会の不平等を示している可能性、そして最後に、民主的形態での統治の安定性に対する懸念が関わっていた。第3章では、政府はこうした三つの動機から、所得の不平等が大きくなると所得税の最高税率を引き上げるという考えを検証してみたが、全体として、これを支持する証拠はほとんど見いだせなかった。ここでは富の不平等について同じことを問いかけ、同じ結論に到達する。

富の不平等に関する長期的なデータは、所得の不平等に関するデータよりも入手が難しい。とはいえ、研究対象とした国のうち9国については、富の不平等に関して質の高いデータがある。これはジェスパー・ロインとダニエル・ヴァルデンストレームのおかげで、ふたりは、入手できる範囲で最も包括的なデータセットを作り上げてくれている[20]。このデータは、上位5パーセントないし上位1パーセント層の個人が国富の総額の何パーセントを所有しているかという視点から表したものだ。以下の分析では、このうちの後者の尺度を用いる。中身としては上位層の所得割合とまったく同じもので、そちらのほうが読者には馴染み深いかもしれないが、今回は所得ではなく富の集中に焦点を当てている。ロインとヴァルデンストレームの研究は、富の不平等に関する国ごとの研究結果をまとめたもので、なかには1国に複数の研究が存在している例もある。個別の研究では適切な時期をカバーできない場合に、1国について複数の研究を利用しているためだ。

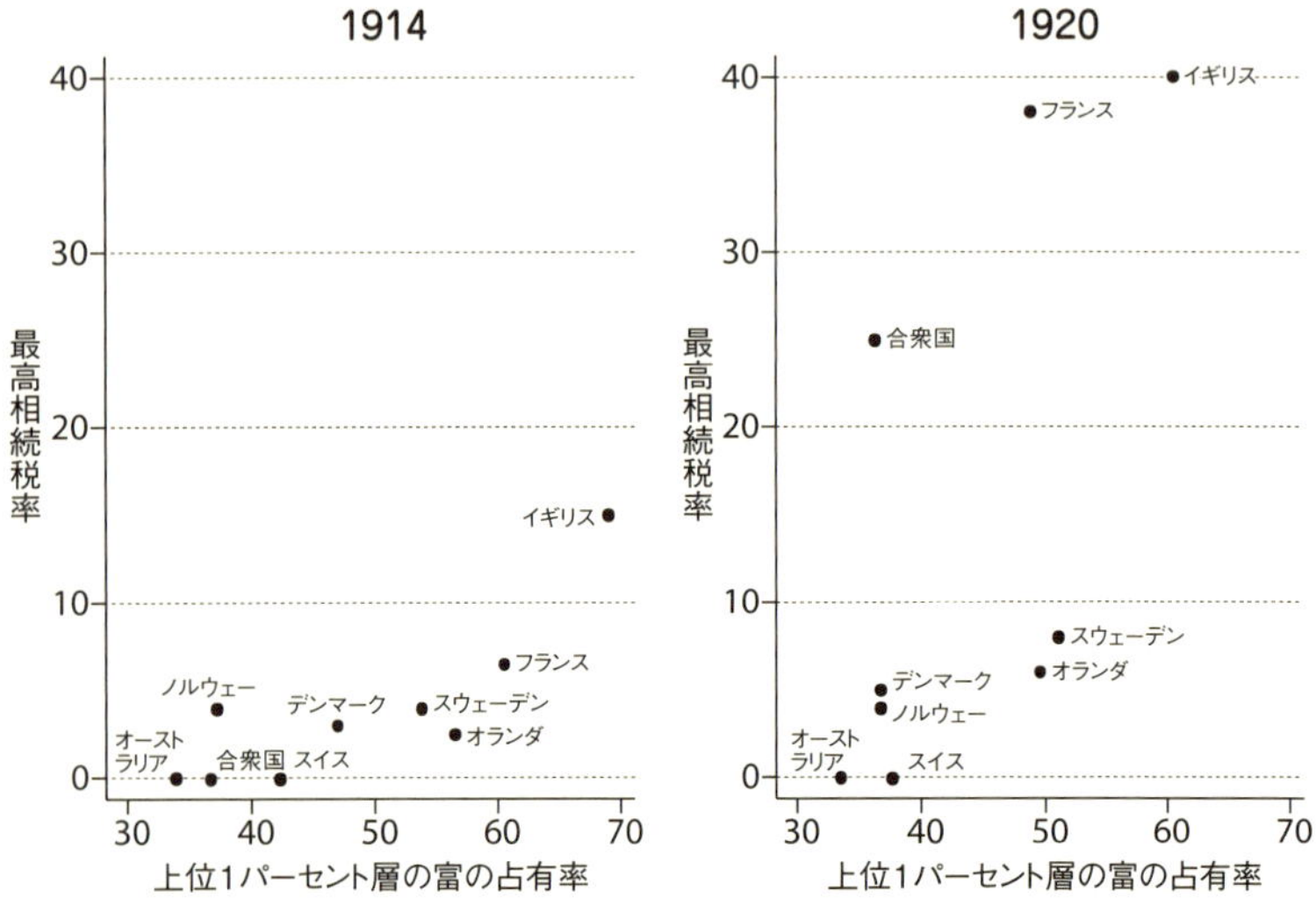


図４−２　富の不平等と相続税、1914年と1920年

この図は、1914年と1920年の上位１パーセント層の富の占有率に対する最高相続税をプロットしたもので、対象は、われわれの手元にデータがあって、かつこの両方の年に独立国であった９国である。ソースについては本文および原注を参照。

これだけ多くの異なるソースからの、しかも多くは方法論も異なるデータを編集するのが困難なことは明らかで、このデータをどのように分析するにせよ、その結果については、得ることも多いが扱いには一定の注意が必要、という見方をするべきである。

富の不平等による相続税への影響を考察するために、まず１９１４年の状況を考えてみよう。この時点で富の不平等の大きい国は、たしかに相続税率も高かった（図４−２）。たとえば、イギリスでは上位１パーセント層が国富の69パーセントを保有していて、イギリス政府が適用した最高税率は15パーセントだった。対照的にノルウェーでは、上位１パーセント層が所有する富は37パーセントだけで、政府の適用した最高相続税率はわずか４パーセントだった。このパターンはさらに一般化できる。１９１４年の９国で、全般的な富の不平等水準と相続税の最高限界税率には緊密な相関があった。[21] この二つの変数の相関係数は0・82だ。この相関は、前者から後者への因果効果を反映していたと思われる。1914年には、無視できる水準を越える相続課税はごく新しいできごとだったが、富の不平等は目新しいものではなかった。このことは、この二つのうちの一方がもう一方の原因である場合、因果の連鎖の可能性は、高水準の不平等から高率の課税へ向かうしかないことを含意している。[22]

しかし、この物語には重要な落とし穴がある。1914年の各国政府は、たしかに不平等が大きいときに高い税率を選択したのだが、それは富の不平等に影響を与えるほどの高率ではなかった。イギリスを例に説明しよう。イギリスでは、故人は資産の85パーセントを次世代に継承することになっていて、この率では、富の不平等の水準はごくゆっくりとしか下がっていかない。各国政府は、不平等が特に大きい国ではその削減に向けて動いたように見えるが、それはほとんどポーズのようなもので、採用した方策は、目前の課題にはまったく不十分だった。

次に、第一次世界大戦後となる1920年の9国を取り上げてみよう。これは新しい文脈で、一部の国の政府は、富の分布にかなり大きな影響を及ぼすだけの高率の相続税を課している。9国のうちでは、やはり不平等が大きい国ほど相続税が重いという現象が見られるが、こんどのこの結びつきは、先の例よりも弱い。理由は、税率を大幅に引き上げたのが戦争参加国だけだったからである。1920年までに、イギリスは最高税率を40パーセントに引き上げたが、オランダは、上位1パーセント層が国富の50パーセントを占めていたにもかかわらず、相続税の最高税率はわずか6パーセントだった。同様に、不平等の小さい国でも、一部で低率の相続課税が維持された。ただし、合衆国ではこの時期に25パーセントの最高税率が適用されている。今回の検証の結論は明確だ。富の不平等が政府による相続課税の引き上げにつながった可能性はあるが、たとえそうだったにせよ、その影響は、戦争動員と比べればずっと小さかったということである。

次のステップは、相続課税と富の不平等との長期的な関係を考察することだ。これを調べるには、第3章と同じ二つの戦略を用いる。まず、今日の富の不平等水準と今日の最高税率とで、静的な関係を検証する。そのうえで、グレンジャーの因果性テストを行って、動的な関係を検証するのである。

静的な相関を見るために、図4－3では、6国を選んで、1911年から2007年までの各年の、上位1パーセント層の富の平均占有率をグラフ化している。[23] また、相続税の最高限界税率も併せてグラフ化した。この二つのデータの関係について、グラフはなにを語っているだろう。20世紀の前半だけに注目して見れば、たしかに各国政府は、富の不平等水準を下げるために相続税率を引き上げたように思えるかもしれない。しかし20世紀の後半に目を移すと、まったく違った図式が見えてくる。最高相続税率は目に見えて下がっているのだ。

分析のための次のステップは、富の不平等と相続課税との動的な関係について、グレンジャーテストを実施することだ。今日広がっている富の不平等水準は、現在の相続税率ではなく、主として過去の相続税率によって決まっている。したがって、もし相続課税によって富の不平等が減少するのなら、過去の税率は現在の富の不平等と負の相関になっているはずだ。同様に、たとえ現在の税率が不平等水準に対応して選ばれているとしても、その影響はタイムラグを伴ってしか現れない。富の不平等のデータは時間が経たなければ入手できないからである。したがって、過去の富の不平等水準には、今日の最高税率とのあいだに正の相関が見られると予想することができる。[24]

グレンジャーテストを行ってみると、十分なデータのある国では、全体として相続課税が富の集中の低減に役立ったという、ある程度の証拠が見えてくる。しかし、富の不平等が大きいという理由だけで各国の政府が相続税率の引き上げを選択したという証拠はまったく見られない。そのように見える場合でも——20世

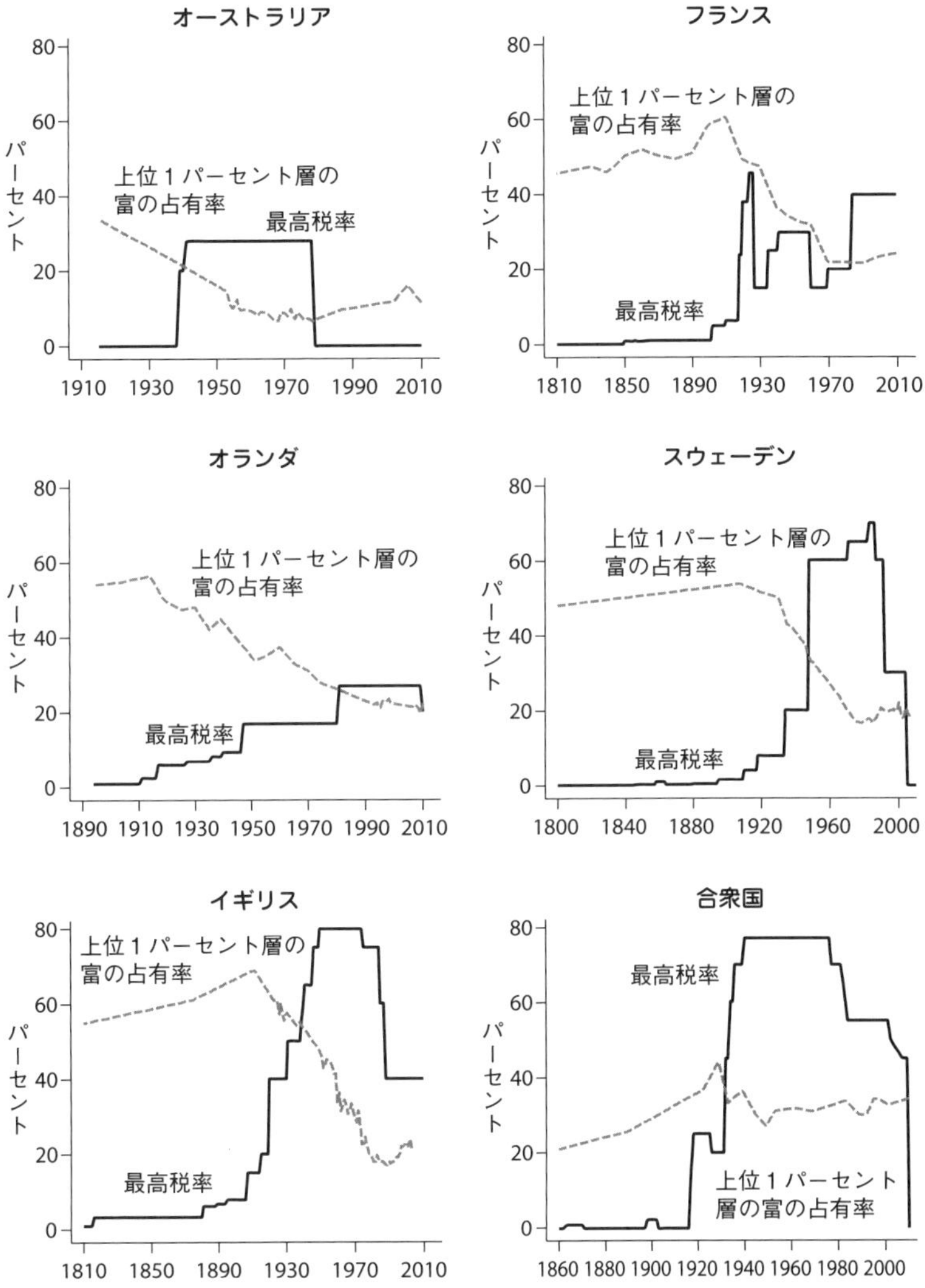


図４－３　富の不平等と相続税の長期的変化

この図は、６国の上位１パーセント層の富の占有率と最高相続税率を、富の不平等に関するデータが入手可能な最初の年から 2010 年までグラフ化したものである。注釈とソースについては本文および原注を参照。

紀の初めの10年がそうだが――それによる効果は最小限度だった。[25]

## 民主主義と相続課税

民主主義による相続課税への影響についてはどうだろう。市民が最上位の資産に重く課税しようとするのはその通りかもしれないが、それができるのは、市民に投票権があり、指導者を自由に選べる場合だけだ。今日では、民主主義の国ほど累進的な相続課税を採用していると考える人が多いかもしれない。20世紀初めの学者はまさにそのように考えていた。たとえば、アルフレッド・ウォルター・ソワードが著書『資本の課税 *The Taxation of Capital*』で述べたように、イギリスでの累進的相続税の採用は、

実際に19世紀の末には、世論への対応として不可避となっていた。これは少なからず、民主主義による公共財政への影響力がかつてなく拡大したことによる。世論はそのしばらく前から、資産へのなんらかの課税機構――課税対象物の価値が大きくなればなるほど支払う額も増えるような税率スケールによって調節されるもの――による、財政面での犠牲の平等の要求に集中していたのである。[26]

この文章から明らかなように、ソワードは、民主主義の文脈においては世論が最大の影響力をもつと考えていた。ソワードの見解は、前章までに名前を挙げた著述家の考えに連なるもので、民主主義が税の累進性に幅広い影響を与えるとするものである。

民主主義と相続課税との関係は、本書以外でも、われわれが広範に考察してきたテーマだ。[27] 一連のテストから、参政権の拡大に伴って最高相続税率が引き上げられたことを示す証拠がほとんどないことはわかって

いる。普通選挙の影響が小さいことを示す端的な方法は、普通選挙になったときの平均最高相続税率（14・1パーセント）と、その10年後の税率（17・4パーセント）に目を向けることだ。そこには、参政権の影響を示す証拠があるにはあるが、かなり小さい[28]。しかも、このシンプルな手法は、参政権拡大と同時に発生した別の要因があった場合を考慮していない。

たとえ普通選挙の到来が重い相続税の登場を説明するのに十分だとしても、民主主義の影響に関するこの解釈を維持するためには、もっと近年の流れも説明できなければならない。遺産税の最高税率は多くの国で劇的に下がっており、国によってはこの形態の課税が完全に廃止されたところもある。どうすれば民主主義国でそんなことが可能になるのだろう。このことも、普通選挙が重要な変化をもたらすという主張が究極的な説得力をもたない理由となる。

最後に、不平等と民主主義の結合についてはどうだろう。各国政府が富に重い税を課すのは、不平等からそのような要求が生まれ、かつ、普通選挙がそうした要求に声を与えたときだけなのかもしれない。しかし証拠は、この説明も支持していない。まず、20世紀の初めに起こったことを考えてみよう。われわれの手元に不平等に関するデータのある国は、どこもほぼ同じ時期に普通選挙を採用しているが、相続財産への重課税に動いたのは一部の国だけだった。また、先に検討した推定値を算出した国は、第二次世界大戦中にフランスが短期間ドイツの占領下にあった以外、この時期を通じてすべて民主主義国だった。つまり、不平等の影響に関するわれわれのテストは、すでに民主主義国に限定したテストとなっているのである。

### 戦争動員の重要性

所得税の場合と同様、相続税の引き上げも、戦争動員時代の到来によって最もよく理解することができる。

またその最終的な終焉も、同じくこの時代の終わりと結びつけることができる。まずは、戦争のための大規模動員が相続課税にとって重要であることを示すことに集中しよう。なぜこれが重要なのかは、以下の章で問いかけていく。

相続課税の新時代を招来したのは第一次世界大戦だった。しかしどうすれば、この動きの原動力がこの戦争だったこと、同時に起こったほかの要因ではなかったことがわかるだろう。この時期は、多くの国が政治参加を拡大した時期だった。また、第一次世界大戦の終結とほぼ同時期にロシアでボルシェヴィキ革命が起こったことから、西ヨーロッパ全土のエリート層に恐怖が広がった。そのためエリート層のあいだでは、革命の勃発を回避する手段として、富裕層課税の要求に対する感応性が高まったのではないだろうか。

所得税で見たように、第一次世界大戦の影響を判断する最善の方法は、差の差による比較をしてみることだ。1914年を起点、1920年を終点として、戦争動員国と非動員国とで、最高相続税率の変化を比較することができる。この分析は、ほかに最高税率を動かすものとして妥当な要因を統制するのにも役立つ。ここでの比較集団に入っている国は、すべて、この時期の終わりまでには普通選挙を採用していた。また同様に、ボルシェヴィキの恐怖も西ヨーロッパ全土に広がっていた。したがって、影響力の度合いについては、こうした影響はほぼ均一だったと予想することができる。

差の差による比較の結果は明白だ。第一次世界大戦で大規模動員をしなかった国では、相続税の最高税率はこの20年間で2パーセントポイント弱しか上がっていない。つまり、税率はほぼ不変だったということだ。一方、動員国の政府は相続税率を平均で18パーセントポイント引き上げている。これはかなり大きな差だ。[29]

しかし、所得税と相続税とでは、戦時中の展開に重要な違いがある。参戦国の多くが戦争の最中に所得税率を引き上げたのに対して、同じ国でも、相続税については最高限界税率の引き上げを戦争直後まで待つことが多かったのである。

戦争動員による相続税への影響が、富の徴兵を求める補償要求と密接に関連していることにはほとんど疑いがない。第5章、第6章では、この主張を支持する議論を構築していく。一見すると、相続への課税は、資本への一時的課税などと比べて、富の徴兵という目標を達する手段として明確でないように思えるかもしれない。実際には、補償の要求がひとつの環境を作り出し、そのなかで、富裕層への既存の税をすべて引き上げよという政治的圧力が生まれたということだ。相続税はそのひとつだったのである。

### 相続税の全体的な累進性

実行可能性という理由から、ここまでは相続税の最高限界税率に焦点を当ててきた。所得税の場合と同様に、最高税率に焦点を当てることで、多くの国を、非常に長い時間スパンでカバーした情報を集めることができた。富裕層課税の研究にとって、最高税率はとりわけ意味のある方法でもある。しかしリスクもあって、ここから上には最高税率が適用されるという閾値が高すぎるために、年によっては、その水準で課税される遺産がほんのわずかになることがある。そのような事例が、研究対象となった19国のなかに実際にあった。たとえば1902年から1948年のフランスでは、相続税の最高限界税率は5000万フランを超える相続に適用されていたが、これに含まれる事例は年間で10件に満たなかった。[30] この問題に対処するために、われわれは、国の数は少ないが、相続税の最高税率だけでなく、税率表全体に関するデータも集めた。この情報の意味が最もよくわかるように、表4－1では、相続される遺産にどれだけの限界税率が適用されるかを、人口1人当たりGDPに対する倍率で示した。二つの世界大戦のどちらかで動員した国については、その直後の数字を太字で示して区別している。

表4－1　相続規模で見た限界相続税率

| 国 | 遺産規模 | 1850 | 1900 | 1925 | 1950 | 1975 | 2000 |
|---|---|---|---|---|---|---|---|
| イギリス | 1 | 0.0 | 0.0 | **0.0** | **0.0** | 0.0 | 0.0 |
| | 10 | 2.5 | 1.0 | **2.0** | **1.0** | 5.0 | 0.0 |
| | 100 | 4.1 | 3.0 | **4.0** | **15** | 43.0 | 40.0 |
| | 1,000 | 3.4 | 4.5 | **14** | **60** | 70.0 | 40.0 |
| | 10,000 | 3.1 | 7.0 | **28** | **80** | 75.0 | 40.0 |
| 合衆国 | 1 | 0.0 | 0.0 | **0.0** | **0.0** | 0.0 | 0.0 |
| | 10 | 0.0 | 0.0 | **0.0** | **0.0** | 11.0 | 0.0 |
| | 100 | 0.0 | 0.8 | **1.0** | **30** | 35.0 | 55.0 |
| | 1,000 | 0.0 | 1.5 | **9.0** | **45** | 73.0 | 55.0 |
| | 10,000 | 0.0 | 2.3 | **30** | **77** | 77.0 | 55.0 |
| フランス | 1 | 1.2 | 1.3 | **4.8** | **15** | 5.0 | 0.0 |
| | 10 | 1.2 | 1.3 | **9.6** | **25** | 20.0 | 0.0 |
| | 100 | 1.2 | 1.3 | **18** | **30** | 20.0 | 40.0 |
| | 1,000 | 1.2 | 1.3 | **34** | **30** | 20.0 | 40.0 |
| | 10,000 | 1.2 | 1.3 | **42** | **30** | 20.0 | 40.0 |
| 日本 | 1 | 0.0 | 0.0 | 0.0 | **0.0** | 0.0 | 0.0 |
| | 10 | 0.0 | 1.5 | 1.2 | **0.0** | 0.0 | 0.0 |
| | 100 | 0.0 | 1.5 | 2.0 | **0.0** | 50.0 | 50.0 |
| | 1,000 | 0.0 | 4.5 | 5.5 | **0.0** | 75.0 | 70.0 |
| | 10,000 | 0.0 | 7.0 | 9.5 | **90** | 75.0 | 70.0 |
| スウェーデン | 1 | 0.0 | 0.5 | 0.6 | 1.0 | 5.0 | 10.0 |
| | 10 | 0.1 | 0.7 | 1.8 | 11 | 44.0 | 30.0 |
| | 100 | 0.2 | 1.3 | 3.4 | 40 | 58.0 | 30.0 |
| | 1,000 | 0.3 | 1.5 | 8.0 | 52 | 65.0 | 30.0 |
| | 10,000 | 0.3 | 1.5 | 8.0 | 60 | 65.0 | 30.0 |
| オランダ | 1 | 0.0 | 0.0 | 1.5 | 4.0 | 7.0 | 8.0 |
| | 10 | 0.0 | 1.0 | 3.0 | 7.0 | 13.0 | 23.0 |
| | 100 | 0.0 | 1.0 | 4.5 | 13.0 | 17.0 | 27.0 |
| | 1,000 | 0.0 | 1.0 | 6.0 | 17.0 | 17.0 | 27.0 |
| | 10,000 | 0.0 | 1.0 | 6.0 | 17.0 | 17.0 | 27.0 |

注：遺産規模は1人当たりGDPの何倍かで測定。その国がまだ相続税を確立していない場合の最高税率は0.0として記載した。日本の1900年の欄に記載の税率は1905年に実施されている。戦争のために大規模動員をした直後の税率は太字で表示した。ソースについてはScheve and Stasavage (2012) を参照。

表4－1からは、やはり戦争の見かけ上の影響が非常に大きいことがわかる。まず1900年と1925年とで、差の差による比較を見てみよう。遺産が1人当たりGDPの1000倍または1万倍の事例を用いると、第一次世界大戦のために大規模動員をした3国それぞれで、限界税率が大幅に引き上げられているのがわかる。大規模動員をしなかった3国では、日本がほとんど変化なし、スウェーデンとオランダは穏やかな水準の引き上げにとどまっている。次に、1925年と1950年とで差の差による比較を考えてみると、全体像としてはいくらか矛盾したものになるが、それでも戦争効果は示唆されている。戦争動員国では、合衆国、イギリス、日本がすべて大幅な増税だが、フランスはそうではない。第二次世界大戦に参加しなかった国はほどほどの税率にとどまっているが、スウェーデンは顕著な例外となっている。

## 結　論

相続課税が富の不平等の削減に一定の役割を果たしてきたという証拠は十分にある。しかしそれが、単純に政府が富の不平等に反応した結果だという証拠はかなり少ない。所得税の場合と同様に、戦争のための大規模動員が最も顕著かつ反復的な要因となって、相続税の最高税率の進化は形成されてきた。第6章では、所得税や相続税の最高税率が戦時中に上昇した理由について、詳細な検討を行っていく。しかし、まずは第5章で、富裕層課税に向けた広範な文脈を考察していこう。戦時中の高所得税、高相続税が、税制度全体としての累進性の増大を反映していたことを確かめておく必要がある。

# 第5章　文脈のなかでの富裕層課税

先の2章で示した歴史的証拠は、民主主義への移行が必ずしも所得税、相続税の最高税率を大幅に引き上げないことを語っている。しかし戦争のための大規模動員があった時期には、たしかにそのような変化が起こっている。こうした結論は明快に思えるが、まだ三つの重要な疑問に答えられていない。

富裕層に対して、標準的な相続税や所得税という形態ではない、なんらかの追加課税が存在した可能性はないだろうか。そうした別の税があるのにそれを無視したら、偏った結論を導いてしまうかもしれない。たとえば、各国政府が参政権を拡大したとき、所得税、相続税の最高税率は引き上げられなかったが、別の方法では富裕層も課税されていただろう。そうした別の方法による富裕層課税に目を向けることは、われわれの一般的結論——富裕層課税に最も大きな影響を及ぼしてきたのは補償論である——を強化してくれる。それがとりわけよくわかるのが、戦時利得税および資本税が課されたことだった。

では、各国での最高税率の引き上げは、税制度全体が累進的になっていくサインだったのだろうか。われわれはすでに、最高所得税率が上がるときには所得税制度が全体として累進的になることを確認している。同じことは相続税についても当てはまる。しかし、同時にそれ以外の、主に貧困層と中間層の負担する税はどれほど増えたのだろうか。二つの世界大戦の費用を賄うために、各国政府が直接税に加えて、間接税を引き上げたことは間違いない。そうした間接税の多くは、富裕層以外の各層の負担になった。このことを考慮に入れたときに、富裕層課税に関するわれわれの全体的な結論にどの程度の変更が加わるかを確かめる必要がある。直接税と間接税の両方を考慮に入れながら、さまざまな所得層にかかる全体的な税負担に目を向けることは、この問題に取り組む助けとなるだろう。またその一環として、異なる集団間での政府支出の割り振りや、国債の役割についても考察する。証拠は、間接税、支出、国債の負担を考慮に入れても、われわれの全体的な結論が変わらないことを示している。

また、戦時中に富裕層の税負担が増大したのは、単に必要に迫られてのことだったのだろうか。きっと政府は金が必要で、最も取りやすいところから取ったのだろう――これはウィリー・サットンが銀行強盗をした理由と似ていなくもない。つまりは、そこに金があったから、ということだ。この章では、この主張も、やはり納得できるものではないことを示していく〔ウィリー・サットンは合衆国の銀行強盗。40年間に推定２００万ドルを盗み出し、成人後の生涯の半分以上を獄中で過ごした〕。

## 資本税と戦争税

所得税と相続税を通じた富裕層課税に加えて、一時的な資本税を課した政府も20世紀にはあった。多くの国では戦時利得税や超過利潤税も創設された。あとの二つは同じ意味に使われることもあるが、厳密な解釈としては、前者は戦時中に得られた企業利益すべてにかかる税、後者は平時の基準値を超えて得た過剰な企業利益にかかる税である。さらにややこしいことに、戦後の資本税には、すべての資本に一時的に課されるものもあれば、戦時中に蓄積された資本と判断されたもののみに課されるものもあった。さらに詳しく調べてみたい読者は、１９４１年のヒックス、ヒックス、ロスタスによる徹底的な研究を参照してほしい。このセクションでは、こうした税のひとつないしそれ以上を利用した国の例を報告するだけにする。資本税、超過利潤税、および戦時利得税を支持する主張は、不可避的に補償論の形態をとる。すなわち、多くの者が犠牲になりつつあるか、すでに犠牲になったのだから、戦争で儲けた者は戦費の支払いを助けるべきだということである。

資本税は実は非常に古い考え方で、上位層の財産に大きな影響を及ぼすものとなりうる。われわれの疑問は、どのようなときにこうした課税が行われてきたのか、そしてそのことが、民主主義と戦争と富に関するわれわれの広範な結論にどのように影響するのか、である。資本税は古典時代のアテナイにも存在したし、ローマにもあった。中世の支配者も資本税を課したことがある。たとえば１１８８年のイングランドでは、富の保有者に、地代と動産の価値の10分の1を支払うことが義務付けられ、サラーフッディーン（サラディン）をエルサレムから駆逐するための第二次十字軍の戦費に充てられた(1)。最も初期の資本税は戦争に伴うものだったと結論づけても、驚くには当たらないだろう。各国政府が戦費調達のためにすることは、基本的にこれしかなかったのだから。

バリー・アイケングリーンは、20世紀の資本税の歴史を図式化し、それぞれがいつ行われ、どのような結果になったかを示している(2)。その証拠に基づけば、資本への課税が引き続き行われてきたこと、その理由がつねに同じ、戦争だったことは明白だと思われる。しかし、大規模戦争という新たな文脈に沿って見てみると、20世紀に課された資本税は、それ以前のものと比べて格段に税率が高い。第一次世界大戦の直後には、ヨーロッパ大陸の多くの国で、資本課税が非常に熱い議論のテーマとなった。チェコスロヴァキア、オーストリア、ハンガリーでは、それぞれの政府が、最高税率が最高30パーセントに達する率の税を実施した(3)。戦後のドイツとイタリアの税も非常に高い最高限界税率だったが、こちらは支払い期間をそれぞれ30年、20年

とする項目があった。(4)

イギリスでは、資本への一般課税という考え方を最初に支持したのは政治的な左派、およびアーサー・ピグーをはじめとする一部の経済学者だった。ピグーは明確な補償論を主張して資本税を支持した。

死亡の際に譲渡される遺産の統計から、国の物的資本のほぼすべてを21歳以上が保有していること、そのうちの3分の1を構成する46歳以上が資本全体の4分の3を所有していること、したがって、46歳以上の代表的人物は20歳から45歳までの代表的人物の約6倍もの物的資本を保有していることが推論できる。しかし、身体的な強さで老人を上回っている若年齢層がその身体的な強さを戦争に提供するよう強制される一方で、高年齢層はこれを免除されている。高年齢者が財政的な強さで若年齢層を大きく上回っているという事実は、軍役を免除された者を主要な対象とするような特別税によって、バランスが一部なりとも修正され、犠牲の平等らしきものが確保されることを示唆している。(5)

結局、イギリスは資本税を採用しなかったのだが、その主要な理由のひとつは、所得税と相続税の最高税率が非常に高く、本質的に同じ目的のことがすでに行われていたためだった。

一時的な資本税の実施に加えて、20世紀の戦時政府は、超過利潤ないし戦時利得への特別税も課している。戦時利得とそれに対する大衆的な嫌悪というのは昔からある話で、合衆国では南北戦争、さらには独立戦争にまでさかのぼる。(6) 1937年にギャラップ社の世論調査が、政府は戦時中の利益を規制するべきだと思うかと質問したところ、調査対象者の優に70パーセントが、そう思うと答えた。(7) 1938年にイギリス世論調査所が、兵器製造業者の利益は制限されるべきかと質問したところ、このときには回答者の81パーセントが利益の制限を支持した。(8) こうした世論調査の結果を見れば、ヒックス、ヒックス、ロスタスが1941年の調査でこう述べているのも驚きではない。「不公平感がとりわけ高まるのは、高い所得が、戦争努力の中心にいる者によってではなく、その周縁にいる者によって獲得される場合である」。三人はこうも述べている。

われわれが研究しようとしている構想の大半が実施された理由は、この不公平感だったに違いない。たとえ効率性への経済的インセンティブを損なう可能性が認識されたとしても、やはりこうした構想は、国の統一を促進し、士気を維持する手段として正当化されると考えられる。(9)

二つの大戦では、未曾有の水準の動員によって未曾有の利益機会がもたらされ、問題への対処をめぐって未曾有の議論が沸き起こった。交戦国の政府は、これに対応して何らかの法律を作り、多くの企業が予想外の商品需要増から得た莫大な利益に課税しなければならないと感じた。こうした戦争税の物語は、富裕層にどこまで課税するべきかに関して大切なことを語っている。議論に用いられる語句についても同様だ。

第一次世界大戦の参加国は、当初は長期戦を予想していなかったので、戦時利得の問題をめぐる議論が始まるまでには時間がかかった。最終的に各国政府が採用した方策は多岐にわたるものだったが、部分的な効果しかないものもあった。このことは、戦時利得への課税をめぐる政治的な議論が、戦争の終結後も続くことを意味していた。イギリスでは1915年に超過利潤税が採用され、それが1921年まで継続された。(10) この税は莫大な資金源となり、この時期の税収総額の4分の1をもたらした。この税は可変税率で課され、平均は63パーセントだったが、控除があったので、この時期の平均有効税率は約34パーセントだったと思われる。もちろん、この種の税を課した国はイギリスだけではない。合衆国でも、超過利潤税を創設する法案が1917年に連邦議会を通過している。フランス政府は戦争勃発から2年待ったが、やはり最終的には超過利潤税を創設した。[11] 他方、イタリアは、各種の利益に対してさまざまな戦争関連税を追加で課すようにした。

前の段落で言及した国は、第一次世界大戦の期間中はすべて民主主義国だった。参戦した独裁国も戦時利得に課税する法律を成立させていたが、こちらの法律は、民主主義の参戦国より制限が緩やかだった。同じく重要なこととして、独裁国はこの法律をあまり効果的に実施できていなかった。ドイツはまだ地方分権的な財政制度で、連邦レベルで生み出される歳入がほとんどなかった。オーストリア゠ハンガリー帝国とロシアでは、単純に金融機関の発達が遅れていた。こうした組織上の違いがあるために、第一次世界大戦中の独裁国で戦時利得への課税が少なかったのが、独裁制によるものだったのか、組織的な弱さによるものだったのかは判然としない。

戦時利得をめぐる議論が起こったのは、紛争に直接参加した国だけではない。中立国でも、戦時利得への課税要求は起こっていた。一部の産業は、交戦国からの製品需要が増大したことで、予想外の莫大な利益をあげていたからだ。これが特に当てはまるのはスカンディナヴィア諸国だが、こうした税の限界税率は交戦国よりかなり低かった。[12] この結果は、主張できる補償論のタイプを考えれば、理屈が通っている。スカンディナヴィア諸国にも予想外の利益を得た市民はいたが、それは、同胞市民が戦場で犠牲になって得られたものではなかったからである。

こんどは、第二次世界大戦中の戦時利得の場合を考えてみよう。連合国側では、各国の当局は、一般に第一次世界大戦中よりずっと対象範囲の広い戦時利得税を採用した。イギリスでは、超過利潤税によって、戦前の水準を超過した利潤に対して原則100パーセントの限界税率が課された。合衆国でもルーズヴェルト政権が、戦時利得への課税について（さすがにイギリスと同じ限界税率には至らないものの）非常に制約的な制度を採用した。フランス政府は、早くも1939年には戦時利得を制限する方策をとったが、ドイツに占領されたことで、この税はすぐに無意味となった。その結果、フランスでは戦時利得をめぐる議論が解放後に再登場することになった（この問題については第8章で再びとりあげる）。最後に、戦時利得税は連合国側に限ったものではなかった。ドイツは1939年に戦時利得税を成立させているし（税率は合衆国やイギリスよりかなり低かった）、日本も第二次世界大戦中にある種の超過利潤税〔臨時利得税〕を課していた。

第二次世界大戦中、交戦国の政府が潜在的な戦時利得の問題に取り組んだ方法はほかにもあって、なかには直接介入して所得を制限し、富を再分配した例もある。合衆国では、短期間だが、企業幹部の税引き前所得の制限が試みられた。1942年にはルーズヴェルト政権が、税引き後給与の上限を2万5000ドルに設定した（もっとも、この施策は連邦議会によってすぐに無効とされた）。もっと長期的な規制としては、給与増額の制限もあった。給与増額の制限は1946年まで続き、この期間中、企業幹部の給料支払いの流れに一定の影響を与えた(13)。一部の国の富裕層にとってもっと重要だったのは産業の国有化で、1945年の終戦直後にそれは起こった。フランスでは多くの産業が国有化され、株主は市場価格より低い額を受け取るか、場合によってはまったく補償されないこともあった。後者はルノーの場合で、理由は、戦争中に敵に協力したと判断されたことだった。この問題については第8章でもう一度考察する。

全体として、富裕層課税を広い文脈で考えてみても、われわれの中核的な結論は強化されるだけである。二つの世界大戦とその直後の時期、富裕層にはそれまで想像もできなかったほどの課税がなされた。戦争税と資本税の物語は、富裕層課税に最も強力な政治的支持を提供するのは補償論だという、われわれの解釈を強化するものでしかない。次に目を向けるのは、ほかの形態の課税が、戦時中に、富裕層以外の人口層に同じように重い負担を課していたかどうかである。これを検証するためには、とりわけ間接税について調べていく必要がある。

## 間接税の負担

先のセクションでは、所得税や相続税と同様に、富裕層を狙ったほかの税も大規模戦争と密接に関連していると結論づけた。しかし、まだほとんどなにも述べていないが、戦時課税にも、貧困層や中間層に最も重い打撃となるものがあったかもしれない。もしあったとすれば、主としてそれは、一般消費財にかかる間接税によるものだろう。こうした税はふつう、逆進的な負担を伴う税だと考えられている。貧困層や中間層は、所得の大きな部分をそのような品目に費やすからだ。二つの世界大戦中に各国政府が間接税を増やしたことに疑いの余地はない。第1章でも指摘したように、19世紀までのヨーロッパでは、各国政府が戦費を調達する際の主要手段はほぼ間接税だった。本当の問題は、19世紀、20世紀の間接税の影響が、富裕層への所得税や相続税を増やした影響を凌ぐほど大きかったかどうかである。このセクションでは、実際にはそうではなかったという証拠を提出する。間接税の影響を考慮に入れても、戦時政府は富裕層への課税をそれ以外の層よりも増やしていた。

全体としての税負担を計算するのは容易なことではない。理想を言えば、形態は直接税でも間接税でも構わないから、最終的に個人の所得の何パーセントが税金として支払われるのかを知りたい。ひとつの選択肢は、間接税の負担は主に貧困層が担い、直接税の影響は主に富裕層に及ぶ、それゆえ間接税と直接税の相対的な割合が税制度全体の累進性の尺度になる、と仮定することだ。この方法の問題は、一部の間接税（贅沢品にかかる税など）が富裕層の負担になることである。同様に、現代では所得税のような直接税が、上位所得者だけでなく中間層にもかかってくる。しかも間接税では、商品にかかる税の増加した分が、利益の低下というかたちで製造者にかかることもあれば、価格の引き上げというかたちで消費者に転嫁されることもあるため、問題はさらに複雑になる。最後に、間接税の負担に関する結論が、各集団がどの商品をいくら消費するかについての仮定に左右されてしまうということもある。[14] ところで、このセクションで考察している類の税負担に関するこれまでの研究は、単純化するために、間接税の全部または大部分が消費者に転嫁されると仮定してきた。この仮定のリスクは、間接税による累進性の低下の度合いを過大評価することであって、過小評価の心配はない。したがって、もし、この仮定の下でも戦争動員に累進性の増大が伴っていることを示せれば、われわれの結論は強固なものとなるだろう。

これまでのところ、全体的な税負担に関する歴史的証拠はイギリスのものが最も優れている。ハーバート・サミュエルは1919年に「多様な階級の国民への課税 *The Taxation of the Various Classes of the People*」という研究を発表し、第一次世界大戦前および直後の時期のさまざまな所得のイギリス世帯について、全体的な税負担の計算を試みた。サミュエルの主要な結論のひとつは、戦争遂行中に採用された税制変更によって、イギリスの税制度は大幅に累進化したというものだ。これは、われわれの主要な結論を補強する重要な証拠となる。[15]

サミュエルの研究を基礎に、1943年にはG・フィンドレー・シラースとL・ロスタスが、イギリスでの税負担に関してさらに広範な分析を発表した。シラースとロスタスは、一家族5人が1903年から1941年までの特定の会計年度にいくら税金を払うかという数字を提供してくれている。計算にはすべての所得と付加税に加えて、大半の間接税が含まれている。この結果を表5-1に示す。

シラースとロスタスの分析結果でまず目につく特徴は、第一次世界大戦までの税についてのふたりの主張

表５－１　イギリスでの課税の総負担額、1903－1941年

| ポンド | 1903 | 1913 | 1918 | 1923 | 1925 | 1930 | 1937 | 1941 |
|---|---|---|---|---|---|---|---|---|
| 100 | 5.6 | 5.4 | 9.9 | 14.1 | 11.9 | 11.0 | 10.4 | 19.1 |
| 150 | 4.5 | 4.4 | 9.0 | 13.5 | 11.6 | 10.9 | 9.5 | 16.7 |
| 200 | 4.8 | 4.0 | 7.9 | 11.8 | 10.2 | 9.6 | 8.4 | 14.8 |
| 500 | 5.3 | 4.4 | 10.2 | 8.0 | 6.2 | 4.5 | 5.6 | 18.4 |
| 1,000 | 6.1 | 5.2 | 16.9 | 14.1 | 11.0 | 9.7 | 11.8 | 32.2 |
| 2,000 | 5.7 | 4.9 | 24.0 | 17.9 | 15.2 | 15.7 | 18.0 | 40.5 |
| 5,000 | 5.5 | 6.7 | 36.6 | 28.5 | 23.2 | 26.3 | 29.2 | 56.1 |
| 10,000 | 5.0 | 8.0 | 42.5 | 37.1 | 31.2 | 35.8 | 39.1 | 68.3 |
| 20,000 | 4.9 | 8.3 | 47.6 | 42.3 | 37.5 | 43.5 | 47.9 | 80.7 |
| 50,000 | 4.8 | 8.4 | 50.6 | 48.0 | 44.4 | 51.4 | 56.7 | 90.7 |

注：推定値は、間接税および直接税による負担を所得に対する百分率として測定したもので、相続税の負担を含む。社会保険料、石油税、物品税〔1940年から1973年まで贅沢品に課された税〕など、大蔵省以外による税は除外している。すべての推定値は、16歳未満の子が３人いる既婚の納税者夫婦の場合。データは各列最上段の数字で始まる会計年度のもの。データはShirras and Rostas（1943），p. 24, p. 53より。1903年、1913年、および1918年の推定値はSamuel（1919）が原資料。

だ。１９０３会計年度を見ると、税率表全体が、一律に総所得の約５パーセントを課すフラット・タックスのように思える。これは、所得税と間接税とで負担がほぼ相殺されていたことを意味する。まるで、間接税の逆進性を相殺するために累進的な所得税が必要だとした19世紀の補償論の主張が結実して、平等な扱いがふたたび確立されたかのようだ。

今度は１９１３／１４年の数字を考えてみよう。この数字には、１９０９／１０年の人民予算中に導入された変化は反映しているだろうが、第一次世界大戦中に導入された変化はまだ反映していないはずだ。人民予算は従来、イギリスの税制度を大きく累進化させたと言われてきた。それはある程度まで真実だが、変化の度合いを視野に入れなければならない。貧困層や中間層の税負担がほぼ変わらないままだったのに対して、富裕層の税負担は、総所得の約５パーセントから８パーセント前後へと、わずかに上がっただけだった。これは前例のない変化だったかもしれないが、そのすぐあとに起こることと比べれば、非常に小さいものだっ

た。

人民予算によっていくらか累進性が増したとしても、第一次世界大戦の影響はまったく水準が異なっていた。戦争が終わる頃、最も低い所得層の税負担は2倍になっていたが、富裕層の負担は5倍以上になっていた。これは異常なまでの大飛躍で、戦時中の間接税の引き上げでは、最上位所得層の所得税およびその他の税の大幅引き上げが相殺されなかったことを示している。また、第一次世界大戦終結後から第二次世界大戦中にかけて起こったことを考えてみるのも興味深い。1918／19会計年度のあと、低・中所得者層の全体的な税負担は、第二次世界大戦が始まるまでほとんど変わらなかった。高所得者層では、全体の税負担は1920年代にいくらか（6―13パーセントポイント）下がったが、それでも戦前と比べれば劇的に高かった。しかも1925年から1937年にかけて、高所得への税率は、また第一次世界大戦終結時の水準へ戻っている。この税率引き上げには二つの理由があった。第一に、1920年代から1930年代のイギリスは、ほとんど恒久的な財政危機の状態にあった。第二に、1930年代半ばになって国際環境が危険度を増したため、イギリスはかなりの再軍備に動いた（と言ってもチャーチルなどが主張したほどではなかったが）。そして、第二次世界大戦中にはふたたび、一段と劇的な累進性の増大があったことが、1941／42会計年度のデータから読み取れる。

シラースとロスタスのデータから、大規模戦争によってイギリスの税制全体の累進性が大幅に増大したことは明らかだ。理想を言えば、ほかの国についても、税負担を長期的に追跡した同様の詳細な研究を利用するべきところだ。しかし残念ながら、そこまでのものはない。それでも、いくつかの国については散発的な研究があって、有用な情報を提供してくれている。

第一次世界大戦中のフランスの税負担に関する最も詳細な研究は、ロバート・マリー・ヘイグによるものだ。詳細な評価という点ではシラースとロスタスに遠く及ばないが、ヘイグも、1913年と1919年の相対的な税負担の比較をしてくれている。方法として、ヘイグはさまざまな税から生じる歳入の総額を取り上げ、問題となる税が主として貧困層の負担となるか、富裕層の負担となるかを判断していった。ヘイグが強調しているように、このほうが間接税と直接税とを単純に区別するより望ましい。フランスが戦争中に採用した間接税の増税は、多くが贅沢品に対するもので、購入するのは主として富裕層だったからである。ヘイグの計算では、1913年にはフランスの税の46・5パーセントが富裕層の負担、38・4パーセントが貧困層の負担で、15・2パーセントは負担を確定できなかった。これをもって、この時点のフランスでは税率表全体がフラット・タックスのようなもので、人民予算前のイギリスと同じだったとすることは可能だ。しかし当然のことながら、この証拠ではおおまかすぎて、われわれとしてそのような判断を下すことはできない。こんどは、1919年の相対的な税負担についてのヘイグの結論に目を転じてみよう。こちらは61・2パーセントが富裕層の負担、31・2パーセントが貧困層の負担で、7・4パーセントが負担を確定できない。言い換えれば、フランスの税負担は、第一次世界大戦の結果、大幅に累進化したということである。

われわれの目的からは残念なのだが、合衆国の全体的な税負担に関する詳細な研究が始まるのは1930年代からだ。そのことを考えると、第一次世界大戦による税負担への影響について最も優れた評価を提供してくれるのは、ほかならぬエドウィン・セリグマンということになる。合衆国の戦時内国歳入法に関する研究で、セリグマンは、税を通して集められた戦争資金のうち、実に73パーセントが富への課税を通して集められ、13パーセントが贅沢品ないし「有害な」消費（酒類）への課税、残りの13パーセントがその他の税（富裕層以外の層への影響が大きかったと思われる）から集められたと結論づけた。[16] この証拠からだけでも、第一次世界大戦が合衆国の税制全体を大きく累進化させたことは否定し難いと思われる。

1937年、メイベル・ニューカマーが、合衆国の全体的な税負担について真の姿を伝える最初の研究を発表した。ニューカマーの研究は、1936年内国歳入法からの税額に基づいている。この時点までに、ルーズヴェルト政権（および末期のフーヴァー政権）は富裕層への税を引き上げていた。これは、それまでの共和党政権が、富裕層の税を第一次世界大戦のピーク時から引き下げてきた流れを逆転させるものだった。ニューカマーは、遺産税や贈与税を含めたすべての直接税の影響と、すべての間接税の影響の推定値を計算に盛り込んだ。次に、年間所得が500ドルから100万ドルの10家庭を仮定し、その税負担を考察した。計算の際には、こうした異なる水準の人びとについて、それぞれ可能性の高い収入源（具体的には資本所得か労働所得か）を考慮した。すると、最も豊かな世帯（年間所得100万ドル）では所得のほぼ80パーセントを税として支払うが、その下の水準（年間所得10万ドル）では、この数字がほぼ40パーセントまで下がることがわかった。さらにその下の水準（年間所得2万ドル）では、すべてを合わせた税率は約30パーセントにまで下がった。この流れはさらに続き、最も所得の低い層では、税として支払うのは、前提条件にもよるが、所得の10―15パーセントだった。ニューカマーの研究から、1930年代後半の合衆国の税制では、高いレベルの累進性が存在したと結論付けることができる。

第二次世界大戦期の証拠は、この戦争によって、合衆国の税制全体が一段と累進化したことを示唆している。よく知られているように、第二次世界大戦中にルーズヴェルト政権が控除限度を引き下げたために、所得税は大衆税となった。第二次世界大戦が全体的な累進性に与えた影響を見ていくには、ほかの税の引き上げと併せて、この変化を考慮に入れる必要がある。このテーマについて入手可能な最善の証拠は1951年にジョン・アドラーが編集したもので、基礎となっているのは、アドラー自身による戦後の税負担の推定値と、ジェラード・コルムとヘレン・タラソフによる戦前の推定値である。アドラーの結果は、合衆国の財政制度が第二次世界大戦中に累進化したことを示唆している[17]。

最後に、もっと多くの証拠があればよいのだろうが、それでも、このセクションで引用した数少ない研究はすべて同じ方向をさしている。大規模戦争への参戦には全体的な税負担の累進性増大が伴っていた。以下では、支出と債務に目を向けることで、この結論が変わるかどうかを見ていく。

## 支出と債務の影響

富裕層への課税を考えるにあたっては、政府支出は直接の関心事ではないし、政府による借り入れについても同様なのだが、支出と債務が富の分配に影響することは明白なので、やはり、こうした問題にも目を向ける必要がある。

社会階層が異なれば税負担も違ってくるというのなら、同じことは支出についても当てはまる。ひとつの可能性として、参政権拡大は富裕層課税の強化にはつながらなかったが、それ以外の国民に対する福祉支出の増大にはつながったかもしれない。言い換えれば、政府は税負担を富裕層に振り向けることはしなかったが、支出の恩恵を貧困層や中間層へ振り向けることはしたかもしれない、ということだ。この疑問への端的な答えは、イエスである。参政権が拡大したあとには再分配的な支出が増加している。しかし、その増加はごくわずかで、末端での効果は最小限だった。各国の政府が現代の福祉国家に近いものを生み出すのは第二次世界大戦後のことで、参政権拡大よりずっとあとだった。

このテーマで最もよく引用される研究のひとつが、ピーター・リンダートの『成長する大衆 *Growing Public*』だ。リンダートは、一群の工業国について、１８９０年から１９３０年までの公共支出に関するデータをまとめあげた。なかでも当時の再分配移転の主要カテゴリーである、福祉、年金、医療、住宅という公共支出に目を向けている。そのデータに基づいてリンダートは、こうしたカテゴリーへの公共支出の増大に参政権が重要な役割を果たしたと主張した。しかし、この結論を文脈に当てはめることには苦労もしている。1930年代までは、再分配移転が最も多かった国でさえ、その総額はGDPの約3パーセントでしかなかったのだ。これはもちろん、1945年以後の基準からすれば極端に小さな数字だ。

われわれは、リンダートのデータを用いて、本書の各所で行っているのと同じような差の差によるテストを実行してみた。その分析は、参政権の拡大が実際には再分配支出にまったく影響していないことを示唆している。ただし、これを先に第3章で定義した競争的選挙の尺度で置き換えてみると、たしかに影響が見えてくる。成人男子の少なくとも50パーセントが投票でき、かつ行政のトップが複数政党間の競争で選ばれる国では、全体としての再分配支出が、そうでない国よりGDPの0・5パーセントポイント多かったのである。ただ、これは統計的に有意な効果ではあるが、規模としては小さい。別のデータを用いた関連研究で、トーケ・アイトとピーター・イェンセンは、参政権拡大による公共支出総額への影響に目を向けた。同様の統計手順を用いて、アイトとイェンセンは、参政権の拡大に伴って公共部門がGDPの約1・5パーセント分だけ拡大したことを発見した[18]。これも統計的に有意な効果だが、ただ、やはり規模としては小さい。

ここで、大規模戦争による再分配支出への影響を考えてみよう。第二次世界大戦の終結に伴って、ほぼすべての国で福祉支出が増大したが、これは、明確に復員兵を対象としたプログラム（合衆国の復員軍人援護法など）か、または全人口を対象としたプログラム（イギリスの国民健康保険など）によるものだった[19]。一部には、第一次世界大戦にもそのような効果があったと主張する研究者もいる[20]。しかし、リンダートのデータに戻ると、1930年代までは、第一次世界大戦に参戦した国の全体としての再分配支出は、参戦しなかった国と比べて高くなっていない。第一次世界大戦の結果として生じた分配上の変化は、大半が税制の変更によるものだった。これは第二次世界大戦には当てはまらない。この問題については第8章でさらに詳しく考察していく。

支出に加えて、政府による借り入れの影響も考察する必要がある。二つの世界大戦中、各国政府は支出の多くを借り入れで賄わざるを得なかった。別の手段で戦費を賄うとすれば現行税の引き上げしかないが、それでは自国の経済がすぐに窒息してしまう。当時、とりわけ第一次世界大戦中は、借り入れに走るのは富裕層優遇だという主張が多かった。富裕層に国債の購入を認めれば、彼らの資金に報償を与えることになるからだ。税なら当然そのようなことはない。

政府の負債を考えることで、大規模戦争と富裕層課税に関するわれわれの中核的結論はどれほど変更されるだろう。まず、この問題は理論的に考えることができる。ある社会が労働力を供給できる人びとと、資本を所有している人びとに分かれているとしよう。資本所有者が国債に投資すれば、彼らは自分の資産を元に利益を得ることができるが、労働者が徴兵された場合には、大変な危険があるうえに、支払われる賃金は市場価格より低い。不公平は明らかだろう。これに対する有力な反応は、資本所有者はどのみち別の資産から利益をあげるだろう、それが国債になるだけだ、というものだ[21]。正しい意見ではあるが、20世紀初頭には、この主張では批判を鎮めきれないことが多かった。またこの主張は、資本の供給が不足すれば政府の借り入れによって利率が上がり、それが資本所有者にとって平時以上の利益増大につながるという可能性を無視している。

そこで、最初に取り組むべき問題は、両世界大戦中に国債に投資した人びとが、戦争が起こらなかった場合よりも多くの利益を得たかどうかである。事後的な意味では答えはノーで、事実はまったく違う。周知のように、投資家はインフレや、場合によっては戦後の徹底的な債務不履行で大いに苦しんだ。しかし事前の意味ではどうだったただろう。投資家は、戦争がなかった場合よりも国債からの期待利益が高かったのだろうか。この疑問への端的な答えは、たとえ第一次世界大戦中の投資家が実際に高い名目利益を得ていたとしても、戦争がなかった場合以上に期待利益が高かったかどうかははっきりしない、ということになる。第一に、戦争中はほとんどの国でインフレが進行したため、利益が目減りしていた。第二に、一部の国では債務不履行のリスクが目に見えて高まっていたに違いない。これによっても、期待利益は下がっていただろう。

取り組むべき第二の疑問は、債券所有者が戦争努力から不公正な利益を得ているという認知に対して、各国政府がなんらかの取り組みをしたかどうかである。実際に、各国政府は両大戦中、資本市場にかなり大きく介入して、借り入れの有効原価を引き下げようとしていた。そこには明白な財政的インセンティブがあったのだが、この動きは、借り入れの不公正さの認知に対応した取り組みでもあった。いずれにせよ、こうした介入が投資家の助けにならなかったことはたしかだ。たとえば第二次世界大戦中の合衆国では、連邦準備制度理事会と財務省が、長期国債の金利を2・5パーセント未満に抑える政策を追求していた[22]。また各国政府は、明確な金利目標以外の手段でも資本市場に介入した。これが当てはまるのは第一次世界大戦でのイギリスで、別の財源からの新たな資本発行を抑制し、預金口座の金利を制限することで、国債に多くの資金が流れ込むよう仕向けていた[23]。こうしたものは、資本所有者にとってはすべて潜在的な課税形態だった[24]。

要約すれば、政府による支出と負債を見ても、本書の基本的な結論は変わらないということだ。大規模戦争に伴う補償論が富裕層の重課税へとつながったのであり、支出と債務の分野での政府の行動を見ても、この結論は変わらない。本章で考察する最後の疑問は、戦時の税制変更の設計が、純粋な財政的必要で説明されるかどうかである。

**財政的必要――ウィリー・サットン効果**

ウィリー・サットンによれば、銀行強盗をしたのはそこに金があったからだという。ここで鍵となる問いは、各国政府が二つの世界大戦中に富裕層に課税したのもまったく同じ理由からだったのか、である。所得税や相続税の最高税率の高さは公正さとは無関係で、単純に、政府にとっての必要性の問題だったのだろう――この「ウィリー・サットン」論にはいくつかの異形があるので、ここでそれぞれ考察していこう。第一の異形にしたがえば、富裕層が課税されたのは、ほかのすべての資金源を限界まで使ってしまい、もう選択肢がなかったためだとなる。第二の異形では、富裕層が課税されたのは、財務能力に限界のある政府が、歳入の観点から最も実りの大きいところへ精力を集中するのが望ましいと考えたからだとする。

第一の異形では、ほかの歳入源を使い切った政府が、切羽詰まって富裕層に重い税を課したのだとする。二つの世界大戦中に起こったのはこれだったのではないか、もっと具体的にいえば、政府はすでに経済が支えきれる最大限まで間接税を上げ、もう信用取引ができないところまで借金をしていたのではないだろうか。もしそうなら、富裕層への課税は最後の選択肢だったと考えていいかもしれない。しかし実際には、第一次世界大戦ではこれと正反対のことが起こっていた。戦時中、同じ交戦国でもイギリスと合衆国の政府は、ドイツ、フランス、オーストリア、ロシアの政府以上に富裕層課税に踏み込んでいた。また実際に、こうした国々と比較すると、イギリスと合衆国の政府による戦争努力のための資金調達は、借り入れより現行税からのほうがずっと多かった。こうした条件の下では、富裕層への重課税は切羽詰まってのことだったと主張するのは難しい。実際には、まったく正反対だったように思える。

もうひとつの異形である財務面での必要論は、財務能力が有限な世界では富裕層への課税に集中するのが理に適っている、なぜならそれが最も実りが大きいからだとする。しかし、少し突っ込んで考えただけでもわかることだが、二つの世界大戦中に各国政府が富裕層に重く課税した理由をこれだとする根拠はほとんどない。もし財務能力の有限性が問題なのなら、政府は二つの世界大戦の何世紀も前に富裕層への課税を選択していただろう。1914年と比べれば、昔は間違いなく官僚機構の能力は不足していたのだから。しかし、どの国の政府もそうはしていない。

この財務能力有限論に反する証拠はほかにもある。これを理解するには、第一次世界大戦中に採用された所得税率表の構造を考えてみればよい。所得税のあるすべての国では、個人ないし世帯の大多数が控除対象になっていた。ここでは、この選択は行政能力への配慮が影響したため、すなわち、十分な歳入を生み出してくれる世帯に努力を集中したからだと考えるのが妥当だ。そう考えれば、なぜ世帯の上位50パーセントではなく10パーセントだけが所得税の対象となったかが理解しやすくなるだろう。しかし、これだけで誰に課税するかを決めるのなら、フラット・タックスを採用して、上位10パーセント層の税を同じ比率で引き上げるのが最もシンプルな戦略だろう。フラット・タックスを支持するうえで重要な主張のひとつは、詰まるところ行政上のシンプルさなのだ。第3章ですでに見たように、実際にはこれと正反対のことが起こっている。第一次世界大戦中および大戦後の各国政府は、きわめて豊かな世帯の所得税率を引き上げたが、その上げ幅は、単に上位10パーセントに入っている世帯を大きく上回るものだったし、上位1パーセント世帯をすら上回っていた。またこれ以外に、戦時政府が富裕層に課税したのは貿易からの歳入が落ち込んだためだとする主張もあるが、上位10パーセント内でこのような差別的な課税をしていることを考えると、この主張の根拠も崩れてしまう。同じく第3章では、所得税の最高税率に対する戦争の影響は民主主義国のほうが非民主主義国よりも大きかったという証拠も提出した。この違いからも、財務能力の有限性とは別の、なんらかの要因が戦争効果の原動力だったことが示唆される。

国家の能力有限説について懐疑的になる最後の理由を与えてくれるのは、相続税の歴史だ。第4章を思い出してもらえばわかるように、歴史的に見て、各国政府が相続財産に課税するようになるのは、所得への課税を始めるずっと前のことだった。この選択がなされたのは、相続財産に課税するほうが容易だからだった。これは、行政能力の利用可能性が課税の選択に影響した明白な事例だ。しかし、別の発見も思い出してほしい。歴史的に見て、各国政府が主たる収入源として相続税に依存したことは一度もなかった。また、二つの世界大戦までに、非常に高率の相続税が課されたこともなかった。徴収能力がほとんど不要な税が利用できたのに、どの国の政府も富裕層に重く課税しなかったとなれば、国家の能力だけでは説明にならない。ここでもやはり、別のなんらかの要因が働いていたに違いない。

ここまで、財政的必要による影響論の第一の異形（切羽詰まって論）も第二の異形（有限能力論）も、二つの世界大戦中に富裕層に重い税が課された理由を説明できないことを示してきた。さらに、第1章ですでに言及した決定的な事実がある。たしかに、二つの世界大戦は、それまでに起こったどんな出来事よりも多額の費用を要した。しかし、その後に起こったこと以上に費用がかかったわけではない。ここで思い出してほしいのが、過去半世紀にわたって、多くの国の政府が、自国の経済から引き出す歳入の額を着実に増やしてきていることだ。今では通常の年でさえ、経済規模との比率で見れば、第二次世界大戦の絶頂期に匹敵するほどの歳入を集めている。これは、富裕層課税に向けて大きく動いた結果なのだろうか。実際に起こったのはその正反対のことだ。各国政府は富裕層への課税を減らしている。したがって、政府が多くの歳入を必要としているからといって、それが必ずしも富裕層課税を意味するわけではない[25]。

要約すれば、これまで政府が富裕層に課税してきたのは、金が必要だからそうしたということで間違いはない。しかし、だからと言って、それが目的を達成するための唯一の手段だったということにはならない。

ここまでは、富裕層への課税パターンがウィリー・サットン論を支持していないことを示してきた。富裕層に最も重く課税した政府は、資金調達の選択肢の最も少ない政府ではなかった。同様に、財政能力が不足している政府も多かったが、だからと言って、そのような政府が富裕層への重い課税を選択したわけでもなかった。こうしたことのすべてが、富裕層課税の物語はもっと政治に関連したものだという考えを補強している。

## 結 論

本章では、第3章で見た所得課税のパターンと第4章で見た相続課税のパターンが、富裕層への課税の流れについて、なにか意味のあることを語るだろうかと問いかけた。広範な図式に目を向けることで、先のわれわれの結論が確認できる。またわれわれは、この流れが単純な必要性では説明できないことも論じた。以下の3章では、公正な税制に関する認知の変化が、初めは富裕層への税の引き上げに、その後はその終焉につながっていったことを示していく。

# 第Ⅲ部　なぜ各国政府は富裕層に課税してきたのか

# 第6章　富の徴兵

戦時政府がほかの国民より富裕層への課税を増やしたのは、戦争のための動員によって、税の公正さに関する考え方が変わったためだった。戦争のための動員によって新しい、説得力の強い補償論の機会が生まれ、富裕層課税への支持が増大したのである。本章でわれわれは、第一次世界大戦前・中・直後のイギリス、フランス、カナダ、合衆国について、課税をめぐる国民的な議論を比較していき、この戦争の結果、エリート層でも一般国民のあいだでも、自分たちにとって望ましい税制度を正当化するのに採用する公正論のタイプが変わったことを明確に示していく。第一次世界大戦に焦点を絞ることにはいくつかの利点がある。どの国の政府も、その後の長期的で、莫大な費用を要し、しかも大規模な動員を伴う紛争を予想していなかった。紛争のタイミングを決定したのは、1914年6月末〔日28〕のオーストリア皇太子フェルディナント大公の暗殺だった。この戦争は当時の政治環境に予期せぬ衝撃を与え、新たな不公平を生み出した。すなわち、国家が大多数の市民に求めるもの（戦争を遂行するためのマンパワー）と、国家が富裕層に特権を与えていること（多くの経済部門にとっての戦時利得の増大）との不公平である。戦争が新たに誘発したこうした不公平は、課税をめぐる議論をどのように変えたのだろうか。

## イギリス

イギリス税制の形成という点から見れば、19世紀で最も重要な改革は、ロバート・ピール率いる保守党政府による1842年の所得税復活だった[1]。1842年の議論は、平時においてすら、補償論がどれほど税の議論に影響しうるかを示している。イギリスはナポレオン戦争中に所得税の実施に成功していたが、これは戦争終結後に廃止されていた。当時の税制度は物品税をはじめとする広範な間接税に大きく依存していた。こうした税の多くは不評だったため、多くの議論が戦わされ、特に1830年代には、こうした税を削減して新たな財産税ないし一般所得税に置き換える可能性をめぐって議論が交わされた。しかし、それでも大きな政策変更は行われなかった。

慢性的な財政赤字と既存の間接税の両方に対する大衆的な反対に直面して、ピールは1842年に所得税の復活を提案した。この改革のためにピールが行った予算演説は、大きく二つの議論から成り立っていた。第一は主として効率論で、予算を均衡させ、経済を再生させるためには歳入を増加させなければならない、そのためには所得税が最善の選択肢だとした。第二は補償論だった。既存の税は低所得の市民に最も負担が大きいので、税負担を平等化するためには所得税が必要だとしたのである。セリグマンが指摘するように、ピールは演説の前段で間接税の比率の高さにふれ、こう述べている。「社会の労働者の各階級が消費する多くの項目への課税を増やす提案には、わたくしは一切同意できません[2]」。そのうえでピールは、所得税を支持して次のように主張した。

……歳入の赤字を埋めるためだけでなく、わたくしが自信と満足をもって偉大な商業改革を提案する目的でもあるのです。この改革は、商業再生の希望をもたらすとともに、製造業の利益を向上させ、それ以外の、国のあらゆる利益に広がるものとなるでしょう。また、消費項目の価格を、そして生活費をも引き下げることで、金銭的な視点から、みなさんの現在の犠牲を埋めあわせるものとなるでありましょう。[3]

その後の議論も注目に値するもので、所得税の経済成長への影響、予想される行政上の問題、戦争時に備えて所得税を蓄えておくことの必要性、そして、この税で想定される異端審問的な性格に関する議論の重要性が強調されている。重要なことは、このように所得税に関連する多くの問題が議論されるなかで、公正論が前面に出てきて、支持派と反対派の両方がこれを採用していた点だ。そのなかには、政府の提案は低所得者向けの控除を含んでおり、所得タイプの違いによって扱いが異なっていることを理由に、平等な扱いを訴える声もあった。また、所得税は商人より地主を優遇するから不平等だとする意見もあった。[4] 支払い能力論や補償論を主張して所得税の採用を支持する発言もあった。

1842年の議論には別の原動力も表れていて、同じことが、19世紀の後半にイギリスをはじめとする各国で繰り返されることになる。すなわち、ときには貿易自由化の支持者も、関税の引き下げで失われた歳入を所得税で置き換えることの必要性を受け入れるということである。19世紀の税政議論には重要な点が少なくとも三つある。第一は、明白な補償論があったことで、ほかの税が貧困層や労働者階級の負担になっていることを理由に富裕層への課税が正当化された。第二は、この現象が効率論でもあったことで、これを主張する自由貿易主義者は、貿易への課税を適度な所得税で置き換えれば景気が上向くと考えていた。第三は、こうした補償論が富裕層への重い課税をもたらさなかったことだ。当時の補償論は、相対的に低率の所得税制度が採用される際に貢献するところがあった、という程度に考えるべきだ。

ピールは提案した改革すべてを成立させることはできなかったが、所得税は１８４２年にほぼ３パーセントの均一税率で復活した。以後、19世紀を通じて所得税は存続し、税率は１パーセント弱から５パーセント弱で推移した。所得税に関して次の重要な革新はロイド・ジョージの１９０９／１９１０年人民予算における「スーパータックス」の採用で、これによって所得税は累進化され、最高税率は８・３パーセントとなった。[5]

この改革は、１９０７年に相続税の最高税率が15パーセントに引き上げられたことと併せて、民主主義仮説と党派間での競争選挙による影響という視点から理解するのが最もよいだろう。イギリスでは選挙権が着実に拡大し、すでにほぼ完全な男子普通選挙となって、労働党が選挙での脅威として登場してきていた。自由党は、新たな財政制度を採用することで、新しく選挙権を得た有権者の利益に、そして、平等さが税制度になにを求めるかについての考え方の進化に対応しようとしたのである。

労働党は１９０９年１月、党大会執行委員会の覚書とそれに付随する報告書で、税の公正さについての見解を明らかにする文書を提出した。労働党は、当然のことながら党員の経済利益に則った政策を主張したのだが、この覚書は、そうした利益を主張するうえで、公正さに関してどのような見解を示せば最も説得力があると同党が考えていたかを如実に伝えている。労働党は、四つの原則が税制度の指針となるべきだとした。すなわち、

1　課税では、支払い能力と、国家が個人に与える保護および利益とが釣り合っているべきである。
2　個人が自らの身体的必要および基本的必要を満たすための手段を侵害する課税は実施するべきではない。
3　課税は共同利益、すなわち富の不労増加分すべての確保を目的とするべきである。

4　したがって、税は不労所得に課されるべきであり、また、莫大な富の私的保有防止を意図的にめざすべきである。[6]

この報告書はさらに、累進的な所得税の採用、独占への高課税、遺産税の引き上げを推奨している。党大会報告書に含まれたこの議論には、支払い能力論と補償論の両方が反響している。この時点で鍵となる課題は、社会改革の費用を賄うためには歳入増加が必要だということだった。これは政府も既定の事実と捉えていたのだが、問題は、そのためにどのような種類の税を用いるかという点だった。労働党の主張は、営業税の引き上げや、それがだめなら課税標準の拡大といった提案は自滅的であるというもので、したがって富裕層への課税強化が必要であり、それによって税制は今よりも「支払い能力に沿った」ものになるとした。[7] 労働党は、支払い能力論に加えて、不労所得と独占利益への高課税にも焦点を当てた。このような類の所得について同党は、ひとつには労働者大衆にとって不利であり、ひとつには厳しい労働とサービスに相応しくないと考え、そのような所得を許している優位性の存在を埋め合わせようとした。報告書の議論でラムゼー・マクドナルドが述べているように、労働党は「社会に依存する非生産的な寄生虫を、生産者およびサービス提供者から分離することを望んだ」のである。[8] こうした補償論が、本書でわれわれが強調しているものとは違うことに留意してほしい。不労所得と独占利益から不公平が生まれるなかで国家が果たす役割は間接的なものだが、第一次世界大戦に関連してわれわれが主張している不公平では、国家の果たす役割は直接的だ。後者は誰が見てもわかることだが、前者ははるかに異論が多い。

戦争前の政治環境を形成していたのは、労働党との競合の高まりと初期の福祉国家の拡大、および海軍強化の必要性であり、そうしたなかで、ロイド・ジョージは１９０９年に人民予算を導入した。所得税に関していえば、累進税率の採用は重要な革新ではあったが、税率がわずか8・3パーセントだったという事実はわれわれの論点と一致している。参政権が拡大中という条件の下でも、公正論は通常、政府を説き伏せて高所得と富への重課税に導くには不十分なのである。労働者階級は、平等性が所得と富への高課税を要求すると確信していたかもしれないが、自由党と有権者大衆には、まだそこまでの準備はできていなかった。[9]

人民予算は、第一次世界大戦につながる時期の税制度の実質的な立ち位置を示している。1914年までは自由党が権力の座にあり、政府はハーバート・アスキス首相が率いていた。しかし1915年5月には保守党と新たな連立内閣を形成せざるを得なくなり、戦局がさらに悪化するなか、1916年にはロイド・ジョージを新首相とする新たな連立内閣が成立した。戦闘が始まる前ならば、1914年の政府予算案で所得税率をわずかに引き下げていたのだろうが、実際には、関税および物品税の引き上げと支出削減を組み合わせて収支の均衡を図るという提案がなされた。[10] 少なくとも1914年については、もし戦争がなかったら、イギリスが税制度の累進化を進めなかったことは明らかである。しかし戦争が起こったことで、1914年の第一次戦時予算［補正予算］と1915年の第二次戦時予算で所得税率は大幅に引き上げられ、1915年には17・2パーセントとなり、同時に相続税の最高税率も20パーセントにまで上昇した。この二つの変化によって、イギリスの税制度は大きく累進性を高めることになった。

イギリスは、戦争を始めた段階では、効果的かつ大規模に志願兵を動員するよう努めていた。しかし1916年1月には、徴兵制を採用するという政府の兵役法案が速やかに議会を通過し、その後も戦時中を通じて何度も拡大された。いったん徴兵制が採用されてからは、どのようにして戦費を賄うかが政治的な議論の中心となった。これが政策変更につながったことはたしかなようで、課税は一段と累進化した。たとえば、労働党のジョージ・ウォードルは下院議会で次のように述べている。

> わたくしたちは本院で、男子が軍に入って国のために戦うことを義務づける法案を通過させました。みなさんが義務的な課税をも担っていることは承知しています。みなさんはこの国の富と国民の所得から一定の割合を取り上げてこの戦争の費用を賄うのですが、この両者の関係は想像するまでもありません。兵士が払うよう求められる犠牲は、自身の所得の一部を手放さなければならない者に求められる犠牲よりもはるかに大きいのです。たとえそれが1ポンドのうちの5シリングであっても、であります〔1ポンドは20シリング〕。そしてある感情が――国の富のもっと大きな割合が、この戦争に勝利するために国への奉仕に動員されるべきである、それもすぐに動員されるべきであるという感情が――この強制的な措置の通過によって繰り返し、繰り返し強まっているのです。……国の人びとを、武器弾薬を、工場を、そして企業を、勝利のために動員することが必要であるのなら、国の富を動員することも同様に必要なのであり、大蔵大臣は――ご本人はご自身を大胆だとお考えかもしれませんし、一部の方々ももちろんそのようにお考えでしょうが――本来ならもっと踏み込めたかもしれない、もし踏み込んでおられたら、今よりはるかに多くのことを成し遂げて、この戦争の終結を近づけ、平等と犠牲の感覚を身近なものとし、この国にひとつの感情を呼び起こしていたことでしょう。そうされていたならば、わが国は今以上に団結でき、最後の勝利は確実なものとなっていたことでしょう。[11]

戦争のための犠牲を平等化するために累進課税を求める声は二つの形態をとった。第一は単純に所得税をさらに累進化する「所得の徴兵」、第二は資本税、すなわち文字通りの「富の徴兵」である。こうした要求は、予想通りのところから出てきた部分もあって、たとえば労働組合会議〔イングランド、ウェールズの労働組合のナショナルセンター〕は「外国からの侵略に抵抗するために国の男子が徴兵されたのだから……本会議は、国に蓄積された富も同様の比率で即座に徴兵されることを要求する」と主張した。[12] しかし、この議論は『エコノミスト』のような、以前は高水準の所得課税に反対していた刊行物にも反映していた。『エコノミスト』は、資本税には反対したが「市民の所得を制限するに足るほどの重い直接税」は支持した。また『エコノミック・ジャーナル』に掲載されたハーヴァード大学の経済学者オリヴァー・スプレイグの「所得の徴兵」と題する記事についても、明白に支持した。[13] この記事でスプレイグは「人間の徴兵には、論理的かつ公平に考えて、絶対に必要な額を超える現行所得の徴兵といった性質のものが伴っているべきである」と主張した。[14] 所得の徴兵は明白な補償政策だった。国家は、所得も富も少ない若者には戦争に行って戦うことを求めた。公正さは、この犠牲について、所得と富への課税強化よる補償を要求したのである。

イギリスの政策は、所得税の大幅な累進化を求める声に反応した。徴兵法が成立した直後の1916年4月に導入された第3次戦時予算で所得税が引き上げられ、それによる歳入増加は、間接税の引き上げによる歳入増加の2倍以上になると予測された。[15] 徴兵制の導入を受けて資本税についての議論も強まったが、この税は最後まで採用されなかった。[16] こうした原則は戦争終結までの、そして戦争直後の数年の税政策を特徴付けるものとなり、国は戦争負債の返済に、そして、戦争勝利のために多大な犠牲を払った市民の期待の高まりに応えることに苦闘した。所得税の最高税率は1920年、1921年に頂点の60パーセントに達した。相続税の最高税率も40パーセントに達した。

戦争動員が新しい文脈を作り出し、そのなかで補償論が信頼を得るようになったことで、累進課税支持者の公正論のタイプが変わっていった。しかし、戦争動員が公正論を変化させたというわれわれの捉え方は選択的で、戦争の体系的な影響を代表していないという懸念もある。この可能性に対処するため、われわれは、人民予算が議論された時期（1909年）と戦時中（1914―1918年）の、所得税をめぐる議会での議論をすべて検証してみた。

われわれは、それぞれの年について、議会での議論の公式記録である「ハンサード House of Commons and Lords Hansard」のデジタル版を検索した。[17] まず、一年ごとに「income tax」をキーワードとして検索し、このフレーズが現れた議論のすべてに目を通した。次に、所得税への賛成／反対、または所得税率の引き上げ／引き下げへの賛成／反対を主張している発言、あるいはそれ以外の、税における重要な構造の変化（その徴収方法など）を考えている発言を含めた。この過程で、6年余りの期間について、所得税政策をめぐる428本の固有の議会発言が確認された。さらにそれぞれの発言について、主張の基本方向が所得税ないし所得税率の引き上げに賛成か反対か、発言者の主張しているのが平等論か、支払い能力論か、補償論的な公正論かを調べていった。[18]

図6-1は、開戦前後の6年にわたるデータセットから、所得税に関するさまざまなタイプの演説の分布をグラフ化したものだ。第一次世界大戦までは、すべての演説の約半分が、三つの公正論のどれかを含んでいた。そうした公正論のうち、44パーセントが平等な扱い論、51パーセントが支払い能力論で、補償論は6パーセントにも満たなかった。三つのタイプの公正論の分布は、戦争勃発までの公正論に関するわれわれの見解とおおまかに一致している。累進的な税政策の支持者は支払い能力論を用い、反対する者は平等な扱い論と経済効率論を主張していた。19世紀の大半を通じて平等な扱い論が重要だったことを考えれば、平等な扱い論が思ったほど広がっていないことが、いささか驚きだ。とはいえ、全体像はわれわれの予想と一致している。税をめぐる議論のほとんどで公正論が突出していて、なかでも平等な扱い論と支払い能力論が互いに対抗する二大主張となっていた。

こうしたデータの解釈では、いくつかの可能性を念頭に置かなければならない。たとえば、人には公正さ

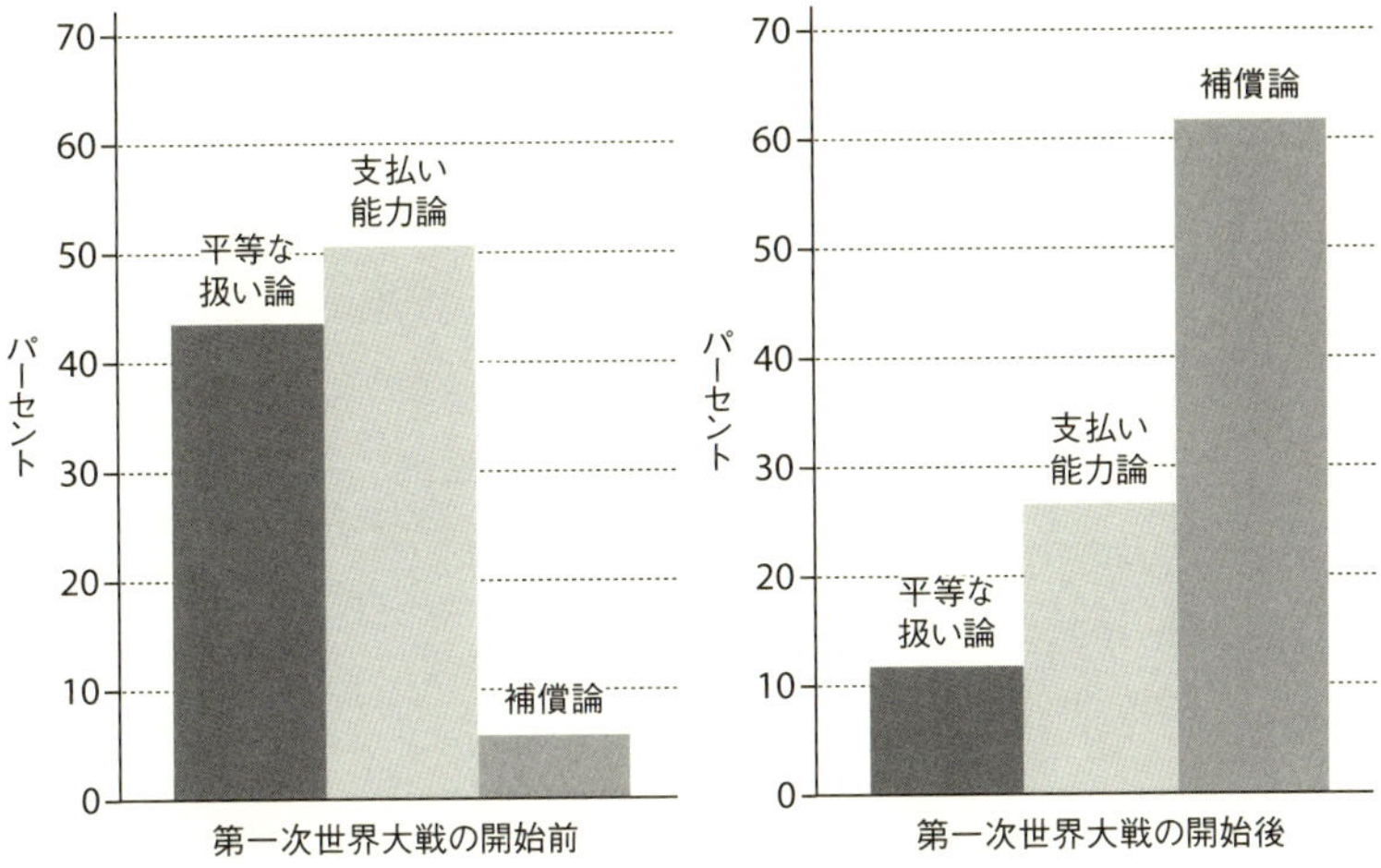


図6－1　イギリスでの所得税をめぐる議論

このグラフは、第一次世界大戦前後のイギリス議会での、所得税をめぐる議論のタイプの分布を示したものである。コードした年は1909年、1914年、1915年、1916年、1917年、1918年で、第一次世界大戦の開始日は1914年7月28日〔オーストリアがセルビアに宣戦布告した日〕である。

や税による景気への影響についてそれぞれ信念があって、自分の信念と一致する主張を採用した結果が好みの政策への支持になっているのかもしれない。あるいは、政策選択肢に関する個人（議会議員と選挙民の両方）の関心は、その政策が自分にどう影響するか次第なのだという可能性もある。さらにいえば、各人は自分の好む政策を主張するのに最適と思えるものとして、公正論なり効率論なりを選んでいるだけなのかもしれない。こうした潜在選択の問題は、政策成果の決定要因を理解したい場合には、少なからぬ懸念となる。これは第2章でわれわれの調査証拠に関して言及した問題だ。しかし、たとえこうした演説が利害の事後合理化にすぎなかったとしても、利害のみでは政策上の立場を判断しにくい個人について、どのような種類の主張に説得力があるように思えたかを知ることはできる。

図6－1のデータは、戦争によって補償論

の利用が劇的に増えたことを示唆している。補償論を用いた公正論の割合は10倍増して、62パーセントに達した。この三つの公正論のどれも用いない演説の総数は、戦争が始まってからほとんど変わっていない。このことは、補償論の存在の増加が公正論のなかだけのことでなく、すべての演説を通じて、補償論の出現率が実際に上昇したことを反映するものだ。

平等な扱い論と支払い能力論のパターンも興味深い。支払い能力論の頻度は戦争中に大きく下がっている。このことは、戦時中に補償論の利用が増えたことに二つの理由があったことを示唆している。ひとつは、従来からの累進課税支持者が支払い能力論から補償論へ移ったためで、このことは、労働組合と労働党の行動に明らかだ。また、平等な扱い論も同じように劇的に減っているが、ここからは、補償論のもうひとつの源泉が以前の累進課税反対派だったことが示唆される。そうした反対派の最も顕著な例は『エコノミスト』だろう。同誌はがらりと立場を変え、補償論を採用して累進性の強化を正当化するようになった(19)。

第一次世界大戦がイギリス人の税の公平性に関する感覚に与えた影響を語るなら、第5章で検討した弾薬税と超過利潤税という「戦時利得税」に立ち戻らないわけにはいかない。この二つの税は、イギリスの戦費調達の中核的な特徴だった。どちらも相当な高率で、かなりな額の歳入を集めた。この二つの税の基礎となった論理は、戦争から利益を得た企業や個人は高率の税を支払うことで国家に埋め合わせをする必要がある、というものだった。補償論的な理由づけは、少なくとも四つのレベルで働いていた。第一に、戦争からの高利益は国家の戦争関与によるものだったが、それにしても不相応に大きかった。したがって、課税して平等な扱いを復活させるべきである。第二に、戦争による利益は、兵士が究極の犠牲を求められているときに得られたものだった。ここでも、補償として戦時利得税が正当化された。第三に、こうした利益がある一方で、労働者階級は犠牲を求められていた。これには、ストライキの自粛や長時間労働によって、戦時の必要を満たすと同時にインフレの進行防止に資することも含まれていた。高率の税は、資本家階級と労働者階級とのあいだで戦争努力の平等性を確立するために必要だったのである。そして最後に、高い利潤とは対照的に、労働者大衆は物価の急騰や生活必需品の不足に直面していた。戦時利得税はこうした不公平を是正する一助として正当化されたのだった。

もちろん、戦時利得税をめぐっては少なからぬ議論があった。多くの企業は、超過利潤税は戦前の利益についての規準が恣意的であり、業界によって不公平を生じるとして反対した。それ以外にも反対派は、戦時条件に合わせて翻案したものも含め、さまざまなタイプの経済効率論を主張した。なかには、戦時需要を満たすには事業拡大が必要だが、この税は企業投資を妨げると強調する声もあった。しかし全体として、戦時利得税への支持は政治的な立場を超えて共鳴していた。このような支持が存在したのは、この税が補償論の論理によって正当化されたからだった。

### カナダ

19世紀末から20世紀初頭のカナダでは、貿易関税の問題が、国税をめぐる議論を支配していた。英領北アメリカ法によってカナダ自治領が成立した１８６７年以降、新しい中央政府がまず苦闘したのは、信頼できる歳入源の確立と、貿易保護をめぐる政治的な争いのやりくりだった。10年にわたり、合衆国との互恵的な自由貿易が試みられたのち、１８７９年に保守党は「ナショナル・ポリシー」とよばれる新たな保護主義的関税政策を成立させた。この政策によって、既存の関税は様変わりし、中央政府の歳入源として、その中核的な重要性を固めた。平均の関税率は、１８６８年の20・2パーセントから、１８８９年のピーク時には31・9パーセントへと上昇した[20]。カナダでは自由党が１８９８年にイギリスとの特恵関税を採用し、その後も10年以上にわたって権力を握りつづけたのだが、関税は相変わらず保護主義的で、中央政府の最大の歳入源であり続けた。第一次世界大戦が近づく頃には、関税は税収の70パーセント以上、歳入総額のほぼ3分の2を占めるのが通常になっていた[21]。

この時期を通じて、都市や地方自治体の一部が所得税を含めた直接税を採用したが、そうした直接税が国税をめぐる議論で大きな部分を占めることはなかった。保守党は保護主義政策を強く主張し、併せて物品税や、税以外のさまざまなものを歳入源とした。自由党は、1879年以前は、関税への依存を減らす目的で所得税などの直接税を考えていた。自らの自由貿易志向から、また歳入が変動・循環することへの不満から、関税は望ましくないと見ていたのである。しかし、最終的には自由党もそれほど過激な政策は取らず、保護主義のためではなく、歳入目的のみで関税に依存することを選択した[22]。1879年以後の自由党は、貿易課税に対するこの「歳入目的のみで」というアプローチをほぼ堅持し、所得税などの直接税を真剣に提案、推進することはしなかった。

1891年のカナダ国政選挙は、当時、全国的な所得税の採用に関心がなかったことを如実に示している。選挙の争点はなによりも貿易の自由化であり、とりわけ、カナダが合衆国との無制限互恵関係の確立を試みるべきかどうかだった。自由党はこの立場を主張し、保守党は保護主義的なナショナル・ポリシーの継続を訴えた。どちらの党も、政策綱領では直接税の問題を挙げていたが、所得税などの採用は主張していなかった。保守党は、合衆国との無制限互恵関係は税収入の大幅減につながり、中央政府は不可避的に直接税を採用しなければならなくなると主張した。

しかし、この構想にはある明白な結果が伴います。誰もあえて議論しようとはしませんが、無制限互恵関係を認めれば直接税の賦課が必要となり、総額にして年間1400万ドル以上がこの国の国民の負担となるでしょう。[23]

自由党も選挙綱領でこの問題をはっきりと取り上げていたが、論戦では、保守党の主張は事実と違うと述べるだけだった。

そこで、無制限互恵関係によって多額の歳入が失われ、直接税を課すことが必要になると述べられています。……歳入と支出の均衡は、支出の削減と、現在と同じ方法で得られる税の再分配とによって自然に取り戻せるものであり、いま国民が負担している以上の負担を強要することはありません。[24]

選挙は保守党が決定的な勝利を収めた。1896年には自由党が政権に返り咲き、1911年まで政権に留まったが、所得税はなお各都市や地方自治体の道具に限定され、主要政党の大きな支持を得ることはなかった。

1911年のカナダ国政選挙では、1891年に聞かれたテーマの多くが繰り返された。この時点までに、合衆国は最終的に互恵貿易協定に同意したが、カナダでは保守党が議会でこれを阻止していた。追い込まれた政府自由党は、この問題に決着をつけるために解散総選挙に打って出た。所得税などの直接税がどこまで議論されたかといえば、このときも、合衆国との自由貿易による潜在的なマイナス影響として見られただけで、主要政党のどちらかが強く主張する政策とはならなかった。[25]

第一次世界大戦が始まったとき、カナダはロバート・ボーデンを首相とする保守党政府だった。政府は保護主義政策に固執し、貿易税と物品税、および税以外の歳入に依存していた。戦費を賄うため、政府は最初に関税、次に消費税の引き上げ、そして債務に依存した。言い換えれば、保守党は、課税に関して通常の選好に従ったということである。1914年の第一次戦時予算には、富裕層課税へ向けた大幅な移行は見られない。この政策対応が多くの配慮によるものだったことは間違いない。[26] しかしわれわれの目的からは、保守党は高所得や富への課税を含めたいかなる種類の新たな直接税の実施も回避した、と指摘しておくだけで十分だろう。戦いの期間についての当初の予想を考えれば、保守党政府は直接税を不要と見たのだろう。そうした特性評価は1915年の戦争予算にもある程度まで当てはまる。戦争がどれほど長引き、どれほどの費用がかかるかがまだ明確ではなかったし、どれだけのマンパワーを注ぎ込む必要があるかも明瞭ではなかった。とはいえ、1915年予算は新たな法人税と、贅沢品への新税を課していた。自らの予算を弁護するため、サー・トマス・ホワイト財務相は、平等な扱い論と支払い能力論の両方を用いた。引き続き関税に依存する根拠としては、平等な扱い論に訴えている。

引き上げられた関税によって課される税金はすべての階級の負担となります、なぜなら誰もが消費者であり、追加の税金を支払うことで、共同体の一人ひとりが、自分はその分だけ戦費に、そしてこの国の防衛に貢献していると感じるからであります。[27]

しかしホワイトは、ほかの税に言及するときには支払い能力論も用いている。

その負担は、共同体の構成員のうち、それを支える能力を最も多く備えた者に、かなりな程度までかかってくるでしょう。[28]

ペリーが指摘しているように、所得税へ向けた動きは1915年にはすでに政治議論の一部となっていた。[29] ホワイトの予算演説は、所得税を課さないとする政府決定の、広い意味での弁護でもあった。戦争のための大規模動員によって、当初は大規模な直接税についての問題、とりわけ国レベルでの所得税の採用をめぐる問題が持ち上がったのだが、政府はわずかな政策変更をするに留まった。

この結果が大きく変わり始めるのは1916年、政府が戦時利得税を採用したときだった。[30] この税を支持する主張はイギリスの例にならっていた。鍵となった問題は、ここでも国の参戦で生じた戦時利得で、それが、一部の市民には不相応な利益をもたらしたが、すべての市民に行きわたらなかったことだった。さらに、政府が多数の志願兵を募集して犠牲を求めたことも、不平等を拡大することにしかならなかった。ホワイトの予算演説が新税擁護の核心に置いていたのは、こうした補償論的な公正さへの配慮だった。

戦時には、多くの企業や産業が、あれこれの理由から、平時の平均的な資本利益を上回る利益を得ることができるものです。……政府は、そのような利益のある個人、事務所、法人に、戦争遂行のために一定の貢献を求めてもよいように思われます。彼らは、それほど幸運でない同胞市民と比べて優位な立場にあるのですから、その優位さの一部は国家の利益に充てられるべきなのであります。[31]

1916年の戦時利得税は、結果としては、その後にやってくるものの始まりに過ぎなかった。カナダは当初、志願兵の募集にかなり成功していて、その多くはイギリスからの新たな移民だった。しかし１９１６年末から１９１７年になると、政府はさらに多くの兵士が必要になり、志願兵を見つけるのが難しくなった。明らかな選択肢は徴兵制だったが、政府はできればその手段に訴えたくなかった。実は政府は、戦争の初期に、徴兵制は取らないと国民に確約していたのだ。郵政相もこの見解を支持していたが、その一方で、戦った者に補償があると『タイムズ』紙で発言していた。

徴兵制の問題が政府の目前に出てきたことは直接にも間接にもない。政府は、志願制が全面的に満足のいくものだという見解だ。誰にも戦場に行くことを強制はしないが、しかし、国を救うために自らを捧げる人びとについては、これを特権階級とするだろう。(32)

しかし戦争が進むにつれ、イギリスの軍事・政治指導者らは、以前にも増してカナダへの圧力を強め、戦争努力の必要を満たすために徴兵制を立法化するよう求めた。１９１７年5月、ボーデン首相は兵役法で徴兵制の採用を提案した。われわれの目的から見れば、この法律の本質的な特徴は、戦争のための動員を大規模化させたことであり、動員そのものの性格を変えて、徴兵制というかたちの現物納入税を導入したことである。そうすることでこの法律は、カナダでの課税に関する政治課題を根本的に変えるものとなった。

徴兵制による税への影響を理解するうえで有益な指摘となるのが、戦費の拡大にもかかわらず、１９１７年になってもまだカナダ政府には所得税を課する意図がなかったことだ。この年の4月、ホワイト財務相は、年間予算に関する発言のなかで、イギリスと合衆国における所得税の利用について取り上げ、物価上昇時の一般管理費と公平性を引き合いに出して、カナダでは「所得税に訴えるべきではないと私には思われる」と結論づけた。(33)つまり、単に戦費がかさんだから所得税の制定が不可避になったのではないということだ。(34)しかし、1917年7月にはホワイトも強まる圧力に屈服し、富裕層への課税を強化することになった。個人と企業を対象とする一般所得税のための法律を導入したのである。

この政策変更には二つの重要な特徴がある。第一は、これが、1917年5月に政府が徴兵制の導入を発表した直後だったことだ。[35] 第二は、徴兵制が採用された政治環境下では、戦争犠牲に対応して、富裕層の側にも大きな犠牲が要求されていたことである。1916年12月には、全カナダ通商労働会議〔当時のナショナルセンター〕の指導者らがボーデンと会談し、徴兵制を実施しないことと戦争負担を平等化することへの言質を求めた。その際ボーデンは、徴兵制について自分の手を縛られることを拒んだが、それでも「政府は、蓄積された国富は適切な比率で戦争への貢献と犠牲を担うべきであるという原則を受け入れ、それに基づいて行動した」と述べている。[36] 政府が徴兵制を法制化してからは、組織労働者はさまざまなかたちでの「富の徴兵」をさらに強く要求した。[37] さすがに、資本税のような過激な提案が主流派に受け入れられることはなかったが、富裕層の側にさらに多くの犠牲を求めるという主張はたしかに受け入れられた。戦時所得税法を導入する際、ホワイトは徴兵制と所得税を明確に結びつけている。

> 財政的な視点でのこうした必要性とは別に、兵役法との関連で、本院においても国全体においても、ごく自然な、しかも私の見るところごく正当な感情が高まってきております。それは、相当な所得を享受している人びとは、膨らむ我が国の戦費に対し、相当かつ直接的な貢献をするべきだという感情であります。[38]

もちろん、所得税が実施されてもなお徴兵制は大きな議論の的であり、1917年秋には国政選挙の焦点となった。保守党は、兵役法への支持を含めた戦争努力への支持を固めるため、自由党に挙国一致内閣の発足を呼びかけた。多くの自由党員は政府に加わったが、党首のウィルフリッド・ローリエは加わらなかった。こうして選挙は、保守党と多くの自由党員で構成される「統一党」とローリエ自由党との戦いとなった[39]。ローリエは、戦争は支持していたが、徴兵制には個人的、政治的な根拠で反対していた。選挙戦は厳しい争いとなったが、戦費をどのように賄うかについての議論は、戦時の税政策制定で補償論が広く受け入れられていたことを明白に反映していた。ただし、そうした配慮をどのように行動に移すかについてはさまざまな解釈があって、自由党の選挙綱領には、連立政府が所得税や戦時利得税を導入してからも、こう述べられていた。「徴兵制という政府政策に根本的に反対する理由は、これが人間の命だけを徴兵し、富を徴兵しようとしないことである」[40]。しかし政府統一党の綱領も、この原則の重要性を明確に認識していた。そこには「かつてなく増大する戦争目的での支出を満たすため、そして全体への奉仕と犠牲を確実に全員で分かち合うため、戦時利得への適切な課税と所得税の引き上げによって、富も徴兵される」と約束していた[41]。カナダでは、徴兵制によって動員が大規模化するにつれ、補償論を根拠とする富裕層課税への支持があらゆる方面で拡大していったのである[42]。

## 合衆国

第一次世界大戦以前の合衆国の政治的文脈はカナダよりもイギリスに近い。所得税は、開戦前の20年にわたって合衆国政治の重要な対立側面だったし、南北戦争でも、北軍にとっての重要な資金調達手段だった。第一次世界大戦による公正論への影響を理解するためには、まずこうした背景を考える必要がある[43]。

南北戦争以前には、合衆国の連邦政府が高い所得や富への重課税を真剣に考慮したことはなかった。代わりに依拠したのは、主として営業税と物品税だった。南北戦争中、合衆国は所得税を実施した。最高税率は当初5パーセントで、やがて短期的に10パーセントに引き上げられ、それから5パーセントに戻った。合衆国は相続税も採用して、税率は最初0・75パーセント、その後に1パーセントとなった[44]。どちらの税も1870年代初めに廃止された。南北戦争は内戦なので、われわれの戦争データには入っていないが、大規模動員の行われた戦争だったことは明らかだ。それゆえ、大規模動員があると国は高所得と富に大きく課税するということの初期の例となる。税率が将来のものと比べて低いという反論もあるかもしれないし、その効果が長く続かなかったのも事実だ。しかし、10パーセントという最高所得税率が、19世紀のどの国のどの政府が課したものより高い税率だということは、忘れてはならない重要な点だ。また、所得税が一部で違憲と考えられていたことを思えば、これは驚くべき革新でもあった[45]。長続きしなかったことについては、戦争後に共和党が保護主義的な関税に執着したことが大きな決定要因だった。このことは、多くの面で、戦争動員には政権与党の望まない方向へと政策を押しやってしまうだけの力があることを強調するものでしかない。

当時の政府は、初めから所得税を南北戦争の費用に充てる提案をしたわけではなかった[46]。代わりに提案したのは借り入れ、関税の引き上げ、物品税、そして、人口にしたがって割り振る各種の直接税の組み合わせだった。しかし、法案が議会で取り上げられたときには、あまり支持が得られなかった。反対の主たる根拠は、提案された直接税は富の分布と対応していないため、支払い能力の必要を満たしていないというものだった[47]。こうした議論と、ブルランでの北軍の敗北〔1861年の第一次ブルランの戦い。南北戦争最初の大会戦で、南軍が大勝した〕を受けて、議会は法案を改定した。当初提案されていた各種の直接税を減らし、所得税で置き換えたのである。

以後、南北戦争を通じて行われた所得税の議論では、多くの支払い能力論や補償論が、この税を支持するために主張された。支払い能力による理由付けの例として、ある下院議員は次のように語っている。「所得税ほど正しい税が課されたことはない。……すべての者が支払い能力、すなわち年間所得に応じて評価されるのだ。……ジョン・ジェイコブ・アスター〔1763―1848年。合衆国の財閥アスター家の祖。死亡時点ではアメリカで最も裕福な人物だった〕と最も貧しい路上の荷馬車夫を区別する唯一の税なのである」(48)。補償すべき課題としてたびたび指摘されたのは、既存の間接税による負担の大半が、富裕層ではなく大衆にかかっていることだった。ジョン・シャーマン上院議員は「もし税制度が消費のみに安住し、資産や所得にはまったく課税されない状態を放置しておくならば、それは不平等で不当な制度を作ることになる」と述べた(49)。ほかにも、代替となる直接税が、政府職員や公債所有者といった重要階級への課税になるかどうかに焦点を絞った補償論もあった。所得税は、全員が戦争努力に公平に貢献するうえで最も効果的な手段だと主張されたのである。

南北戦争では大規模動員が行われたため、第一次世界大戦でのイギリスの戦費調達について検討した際に顕著に見られたような、平等な犠牲論の初期バージョンもいくつか表れている。バンク、スターク、ソーンダイクが指摘しているように、南北戦争の所得税で最も累進的なバージョンが成立したのは、徴兵制が実施された1863年以後のことだった(50)。大衆の犠牲を補償するために富裕層に課税することの必要性は明白だった。ギャレット・デイヴィス上院議員（ケンタッキー州選出）は次のように述べている。

億万長者や2万5000ドルを超える所得のある男子が軍に入ることは、ふつう想像できない。なかには例外もあるだろうが、たとえ軍に入ったとしても、よほどのことがない限り、マスケット銃を担ぐことはないだろう。彼らが自分の息子を軍に入れることは、肩にエポレットをつけた将校としてでないかぎり、ふつうに考えればありえない(51)。

最後に、戦争という文脈においてさえ、平等な扱い論は一定の影響力を維持していた。ジャスティン・スミス・モリル下院議員（ヴァーモント州選出）は「共和制での統治では、真の理論は税率において個人を区別しない」として、最高税率の引き下げを主張した。[52] また、こうした平等な扱い論には地理的な面での展開もあって興味深い。所得税に批判的な者は、地域間や州間の割り振りの不平等を強調していた。とはいえ、戦争の全体的な影響によって公正論の分布は大きく変わり、焦点が補償論へと移ったことで、富裕層への課税強化が支持されるようになっていった。

南北戦争後の時期は共和党政権が続き、合衆国はふたたび保護主義的な関税と物品税に依存するようになった。第一次世界大戦前の20年を見ると、合衆国の政治を特徴付けたのは、経済的不平等と階級闘争をめぐる激しい議論だった。民主党は、特に西部と南部を代表する人民党とともに、関税の引き下げなど、農民と労働者の利益を促進する政策を主張した。長年にわたって所得税を支持してきた人民党との政治的競合を恐れ、民主党も所得税の採用を主張しはじめたのである。１８９３年の恐慌を受けて、民主党は１８９４年歳入法で所得税を成立させたが、最高裁は「ポロック対農夫貸付信託会社」裁判で、この法律は違憲だとして無効を言い渡した。

しかし、最高裁の決定によって富裕層課税へ向けた圧力が消えることはなかった。新しい所得税を実施する道を探る努力はほぼ継続していたし、法人収益への物品税など、同様の効果のある代替手段を見つける努力も続けられた。だが、高水準の不平等が広がっていたにもかかわらず、連邦レベルでの変化は、当初はほとんど見られなかった。[53] 実際に、共和党は１８９６年の選挙で大勝利を収め、翌年には記録的な高関税を実施した。共和党は、高い関税は経済の安定と成長に良いばかりでなく、労働者階級の仕事を守るものでもあると主張し、これが功を奏した。しかし、そうしたなかで進歩主義が政治の世界で勢力を伸ばし、民主党と共和党のどちらの主張する政策にも影響を与えるようになった。これに影響された共和党員のひとりがセオドア・ルーズヴェルトで、彼の支持する考え方には累進的な相続税および所得税が含まれていた。最終的には１９０９年に関税引き下げが議会で議論されることになり、民主党のみならず、共和党進歩派もこれを支持した。この議論のなかで、所得税と、所得税についての憲法修正案の両方が検討された。この修正案の意図は、これを否決させて、代わりに共和党保守派が推す妥協的な法案への支持を得ることにあった。そちらの法案が成立していれば、関税を比較的高く維持しつつ、同時に所得税が回避できるはずだった。[54] しかし、最終的に修正案は議会を通過した。これによってペイン＝オルドリッチ関税法への道が開かれたが、この法律での関税引き下げは、タフト政権と議会の共和党進歩派が初めに思い描いていたよりずっと緩やかなものだった。

その後に続いた憲法修正の批准プロセスは、当初は予想通りに進み、西部と南部の諸州が最初に批准した。次いで予想とは違い、北東部諸州の多くもこの方策を承認した。１９１３年2月にワイオミング州が批准したことで修正案はハードルを越え、合衆国憲法修正第16条となった。批准をめぐる議論には、これまで本書で検討してきた主張がすべて盛り込まれていた。高度な不平等の時代だったので支払い能力論が突出し、同様に、高関税と物品税に言及する補償論が目立った。スティーヴン・A・バンクは、この後者の現象について多くの実例を提供してくれている。[55] この修正条項からどのような政策が生まれるかについては、実にさまざまな期待があった。これによって所得と富への高課税が採用されて不平等に大きな影響を与えるだろうと、ある者は恐れ、ある者は希望を抱いた。これで本当の関税改革が可能になり、もっと平等な課税につながると期待する者もいた。

結果としては、少なくとも当初は、先の二つの予想のうちの後者が正しかった。批准からまもなく、ウッドロー・ウィルソンが新たに大統領となるとともに、議会はアンダーウッド＝シモンズ関税法案を通過させた。この法律によって関税は大きく引き下げられ、最高税率7パーセントの所得税が施行された。この法律をめぐる議論では、またしても、批准プロセスで取り上げられた多くの主張が繰り返されたが、特筆すべきは、最終的な所得税の採用をめぐっては、政治闘争がごく穏やかだったことだ。われわれの目的にとって最も重要な観察結果は、20年にわたる闘争を経て、不平等が高度な政治問題となったなかでの最終結果が、最高税率わずか7パーセントの所得税だったことである。

最高税率7パーセントという結果、および議論で取り上げられた数々の主張は、不平等や民主化は高い最高税率を備えた所得税の採用にはつながらないという、われわれの主張と一致している。民主的な制度があり、支払い能力論を主張する個人がいても――さらに、そこに間接税のアンバランスを修正する必要を主張する補償論が加わっても――第一次世界大戦前夜には、合衆国の富裕層はまだごく軽い税しか課せられていなかったのである。

第一次世界大戦中の課税議論は二つの部分に分けて分析するべきだ。第一の部分は1917年までで、戦争はヨーロッパを飲み込んだが、合衆国はまだ直接参戦していなかった。1917年に合衆国が戦争のための動員を行ったところで、議論は様変わりした。

第一期については、当然のことながら、まだ合衆国は参戦していないのなら、なぜ公正論に関して第一次世界大戦が問題となるのかという疑問がでてくる。戦場に送られた兵士はいなかった。富の徴兵で補償されるべき労働者の徴兵もなかった。それはその通りだが、その一方で、戦争は合衆国政府の関税歳入を減らしていた。またこの環境では、戦争が不可避となった場合に備えて防衛費を大幅に増額しておく必要があったと考えられる。新たな歳入源が必要だったのだ。しかし、単に歳入が必要だというだけでは、その資金をどうやって手に入れるかは決まらない。新たな歳入を、大なり小なり累進的な方法で集めるかどうかが、ウィルソン政権と議会指導者らにとっての眼前の中核的な問題だった。この選択を反映した重要な法律が1916年歳入法だった。この法律は、各種の税を決定的に累進的な方向へ動かした。[56] 支払い義務が生じる所得の閾値が引き下げられて、所得税の対象範囲が拡大した。最高税率が15パーセントに引き上げられたほか、ふたたび相続税が導入された。[57] 法人所得にかかる税が2倍になり、戦時弾薬税が導入された。こうした政策は1917年初めの、まだ合衆国が戦争に突入する前に拡大されたもので、さらに対象範囲の広い戦時利得税が導入されたほか、相続税も引き上げられた。

初期、すなわち合衆国が参戦するまでの時期には、税をめぐる議論に影響する最重要要因は戦時利得だった。ノルウェーやスウェーデンといったほかの非参戦国と同じく、参戦前の合衆国は、戦争によって一部の者に大きな利益が生まれることを経験した。こうした所得は、受益者の努力や実績から生じたものではない不平等を生み出した。しかし、この利益は明確に合衆国政府の行動に依存したものでもなかったので、補償論はそれほど強くならなかった。ところが、まもなく、一部の者が合衆国政府の戦争準備から直接の利益を得はじめた。政府が戦争準備を拡大するのに応じて、そうした施策から最も大きな利益を得るのは富裕層だという見方が広がっていった。ほかにも、もし合衆国が参戦したら実際に戦うことになる者に負担をかけるのではなく、高所得と富に課税するべきだという、合衆国参戦後の議論の前兆となる主張があった。[58] こうした主張のすべてに補償論の論理があった。以前から累進的な税制度を求めていた民主党、人民党、進歩党からの主張もあった。戦争は、こうした政策の採用を提案する理由を変えた。この移行には明確な理由があった。戦争環境と公正さについてのこうした新しい考え方が、累進的な税を求める主張を、多くの人びとにとって説得力のあるものにしたのである。[59] 戦争前のこの時期には補償論の頻度が上がった。そこで焦点となったのは、所得、富、利益への課税が正当化される理由であり、それは、一握りの者に大きな利益をもたらす戦争準備努力の費用を賄うためだった。

1917年に合衆国が第一次世界大戦に参戦すると、ウィルソン政権は、大規模な軍と徴兵制が必要だと即座に判断した。課税をめぐる公正論の影響はたちどころに表れ、国中で明白となった。オリヴァー・スプレイグ、エドウィン・セリグマン、アーヴィング・フィッシャーといった有力研究者がマスコミや議会証言で、徴兵制は大衆に課された現物税だと主張した。したがって、高所得と富に課税して戦争努力での犠牲を少しでも平等に近づけることが必要なのだ、と。[60] 経済学者でつくるある委員会は、宣戦布告後に議会に送ったメッセージで、戦費調達は主として税、とりわけ戦時利得と高所得への税によるべきで、負債によるべきではないと明白に述べた。

たとえある市民が自らの所得のすべてを、生存に必要とする範囲を超えて捧げたとしても、自らを国に捧げた市民には及ばない。……もし人の徴兵が当然かつ正当であるのなら、所得の徴兵も同じように正しいはずである。どちらの徴兵も、国の生命と名誉が危ういときには当然かつ正当なのである。[61]

経済学者らはこの声明の最後の部分で、一般政策について四つの提言をしている。すなわち「特殊な戦時利得を事実上すべて取り上げる税、現在の所得税控除の目に見えるかたちでの引き下げ、所得税率の劇的な引き上げ（所得が増えるにつれて税率を急激に累進化させる）、贅沢品にかかる消費税の引き上げ」である。[62] これと同様の主張が、さまざまな利益集団、政党、政治家によって全米で繰り返された。[63] ほかにも戦前からの補償論、とりわけ戦時利得の不平等に基づくものも、所得、富、利益への高課税を正当化するために引き続き用いられた。支払い能力論もまだ主張されていたが、戦前ほど多くはなかった。

たしかに、誰もが補償論に賛成したわけではないし、特に超過利潤税には、企業の利害ということから大きな抵抗があった。反対派が主に主張したのは、これもイギリスと同じで効率論だったが、平等な扱いを訴える声もあった。こうした考え方は、税率引き上げの代わりに所得税控除の枠のさらなる引き下げへの支持や、富裕層を標的にした各種の税に過剰に依存すること一般への反対に用いられた。最後に、オットー・カーンのように、いわゆる「富める者の戦争」という考え自体が神話にすぎないとする主張もあった。(64)

「所得の徴兵」ないし「富の徴兵」をめぐる議論は合衆国のエリート層や大学関係者にとどまらなかった。そうした声は合衆国の幅広い国民のあいだで鳴り響いていた。この時期にはまだ各種の世論調査が行われていないので、大衆世論を最もよく示す方法のひとつは、小都市の新聞から証拠を挙げることだろう。各地の地元紙には「富の徴兵」への言及が何千と見られ、この語句がアメリカ大陸全土に大きく広がっていたのがわかる。そうした言及の多くはイギリス議会やアメリカ議会での議論も含んでいるので、これをそのまま大衆世論を示す独立の指標として用いるわけにはいかない。しかし、それ以外のものには、アメリカ全土の市民の政策意見を反映していると思われる言及が数多く見られる。

一連の新聞には、富の徴兵を支持する決議を採択した地元グループについての記事が多い。ほんの一例として、ネブラスカ州リンカーンで発行されていた『コモナー』〔1901―1923年発行の週刊新聞〕の1918年7月1日付を見てみると、ネブラスカ無党派同盟（人民党の後継組織）が、戦争努力と富の徴兵を支持する決議を採択したと報じられている。(65)

決議以外にも、多くの新聞が、個人が富の徴兵を支持する意見を表明した記事を掲載している。たとえば『ワシントン・スタンダード』（ワシントン州オリンピア）では、1917年8月31日付である記者が次のように書いている。

これまでの戦争の歴史を見れば誰の目にも明らかなように、人数としては多くの、しかし人口中の実際の割合としてはごく少数の人びとが戦争のたびに巨万の富を築く一方で、国の大部分の人びとは、戦争を戦うばかりか、その戦費をも支払わなければならなかった。もちろん、そんなことは間違っている。そして今次の戦争では、国は民主的な考えを採用して、国中の若者に否応なく愛国の義務を果たさせている。そんなときには富も——とりわけ戦争が生み出した富も——同じように奉仕させるべきだと考えるのがふつうの人間である。(66)

『ワシントン・スタンダード』で表明された意見はほかの多くの新聞にも反映していたが、富の徴兵という考えに強硬に反対する人びとがかなりいたこと、この概念をめぐって侃々諤々の議論があったことも明白だ。1917年9月3日付の『グランド・フォークス・ヘラルド』は、掲載した論説で、この「富の徴兵」というフレーズが「プロの扇動家にとっての格好の決め文句」になっているという考えを示した。(67) しかしこれも、またほかの批判記事も、実際には富の徴兵論に内在するパワーを暗示するものになっている。このフレーズは気に入らなかったかもしれないが、反対派はこぞって、このフレーズによる大衆世論への影響を強調していた。「富の徴兵」というフレーズについて語るなかで『ニューヨーク・トリビューン』のある記者は次のようにコメントした。「これはどこでも耳にする。路上でも、紙面上でも。なにも考えない大衆には「体を徴《と》るなら金も徴《と》れ」という碑文が大きくアピールするのだ」。(68) この引用がワンフレーズのパワーを嘆いているようすは、今日の左翼が、保守派による近年の反税スローガンの影響を嘆いているのと変わらない。そのことによって、逆に大衆世論が明確に浮かびあがってくるのである。

最後には、合衆国でも所得と富の徴兵という考え方が勝利を収めた。実現した政策は、それまでの戦争では想像もできなかった税制度だった。所得税の最高税率は77パーセントに達した。相続税の最高税率は25パーセントまで引き上げられた。法律によって、超過利潤税の利用も大幅に増えることになった。

## フランス

フランスでの累進所得税をめぐる議論については複雑な歴史がある。理由は、フランス革命の遺産に決着がついていなかったことだと言える。革命期には、富裕層への累進課税に一部方面から強い支持が登場していて、ほかの多くの国と比べても格段に早かった。しかし、革命によって近代的な所得税が創設されることは、累進的なものも比例的なものも含めてなかった。[69] 革命期および革命後の政府は、所得を評価して税をかけるのではなく、所得や富の外的指標に基づく税の創設を選択した。この時期に創設された税がのちのいわゆる「四古税」となる。これまで多くの者は、フランスで累進所得税の採用が遅れたのは四古税の遺産があったから、もっと一般的には「異端審問的」形態の課税に対する抵抗があったからだと考えてきた。[70]

異端審問的だという主張は、実際に、所得税に反対するフランスの政治的右派が19世紀を通じて繰り広げた主要な主張だった。しかし、イギリス、カナダ、合衆国と同じくフランスでも、第一次世界大戦への参戦によって、富裕層課税を支持する主張がなされるようになっていった。新しい、強力な補償論の登場は、なぜフランスではわずか6年ほどで所得税の限界税率が2パーセントから50パーセントへ移行したのかを考える助けとなる。フランスでの議論は、イギリス、合衆国、カナダと比べると、いくつかの重要な点で違っていた。税の累進性を支持する支払い能力論は、フランスでは、登場時点ですでに時代遅れになっていた。代わりに補償論が、われわれの考察している期間を通じてはるかに重要な役割を演じた。事実、累進的な所得税を主張する側もそれに敵対する側も、補償論を用いていた。[71]

1790年から1791年にかけて、憲法制定国民議会は、所得ないし富の指標に基づいて3税の創設を決定した。すなわち、土地と一定タイプの資産にかかる不動産税、職業にかかる営業税、そして下宿の賃貸価格にかかる動産税である。所得ないし富への課税として見るかぎりでは、この3税は比例的であって、累進的ではなかった。やがて、革命が過激化するのに合わせて、累進的な税の確立に向けた圧力が高まっていった。憲法制定国民議会の後継議会である国民公会は1793年3月18日、投票によって、累進課税原則の支持を決定した。(72) このときには、支持者は支払い能力論を用いてこの施策を正当化した。しかし、1793年に戦争のための動員が行われると、やはり、戦争の犠牲を補償するために富裕層に課税するべきだという新しい主張が誕生した。革命の期間中、国民公会が恒久的な累進課税の枠組みを実施することはなかった。代わりに行ったのは、累進的な尺度に基づく一連の強制貸付の決定だった。また地方レベルでは、臨時の富裕層課税がかなり行われていた。(73) 標準的な説明では、革命時代の累進課税に見られるこうした恣意的な性格が、その種類を問わず、累進課税についての将来のフランス人の考え方を色づけたとされている。

革命が終わって以後、直接的かつ累進的な所得税を実施する試みはすべて放棄されたが、1798年になって、フランス政府はドアと窓への税を創設した。これが、先の1790年から1791年にかけて定められた3税に加わって、四古税の四番目となった。人によっては、この税の負担は累進的だったと主張するだろう。しかし、四古税について忘れてならない最後の点は、この4税の負担の合計が非常に小さかったことだ。1907年の所得税をめぐる議論でフランス財務省が提出した推定値によれば、フランスの高収入世帯は、この4税を合わせても年間所得の約2パーセントしか払っていなかったのである。(74)

革命後は、恒久的な所得税の創設に向けた目立った動きはなく、次に大きな試みが行われるのは1848年の第二共和制になってからである。このときの試みは短命で、不成功に終わっている。所得税についてふたたび新たな議論が起こるのは、１８７０年に第三共和制が始まってからだった。この時点から、所得税は政治的な議論の目玉であり続けるのだが、フランスが最終的に所得税法を成立させるには、さらに44年を要している。この法律の成立は１９１４年7月15日で、まさに第一次世界大戦前夜のことだった。以下では、まず、この50年に及ぶ議論で、所得税の賛成派と反対派がなにを語ってきたかを考えていこう。

１８７０年に第三共和制が確立されて以後、代議院では、フランスにおける一般所得税の確立が立て続けに提案された。これは、評価された所得すべてに課税するもので、成立すれば、所得と富の外的指標に依拠した四古税の制度に取って代わるはずだった。代議員のルイ・ウォロウスキーは、比例的で一般的な所得税という考えを擁護して次のように述べた。「われわれは、そのタイプを問わず、あらゆる収入に等しい支払いを求める。これが真の平等であり、正義である」[75]。言い換えれば、一般所得税は市民の平等な扱いを確保する最善の方法だということである。ウォロウスキーは、提案された3パーセントの税ならばそれほど重いものにはならないし、恣意的に課されることもないと主張した。また、必要最低限の収入を控除するという考え方については、平等な扱いの原則からは逸脱するけれども擁護するとした。最後にウォロウスキーは、イギリスの経験に言及して、所得税を用いれば、経済活動に負の影響を与えることなく、相当大きな歳入を集めることができるという考えを示した。

１８７１年には所得税制定を支持する声が多くなっていたとしても、大統領のアドルフ・ティエールはこの考えに強く反対していた（彼は１８４８年にはこの考えを支持していたので、立場を翻したことになる）。１８７１年12月にティエールが行った演説が、このときの所得税案の失敗につながったと評されている[76]。ほかの論者と同じくティエールも、この提案は恣意的な課税につながると主張した。しかし、ティエールの演説の最も魅力的にして詳細な部分はイギリスとの比較であり、所得税に反対するための補償論だった。その主張は、イギリスには（営業税はあるものの）開かれた経済があるのだから、また営業税の負担は貧困層に重いのだから、イギリスの富裕層が所得税を通じて課税されるのは当然だというものだった。ティエールによれば、フランスははるかに閉ざされた経済であり、論理的に、貧困層が営業税で苦しむことは少ない。また、フランスの間接税は多くが贅沢品を対象にしているので、富裕層はドアや窓への税を通じて非常に重く課税されているとも主張した。したがって、所得税を支持する補償論はフランスでは意味を成さない。ティエールは、結論部分を次のように締めくくった。

　イングランドの富は国に負うところが少なくないのですから、所得税の負担が富にかかるのは当然であります。対照的にフランスでは、資産があって快適な暮らしをしている階級はフランス国民になにかを負っているわけではありません。彼らは〔すでに〕各種の税の3分の2を支払っているからです。そこにこそ、皆さん、真実という視点から見て最も強い主張があるのです。フランスにおける所得税に対して、そのことが思い起こされるのだと、私は衷心より申し述べたいのであります[77]。

　フランスとイングランドでの相対的な課税負担についてのティエールの評価が正しかったかどうかは、われわれの研究の範囲外である。もちろん、あとの演説者は、ウォロウスキーも含めて、ティエールの数字に反論した[78]。しかし、ティエールの主張は、政治の場で補償論が特に強い影響力を持ちうるという考えをいっそう強めるものとなっている。所得税を支持する補償論がイングランドで意味を成すのなら、同じ主張がなぜフランスには当てはまらないのか――それを示すことが、ティエールにとっては決定的に重要だったのだ。
　所得税に反対する補償論に加えて、所得税は恣意的になる、財政面での異端審問が必要になるといった批判も、1870年から1914年のフランスでの議論の変わらぬ特徴だった。同じような懸念はほかの国でも表明されたが、フランスではそれが最も声高に唱えられた。おそらくは、革命の経験に対する反応だったのだろう。この考えを最も雄弁に表しているもののひとつを、1896年のレオン・サイの演説に見ることができる。サイは所得税と税の累進性に長年反対してきた人物だ。演説では、対象物にかかる「本当の」税と国民に直接かかる「個人の」税という、当時のフランスで一般的だった区別を用いている。

誰もが知るように、本当の税こそが、革命によって確立された、国民の利益の保障なのです。それは国民が、非常に財政優先的かつ非常に権威的な政府の前に裸で立たされることを望まなかったからであります。だからこそ私たちの父祖は、1789年以来、個人の税を廃止しようとしてきたのです。累進課税という道具を手にすれば、社会主義者どもは、富の新たな分配という彼らの夢にさらに容易に到達することでありましょう。(79)

革命の遺産を主張するこうした主張があることで、フランスにおける所得税制定の努力は強い逆風に直面した。しかし時代が進むにつれ、所得税のないフランスはヨーロッパの主流から外れるようになり、ふたたび所得税を制定しようとする動きが出てきた。(80)1906年の選挙で左翼が勝利したのを受け、フランスのジョゼフ・カイヨー財務相は、累進的所得税を制定するための新たな努力を打ち出した。最終的にこの試みは成功するのだが、それでも、所得税を制定する法案が立法府の両院を通過したのは1914年になってからのことだった。

カイヨーが最初に所得税法案を提出したのは1907年だった。反対派は過去と同じテーマの多くを主張し、フランスでは既存の「本当の」税が望ましいことや、個人の自由を可能な限り確保することの必要性を強調した。しかし、最も興味深いのは支持者の主張で、理由はいくつかある。他国の累進所得税の支持者と比較すると、フランスの支持者は支払い能力論にあまり依拠していない。代わりに、フランス議会の所得税支持者は補償論に依拠して発言することが多かった。取り上げられた補償論のタイプはさまざまだ。カイヨーは中道左派の代表で、累進的な所得税が必要なのは既存税による不平等な負担を補償するためだという考えを示した。有力な社会主義者のジャン・ジョレスは、そうではなく、累進課税は社会に広く存在する不平等な特権を埋め合わせるために必要だとした。ジョレスのこの主張は、われわれが本書で強調している補償論とはタイプが違う。われわれの言う補償論は国家の行動に依存しているからだ。

自らの補償論を主張するなかでカイヨーは、間接税の負担を補償するために所得税を用いることの必要性に言及した。平等な扱いの原則に訴えたカイヨーは、四古税による既存の制度が、工業化社会における新しい形態の所得に課税するには効果的でないということにも暗に言及している。

みなさん、最も幅広い視点でわが国の財政制度を研究すれば、わが国の税制度にはつねに二つの悪が存在してきたことがわかります。いくら抜いても生えてくる、庭の2種類の雑草のようなものであります。第一は、特定の階級や特定の場所、領土内の特定の地域に利益を与えている特権であります。第二は、直接税の障害となるほどに拡大した間接税であり、これは結局のところ、ある種の特権であります。わが国の歴史上、既存の税制度に反対して起こってきたすべての動きを支配してきたのは、つねに、特権を抑制することの必要性であり、直接税の役割を大きくしたい、そのためには間接税を、超えてはならない範囲の内に抑制したいという欲求だったのであります。[81]

ジャン・ジョレスはカイヨーの主張に異を唱えることはしなかった。しかし、所得税法案への支持を主張するなかで、それまでにフランス社会に登場してきたと彼が考える一連の、ずっと広範な特権の補償としてこの税が必要なのだという考えを示した。そうした特権は、単なる税制度、あるいは国家の行動すら超越していた。ジョレスは、革命の遺産とその更新の必要性に言及することで自説を強調した。ジョレスにとって革命の遺産の本質とは、「個人の」税や財務上の異端審問を避けることではなかった。特権の廃止だったのである。

これこそが、まさに革命の真実なのです。120年を経た今日、気がつけば、小作農と労働者は新たな特権と直面しています。それはすなわち資本の特権であり、大きな財産の特権であり、不動産と巨大産業を支配する者の特権であり、債権者と銀行の特権なのであります。そして、120年前に起こったのと同じように、彼らは平等を要求しています。幻影の、あるいは理論上の平等ではなく、それを現実のものとする実践手段を伴った平等であります。そして財政秩序における平等は、一般所得税なしにはありえないのです。課税と、そして評価が、収入についての正確な知識と併せて必要なのです。私たちこそが革命の精神に、フランスの真の精神に忠実なのであります。(82)

すでに述べたように、ジョレスによる主張は、国家が与えた特権を埋め合わせる必要があるとするジョゼフ・カイヨーの主張を超えるものだった。ジョレスは、市場経済の単純機能も含めた「特権」の分まで補償が必要だと考えていたのである。では、この主張は所得税の創設につながったのだろうか。最終的に創設された1914年所得税法の最高限界税率はわずか2パーセントだった。これは、間接税や四古税の不均等な負担による既存の不平等の補償には役立ったかもしれない。しかし、ジョレスのいう特権や不平等の影響を埋め合わせるには、まったく不十分な課税水準だった。戦争という文脈において初めて、フランス政府は所得（と富）への大幅な課税へ移行していった。戦争という文脈は、フランスの社会主義者に、富裕層課税に向けた新たな主張を与えた。こんどは、社会における特権と不平等全体への反対を主張するのではなく、巨万の富が生まれてくる理由を、国家そのものから特権を与えられた結果として論証できるようになったのである。

第一次世界大戦中のフランスの財政政策はほかの連合国と違っていた。フランスは、少なくとも戦争が始まった当初は、ほとんど借り入れにのみ依存していて、その程度はイギリスや合衆国よりも格段に高かった。これはひとつには、戦争がフランスの国土で起こり、経済が甚だしく混乱したことで説明できる。しかし、新たな税の徴収を避けるという選択は、党派間の争いによるものだった。左翼は税、とりわけ富裕層への課税による歳入を増やすよう、政府に圧力をかけた。借り入れに大きく依存することは、適正水準の課税についての議論を戦争の先の段階へ、さらには戦争の終結後へと先延ばしすることを意味していた。

第一次世界大戦までの時期に、中心になって累進的な税の素案を書き上げたのは、ジョゼフ・カイヨーをはじめとする中道左派の代議員だった。戦争中および戦後は、さらに左寄りの社会主義者の代議員が、税をめぐる議論で突出した役割を果たすようになった。そのなかでは、他国と同じ二つの考えが強調された。第一は、一部の者は戦争から多額の利益を得ているのだから、税制度を用いてその分を補償するべきだというものだった。第二は、労働者が徴兵されるのなら資本も徴兵されるべきだというものだった。このとき、英語の conscription of wealth（富の徴兵）という表現がフランス語でも conscription des fortunes として使われるようになった。(83)

1919年4月に合意されたフランス社会党の「行動計画」を見ると、フランスの社会党員が戦時中という文脈を利用して、自分たちが長年支持してきた再分配政策の主張を強化したようすがよくわかる。行動計画の序文には次のような声明が含まれていた。「今次の戦争は、階級対立がまさに現在の社会の法則であることを証明した。一方で新たな富裕層と新たな貧困層を生み出しつつ、戦争は富と悲惨の両方を増大させ、資本の集中と、そして国際プロレタリアートの結集をもたらしているからである」(84)。行動計画には多くの具体的な政策提案が含まれていて、新たな歳入がどこに見つかるかに関しては、次のように語っている。

社会党は、以下のような特別ないし恒久的な資源を探求しなければならないことを宣言する。すなわち、契約書の厳しい改定と戦時利得(これは特別法および不正な利益の国家への返還による)、富の徴兵(これは人間の徴兵とまったく同等の正当性を有する)、そして過剰な利益への課税である。また所得税および各種登録税においては、累進性を大幅に強化したうえで厳格に徴収する。(85)

明らかに、戦争のための大規模動員という文脈は、富裕層課税に向けた新しい、強力な主張をフランス社会党に提供した。同じことは、フランス代議院での議論を見ても明白だ。税をめぐって特に重要な議論が行われたのは1920年の春だった。この時点で、フランスの下院に当たる代議院は、1919年秋の選挙で右翼が多数を占めていた。元老院〔上院〕は左右両派がほぼ均衡したままだった。1920年の議論では、最終的に、フランス政府が最高限界税率50パーセントの所得税を実施する結果となった。この税率は、その後も戦時中に何度か引き上げられた。

1920年の議論では右派政府が、富裕層への課税を重くする必要があるとはっきり主張した。議会委員会での作業の説明を担当したある議員も同様の発言をし、そのなかで、支払い能力と贅沢品への課税を明確に強調した。しかしこの人物は、対処するべき問題が戦時利得であることも明白に強調している。すなわち、この発言者はまず、戦争が自国領内で戦われたのだから、フランスはなんらかの国際的補償に値するとした。しかし、フランス国内での再分配について次のようにも語っている。「しかし国内においても、あまりに多くの恥ずべき利益が大手を振ってまかり通り、墓石と廃墟の上で喜んでいるのです[86]」

言うまでもなく、これは、政治的右派の議員から出たものとしては強い言葉だ。目前の問題は戦時利得だったが、こうした主張が広く富裕層全般に対する態度を特徴付けるものだったことは、見逃すほうが難しい。政府は富の徴兵や資本への特別税という考えには反対したが、所得税の最高限界税率については、20パーセントから40パーセントへ倍増することを提案した。最終的に、元老院の配慮によって最高税率は50パーセントに設定され、戦前の時期から比べればきわめて劇的な引き上げとなった。また、新たな環境になったことで、戦争前には所得税に反対していた経済学者の一部が、富の徴兵を主張する側に回ったのも事実だった[87]。

次に、1920年の議論で社会党がとった立場を考えてみよう。のちにフランス大統領となるヴァンサン・オリオールは政府案に代わる社会党提案を提出し、所得税のみならず、一時的な富の徴兵に代わって、毎年の3パーセント課税にも取り組むとした。この提案が実現していれば、フランスの税務管理の弱さを大幅に強化し、歳入徴収を改善するものともなっていただろう。所得税を徴収するための国家の能力の弱さは、この時期にはおなじみの問題となっていた[88]。オリオールは、政府提案は戦時中に政府が市民に求めた犠牲を補償するには不十分だとする考えを示した。

この国民に対して、あなた方は戦時中には正義と道理の感情を煽っておきながら、今はこれ以上ないほど残酷で不公正な光景を与えています。あなた方は連帯を語りながら、今はエゴイズムの例を示しているのです。あなた方は財政上の勇気を語りますが、そのおかげで、のほほんとした階級は財政上の怯懦を実践することになるでしょう。(89)

結局、右派が多数を占める下院では、社会党の提案が立法化される見込みはほとんどなかった。しかし、たとえそうであっても、戦争の犠牲という文脈は右派を妥協に向かわせ、所得税の累進性は大幅に高まった。これに伴って、1916年に創設された戦時利得税がそのまま維持されたほか、相続税の最高税率も引き上げられた。このことは、ヴァンサン・オリオールのような社会主義者には敗北のように思われたが、フランス国家が富裕層に課税したという意味では、根本的な移行だった。

## 結論

第一次世界大戦は、戦前・戦後の公正論を比較するのにとりわけ適している。それはこの戦争のタイミングが外生的な衝撃だったからである。さらにこの戦争は、多くの市民に戦うことを義務付けることで、新しい不公正を生み出した。また、経済の多くの部門で利益の増大をもたらした。イギリス、フランス、カナダ、合衆国では、戦争が誘発した新たな不公正によって、課税をめぐる公正論に変化が生じた。どのケースも、政策の変更のみならず、新しい補償論を強調する方向へと公正論が移行した。政治的な立場を超えて、政治家、官僚、およびその他のエリート層が、こうした新たな不公正の補償として、富裕層への課税強化に向けて意見を戦わせた。各地の地元紙で見たように、同じことは大衆世論についても当てはまった。

# 第7章　戦争テクノロジーの役割

ここまで、富裕層課税では大規模戦争が問題になると述べてきたが、では国家はなぜ、どのようなときに、限定的な関与とは対照的な、大規模動員を伴う戦争に関与していくのかについての説明は提供してこなかった。過去2世紀を見ると、合衆国のような国々の戦争関与は、人口のごく一部だけが動員されるものに始まり、大規模動員の時期へと移行し、その後はふたたび小規模な動員へと戻っている。動員規模が重要だとする理由は、国の人口のごく一部しか動員されないときには、国民の大多数が犠牲になっているわけではなく、富裕層に特別な犠牲を求めるのが難しいからである。

大きく二つの理由から、本章で提出する資料は、本書にとって決定的に重要なものとなる。第一は、なぜかつては急勾配の累進課税が実現したのか、そしてなぜ今日ではそれへの政治的支持を築こうとしても難しいのかについて、深い理由を理解するのに役立つからだ。第二は、富裕層課税を動かすプロセスが決して偶然によるものではなかったことが示唆されるからだ。このプロセスを左右してきたのは偶然などではなく、国際的な競合関係の、そして戦争を戦うためのテクノロジーの、長期的な流れだった。

大規模軍の時代――したがって富の徴兵の時代――は、かなりな部分までテクノロジーで決まっていた。

依拠していたテクノロジーは、人員と物資を鉄道で大量に動かすことはできたが、爆発力の遠隔送達は十分に進んでおらず、まだ大規模な歩兵部隊を必要とする状態にあった。また当然のことながら、列強各国がしのぎを削り合っていたことも、大規模軍の時代の基盤となっていた。こうした基本的な事実は、富裕層への課税を、さらには一般的な社会的成層をどう考えるかについて、明確な示唆を与えてくれる。テクノロジーや国際的競合関係の変化によって、大規模動員という戦争戦略への移行が生じると、国家には、社会的成層を抑制する行動をとるよう圧力がかかる。富裕層への課税はそのような政策のひとつなのである。現在のテクノロジーは大規模動員の戦略から離れる方向の流れが続いているので、「富の徴兵」論を用いて富裕層への重課税を正当化できる文脈からは、どの国もますます遠ざかっていくだろう。

## 歴史上の三つの事例

戦争の遂行とは戦力を投射すること、しかも多くの場合はかなりな距離を越えて投射することを意味する。人類史の大半において、軍を投射することは戦場に兵士を送ることを意味していた。そしてまた、兵士が戦いに用いる資源——甲冑、武具、船舶、食料など——の動員をも意味していた。ときには、こうした資源は兵士の代替とされ、重装騎兵1人が歩兵数人と同じ威力とみなされた。またあるときには、こうした資源が軍の補完物となることもあった（たとえば、古代の船は多くの漕ぎ手を必要とした）。歴史を通じて、軍事動員の規模は、戦争を遂行するために国家がどのようなタイプのテクノロジーを利用できるかに大きく依存してきた。また、動員の規模が不平等に影響を与えたと考えるだけの十分な理由もある。テクノロジーの選択が非常に多数の市民の動員につながる社会では、つねに社会的平準化への圧力があったからである。(1) 対照的に、小規模な軍としか両立しないテクノロジーが用いられたときは、社会的成層が進んだ。この現象の一般性を示すために、いくつかの例を考えてみよう。テクノロジーが問題となる道筋は二つに分けられる。あるときには、外生的なテクノロジーの変化（発明によるもの）によって、国家は新しい方法での戦争が可能になった。またあるときには、国家の敵対者の性格が変わったことで、ある既存テクノロジーから別の既存テクノロジーへの移行が起こった。この両方の変化は現在も機能している。

古典時代の研究者は、国家が広範な国民の動員を必要とする軍事テクノロジーを採用するときには、それに伴って支配が民主的な形態になっていくと主張していた。アリストテレスは『政治学』の第6巻第7項でこの現象を簡潔に述べている。それによると「国土が馬を駆るのに適しているところでは、強固な寡頭制を確立する自然的条件に恵まれている。なぜなら住民の安全はこの騎兵戦力に依存するし、馬の飼育は大きな資産の持ち主にかぎられるからである」。対照的に「軽装歩兵と水夫は、国民大衆から集められるので、まったく民主制に特徴的な戦力である」[2]。

しかし、なぜ水夫を使うと社会的成層が抑制されるのだろう。端的な答えは、古典時代の軍艦は帆走と手漕ぎの併用だったため、海戦では可能なかぎり大きな集団的マンパワーを有していることが有効だったからだ。その最もよい例がアテナイで、海軍力への依存が民主的な支配形態につながったと言われている（ただしアテナイは、テクノロジーによって民主制を強要されたというよりも、むしろ意図的な選択で海軍を保有していた）。また、後世に「元老」としてのみ知られているある著者の魅惑的なテクストには、大規模動員が博愛主義的な社会と手を携えていく理由が述べられている。この「元老」の正体は不明だが、アテナイの富裕階級の出身者と見てほぼ間違いない。テクストは、なぜ大規模動員で平等化が進むのかを明快に主張している。理由は、それが公正なことだからである。

まず、以下のことを述べよう。この国では貧乏人と庶民のほうが貴族や富豪よりまさっているのは当然である、と思われている。その根拠は次のとおりである。民衆は船を漕ぎ進める者、国家に力を与える者なのである。操舵手、水夫長、水夫長補佐、見張り番、船大工、以上の者が、重装歩兵、貴族、成功者よりはるかに多く国家に力を与えている。このような事情であるから、すべての者が抽選と選挙により政権に参加し、国民であれば望む者は発言できるというのが正しい、と見なされる。(3)

歴史が進むなかでは、軍事テクノロジーの変化が社会的成層を進める方向に働いて、アテナイについての観察と逆の結果となったこともある。その優れた例のひとつが新たなテクノロジーの外生的な導入で、鉄製の鐙《あぶみ》はヨーロッパの封建制に道を開いた。歴史家のリン・ホワイトがこの理論を提唱している。(4)西ローマ帝国が滅亡してからの200年間、戦争はほとんど徒歩で戦われていた。理由は、当時の鞍が原始的で、騎兵が馬上から剣や槍を振るうのは難しく、また危険でもあったからだ。暗黒時代が最善の時代でなかったことはたしかだが、この戦争スタイルは西ヨーロパのゲルマン系諸王国の社会構造に適合していた。当時は公的な階級の区別が相対的に少なく、フランク王国では、すべての自由民が武器を担う権利と義務の両方を負っていた。

中央アジアからの輸入品である鉄製の鐙の到来は、ヨーロッパの戦争の方法を変えるとともに（ホワイトの理論が正しければ）社会をも変えた。鉄製の鐙のおかげで、騎兵は自分の体をうまく固定することができ、剣や、特に騎兵専用の長槍《ランス》を振るうことができるようになった。そこからの自然な延長として、馬上の戦士は身を守るための甲冑を採用するようになっていった。こうした展開によって、西ヨーロッパでは武装軍を抱えるようになり、そのなかで重装騎兵が決定的な役割を果たすようになった。ところで、当時の経済状況では、軍馬とそれに伴う諸々のものを合わせて維持することは非常に費用のかかる事業だった。この方法で戦う人間1人のための軍備は、少なくとも牡牛10頭分の費用がかかったと推定されている。アテナイの「元老」が残したような書物がないので当時の数字はわからない。しかし、それでも、こうした新しい戦争スタイルに専心できる立場の者がごくわずかだっただろうし、そうだとすれば、その少数者はかなりの特権を享受したと考えていいだろう。その最終的な結果が、鉄製の鐙の導入をきっかけとする、厳格な階級区別を伴ったヨーロッパ封建制度の誕生だったのである。もちろん、封建制の成立を単一の原因による物語と見るべきではない。封建制を推進した要因はほかにもあったし、ホワイトの理論には異論も多い[5]。しかし、それでもこれは、富の徴兵の逆を示す魅惑的な例となっている。

テクノロジーが国家の戦争の戦い方を、ひいては社会構造のあり方を決定する一助となった地域はヨーロッパだけではない。統一から間もない頃の中国も、際立った例を提供してくれる。この場合はテクノロジーが変わったのではなく、戦う相手のタイプが変わったことで、中国は既存の二つの戦闘テクノロジーの一方から他方へと移行した。そして、それが社会的成層をもたらす結果となった。秦王朝（紀元前221―206年）および漢王朝（前206―後220年）の下で統一されるまでの中国は、いくつもの地域国家間での激烈な戦争を経験していた。そうした国家は、農民から徴募した大規模軍で戦う戦略を採用することが多くなっていった。秦の指導者らはこの点で最も先進的だった。アテナイとは違い、秦をはじめとする各国家の大規模動員によって広範な人口に政治的権利が広がることはなかった。しかし、数多くの史料から、兵役と引き換えに農民に利益が提供されたことが明らかとなっている。秦をはじめとする各国家は重要な農業改善に取り組んだ。彼らは農民兵に公有地を供与し、食料や衣服を補助し、穀物価格の安定を手助けした[6]。だからといって、秦がどう控えめに見ても極度に抑圧的な国家だったという事実が変わるわけではないのだが、それでも、戦った者に社会的利益が提供されたことは特筆に値する。

秦王朝下の軍事テクノロジーの状態が社会的成層を抑制する方向に働いていたとすれば、漢王朝下での変化はこれと正反対の方向に働いた。秦王朝が短期間で崩壊したあと、漢王朝は、秦王朝の制度や政策の多くを維持した。これには国民皆兵制も含まれたが、やがてそうした状況に変化が起こった。「普遍の」帝国としての漢王朝は、ほかの大規模国家からの挑戦に直面することがなかった。代わりに戦った相手は辺境地域の遊牧民部族だった。このタイプの戦争を戦ううえで理想的な軍は、十分に訓練された騎兵によるエリート部隊であって、農民から徴募した大規模軍ではなかった。しかも、大規模な農民軍を動員することは、国内での反乱リスクを高めることにもなりかねなかった。紀元31年、光武帝は国民皆兵制を廃止する布告を発した。(7) この決定は、中国の戦争の方法を変える以外にも、直接的な社会的意味合いがあった。農民を戦わせる必要がなくなったことで、漢王朝は、秦王朝に始まる社会的介入から国家として撤退したのである。(8)

中国の漢王朝、古典時代のギリシャ、そして中世ヨーロッパでの経験が、本書で考察している近現代の時期と大きく隔たっていることは明白だ。しかし、まさに隔たっているが故に、こうした例は、軍事テクノロジーと軍事政策との関係による社会的成層の抑制が、非常に一般的なものであることを示唆しているのである。

### 鉄道と近代的大規模軍

幅広い歴史的文脈を念頭に、ここで過去2世紀にわたる工業化社会に戻ってみよう。軍事テクノロジーの、ひいては動員の変化が同様の社会変化につながった可能性はあるのだろうか。

この疑問に答えるには、本書の出発点である19世紀初頭のヨーロッパで戦争がどのように戦われていたかを考える必要がある。戦いは中世から大きく進化し、十分な訓練を受けた国家軍が遂行するようになった。軍の構成は大半が歩兵で、火器を使用していた。しかし、それ以外のことでは、それほど大きな変化はなかった。軍はまだ徒歩で戦場へと行進していた。食料はすべて、兵士とともに運ぶか、現地で略奪するか、大型馬車を使って後方から供給していた。供給の問題は、任意の時点のある地点で維持可能な軍の規模に上限を課していた。ナポレオン時代が分水嶺だったと考えるのが一般的だが、数々の戦術上の革新を成し遂げたナポレオンにしてもなお、古代から軍を制約してきたのと同じ兵站上の困難には縛られていた。腹が減っては戦ができぬとわかっていても、この制約を満たす方法は、よほど効果的な略奪か、嫌になるほど遅い後方からの物資提供しかなかったのである。

兵站問題の解決策の端緒が開かれるのは、ようやくナポレオンの死から4年が過ぎてからだった。すなわち、蒸気機関で動く車を備えた鉄路である。(9) 鉄道の登場は、電信の発明と併せて欧米の、そしてその他の社会を根本的に変えた。軍事史研究の世界を除いては評価されることが少ないが、鉄道の登場によって、戦争の規模は劇的な拡大が可能となった。(10) 鉄道は人間をすばやく運べるだけでなく、食料となる物資も運ぶことができた。初めて、略奪せずに大軍に食料を供給できるようになったのである。最初の旅客列車は1820年代に走ったが、これはまだきわめて原始的な輸送システムだった。それから数十年をかけて、ようやくレール、機関車、列車の設計にイノベーションが起こり、大人数の部隊を遠く離れたところまで運べる鉄道になっていった。鉄道を軍事面で初めて大規模に利用したのはナポレオンの甥に当たるナポレオン3世で、1859年のイタリア遠征でのことだった。(11) 鉄道は、もちろんアメリカ南北戦争（1861―1865年）でも盛んに利用された。この戦争は、多くの面で、来るべきヨーロッパの紛争の破壊性を先取りするものだった。また、先に指摘したように、富裕層課税のための補償論が主張され始めるのもこの戦争である。

鉄道が軍事動員の規模に与えた影響を評価するため、われわれは論文の共著者であるマッシミリアーノ・オノラートとともに、1600年から2000年までの、列強13国による軍事動員を分析してみた[12]。われわれは、それぞれの国のそれぞれの年について、その国の軍勢の総兵力数を推定した。植民地からの部隊が宗主国の旗の下で軍役につくこともあっただろうが、これには含めていない。また、常備軍に組み込まれていない国土防衛部隊も含めなかった。各国軍の兵力については、軍事史家のいう「紙上の兵力」ではなく、実際の兵力に関する情報を用いた。当然のことながら、どの国の政府も自国軍の規模を誇張しがちなので、その点を考慮する必要があるからだ。

戦争のために大規模動員をかける国の軍は、絶対数として大きいと同時に、人口比で見ても相当な割合になると予想される。図7－1は、13列強の軍の平均規模を、25年刻みで、過去4世紀にわたって示したものだ。ここでは、軍の能力の最大値を考えるために、戦時中の軍の規模だけを考慮している。軍の規模は1600年から1900年にかけて全般的に拡大し、その後、20世紀の前半に劇的に拡大している。図7－1では、国の総人口と比べた軍の規模に関する証拠も示している。この尺度を「軍事動員率」とよぼう。この尺度は、17世紀の初めにやや高いところから始まっている。これは、いくつかの小強国(特にスウェーデン)では外国人兵士を集めて大規模軍を編成したことが理由の大半で、のちの世紀に見られるような、市民を大規模に動員した軍ではなかった。さらに全般的に見れば、平均の軍事動員率は17世紀、18世紀、19世紀を通じて比較的安定していた。言い換えれば、軍の規模は大きくなったかもしれないが、総人口も同じ比率で増加したということである。ここで、20世紀になにが起きたかを考えてみよう――軍事動員率は劇的に上昇したあと、世紀末に向けて、これもほとんど同じくらい劇的に下降している。

では、どうすれば、軍事動員率のこの劇的な上昇が鉄道の到来によるものだとわかるのだろう。いろいろ

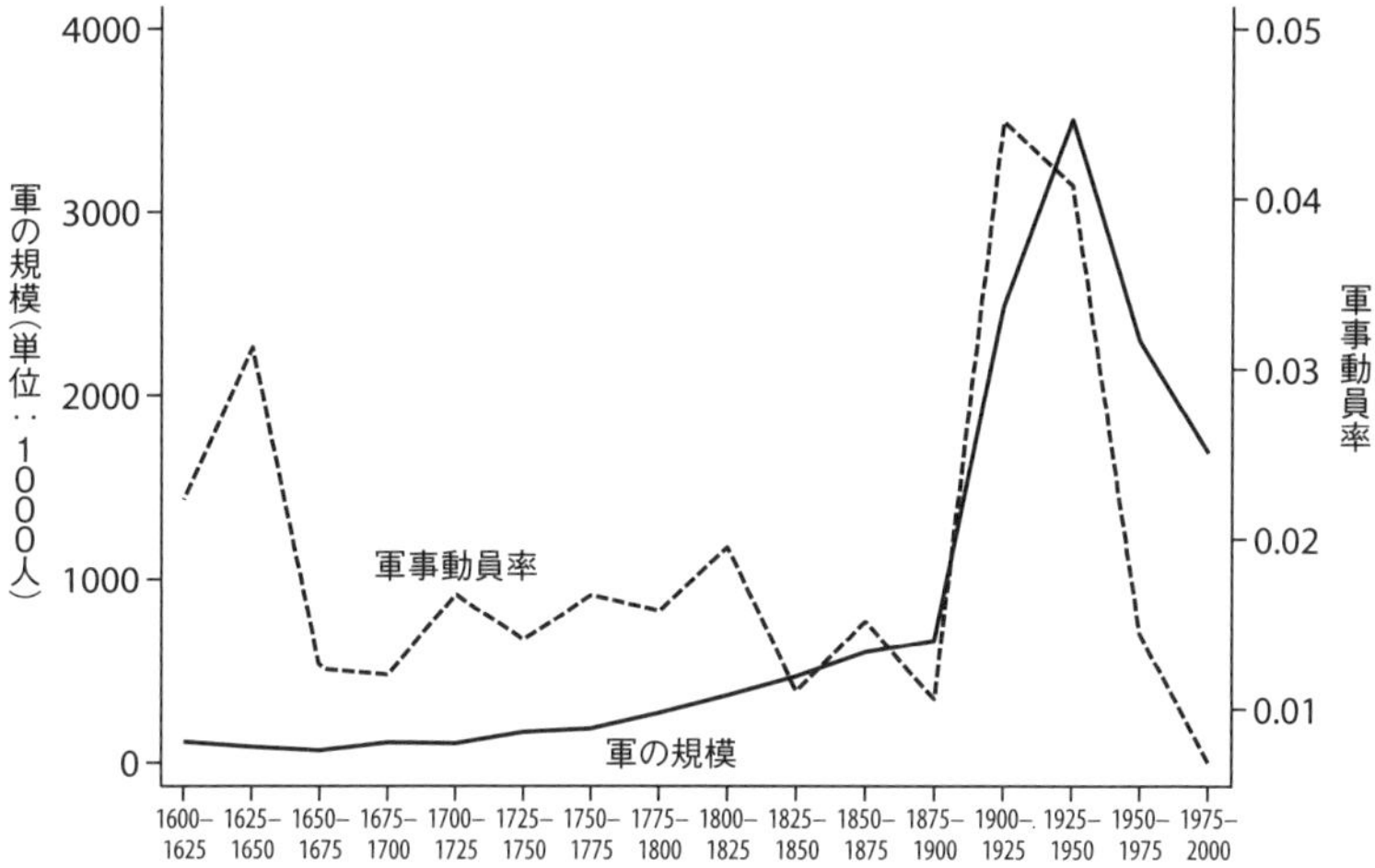


図7－1　軍の規模と軍事動員率、1600－2000年

このグラフは、列強の軍の絶対規模と動員率を、1600年から2000年まで、25年ごとの平均で示したものである（戦時中の数値のみ）。出所についてはOnorato, Scheve, and Stasvage（2014）を参照。

言っても、19世紀から20世紀にかけては多くの変化があった。この点を考えるため、われわれは、各国の鉄道網の全体的な規模に関するデータを集め、それが軍事動員率と相関しているかどうかを調べてみた。ここでの考え方は、国の鉄道網の規模が大きくなれば、それだけ大規模軍への物資の供給が容易になるということだ。第三の要因が軍の規模と鉄道網の両方に影響した可能性に対処するため、われわれは、ほかにもいくつかの可能性について考慮した。豊かな国ほど人口に比して大きな割合を動員できると考えることもできるだろう。また、ナショナリズムの精神があれば多くの国民が国軍に入るとも考えられるだろう。さらに、基礎的な識字力がナショナリズム感情に必須の前提条件だという主張もあるので、その影響についても考慮した。[13] 最後に、民主主義が動員率に差を生じたかどうかも考慮した。投票権があり、したがって自国政府の選択に影響を与えられるなら、国民が自らの意思で戦うのもありそうなことだ。

ほかの要因を考慮に入れても、国の鉄道網の発達度合いと軍事動員率には、明白かつ疑いようのない相関がある。動員率ではなく軍の規模を用いても、結果には同じ相関が観察される。こうした結果は、鉄道から軍事動員率への因果効果を反映しているのだろうか。ここでは、逆の因果関係を考慮する必要がある。各国政府は、兵員の動員を可能にするために鉄道を発達させたのかもしれないからだ。しかし、大規模動員を可能にするために鉄道が発明されたと主張するのは非常に難しいだろう。鉄道は、むしろ産業革命の副産物だった。蒸気機関の発明によって、それまで考えられなかったような方法で、レールを使って物資を運ぶことが可能となった。また、鋼鉄の製造方法が改良されたことで、耐久性のある鋼鉄製レールによる鉄道網が可能となったのである。しかし、それでも、蒸気機関車と鋼鉄製レールが発明されてからは、大規模軍隊を動員する必要性を予想し、政府が鉄道を改良、拡張していったのだと主張できるかもしれない。たしかに、その通りのことが起こった例はいくつかあって、19世紀後半のプロイセンなどはそうだった。しかし、この現象が一般的なものだったとは思えない。経済歴史学のダニエル・ボガートが示しているように、軍事的な脅威が予想されるとき、多くの国の政府は鉄道の国有化によってそれに対応したが、規模の拡大はしていない[14]。したがって、ここでの分析が鉄道網の所有者ではなく規模に焦点を当てているかぎり、鉄道と軍事動員率との相関関係は、前者から後者への影響を反映していると考えることができる。

大規模動員に果たした鉄道の役割を強調することで、われわれは、一般に容認されたある重要な見識に異を唱えてもいる。多くの学者は、大規模軍はフランス革命の産物であり、それが「武装せる国民」という考え方から生まれたものだと見ているからだ[15]。国民総動員令を通して国民すべてを徴兵することで、フランスの革命家たちは、西ヨーロッパを前例のない規模での新しい戦争スタイルへと導いていったというのである。

しかし、証拠はこの考えと矛盾している。1789年に始まるフランス革命期のどの年をとっても、軍の平均規模の分岐点は見当たらない。当のフランスにしても、革命期やナポレオン時代が分水嶺だったという主張を支持するものはほとんどない。ナポレオン時代に重要な戦術のイノベーションがあったことは間違いない。フランスの革命家が短期間、国民皆兵の制度を試みたことも事実だ。しかし、この時期の軍の規模の拡大は、第一次世界大戦期に始まった変化と比べると大きく見劣りがする。

17世紀末、ルイ十四世は36万2000人の軍を動員した。これは当時のフランスの総人口の1・9パーセントに当たる。ナポレオンがロシア遠征を始めた年、フランスでは80万人が兵役に就いていて、これは人口の2・7パーセントに当たっていた。この増加を分水嶺とよぶべきだろうか。ナポレオン時代の増加のあとが頭打ちになっていればそれでも筋が通るが、そうはなっていない。ルイ十四世とナポレオンの下での動員の数字を第一次世界大戦中の動員と比べてみよう。ピーク時のフランスは530万人の軍を擁していて、これは当時の総人口の優に16パーセントに当たっている。分水嶺を語るなら、それは明らかに1914年だし、これは鉄道の産物といって間違いない。このフランスの証拠は、さらに一般的なデータによっても裏付けられる。データセットの全体を取り上げて、軍の規模に関してフランス革命が統計的に優位な分岐点となるかどうかを検証してみても、そのようなことはないのだ[16]。もちろん、それでもフランス革命が「武装せる国民」という考え方を生み出したのだとするのは可能だが、その考え方が全面的に現実化するのは鉄道が登場してからなのである。

鉄道が重要だったのは、軍事動員の規模についてだけではなかった。政府が兵を集める方法にも劇的な変化が起こった。フランス革命時の短期的な経験を別にすれば、18世紀、19世紀のヨーロッパの軍隊は、志願兵を募るか、特定の集団に期間を定めて強制するか、徴兵制が一般的だった。ただし、この徴兵制では、金のある者が代理を出すことが認められていた（同様の制度はアメリカ南北戦争中にも存在した）。金で代理を買うという慣習は現代の感覚と反するように思えるし、実際に当時も抗議の声が挙がったが、フランスの制度を擁護する主張は多く、2個人間での自由意思による交換を制限するのは政府の仕事ではないとされた[17]。マーガレット・レヴィは、各国政府が最終的にこうした代理の可能性を排除したのは応召しやすくするためだったとしているが、この主張には説得力がある[18]。誰もが兵役に就く可能性があると思えれば、徴兵制度への抵抗は（いくらかはあっても）弱まるだろう。そんな国民皆兵への移行にさらに拍車をかけたのが、鉄道の発達だったのである。

鉄道と国民皆兵のつながりを見るために、われわれは、13列強が最初に国民皆兵を採用した時期と廃止した時期に関する証拠を集めてみた[19]。次に、軍の規模と軍事動員率について行ったのと同じ分析をし、同時に、国民皆兵を説明されるべき結果として考察した。結果は、代理もしくは不参加を伴った徴兵制の到来は鉄道の到来と相関がないことを示した。このタイプの徴兵制の登場はほとんどが鉄道輸送より前だった。国民皆兵の状況は大きく違う。広範な鉄道網がある国ほど、政府が国民皆兵による徴募体制へ移行する確率が高く、やがてこの慣習が、大規模軍を集めるための既定戦略となっていく。国民皆兵の到来は、富の徴兵への要求にもつながっていった。

われわれは、自分たちの証拠について、また鉄道の拡張と大規模軍との相関が因果関係として解釈できるかどうかについて、すでに多くの但し書きをつけている。また、鉄道だけが大規模軍の時代を導いた技術革新だったと主張するものでもない。先行または同時期に発達したものもあったし、その後の内燃機関の発達もこの方向への推進力となった。われわれは、政府による前例のない規模での軍の展開を可能にした重要なテクノロジーの最も顕著な例として、鉄道を用いているにすぎない。第二に、われわれは、鉄道は大規模軍が発達するための十分条件だとも主張しない。鉄道による輸送は供給の問題を解決したが、動員の規模は戦っている敵のタイプによっても左右される。もし20世紀前半の戦争が、大国が小国を相手に遂行するだけ、あるいは植民地的な文脈に限定されたものだけだったなら、鉄道が動員規模のこれほどの拡大を伴うことはなかっただろう。

## 大規模軍の終焉

19世紀の技術革新は大規模軍を可能にすることに寄与した。20世紀の技術革新は、大規模軍を戦場で望ましいものでなくすることに寄与した。大規模軍の時代は特定の技術状態の存在に依存していた。この状態では、人員を大量に輸送し、適切な供給を維持することが可能だったが、爆発力の精確な遠隔送達はまだ実現していなかった。20世紀を通じてこの状況は変化した。遠隔地からの爆発力の送達が現実のものとなり、時とともに、それがどんどん精確になっていった。今日では、先進的な兵器システムを有する国は、誤差数十センチという精確さで爆発物を送達することができる。こうした展開が大規模軍の終焉を告げたことはほぼ間違いなく、それとともに、富の徴兵を含めた補償論の可能性も潰えてしまった。合衆国空軍のレナード・リットン大佐の言葉を借りれば「同じ標的に効果を及ぼすのに、それと同じ地理的地域に軍を送り込む必要はもはやない。実際、現代の戦場ではそれは危険なことにもなる[20]」。

大規模軍の台頭につながった技術ということでは、鉄道の発達は本質的に外生的な展開、すなわち産業革命の産物だったとするのが公正だろう。これとはまったく対照的に、大規模軍が用いられなくなったことの根底にある技術は内生的な展開であり、各国の軍、とりわけ合衆国軍からの投資による影響が大きかった。それはレーダー、レーザー、衛星といった技術のおかげで、爆発物の標的を精確に定められるようになった。それが、空から爆発力を送達する能力の向上につながった。核兵器の時代が到来したことも影響して、列強は大規模動員の戦略を取らなくなったのだと考えられる。しかし、核兵器の発達それ自体も、同じ送達・誘導システムの発達に助けられてのことだった。

ここまでの主張に反対して、破壊的な空軍力は第二次世界大戦からあったし、第二次世界大戦は間違いなく大規模動員の戦争だったとする考えもあるだろう。ここで往々にして見落とされがちなのは、空爆が時代とともにどれほど正確になったのか、約70年前にはどれほど不正確だったのかということだ。空中から送達される弾頭の正確さを判断する最も一般的な基準は、平均誤差半径だ。任意の機器の平均誤差半径とは、標的を中心として、弾頭が円内に着弾する確率が50パーセントになる円の半径をいう。1944年、当時の最新テクノロジーであるノルデン爆撃照準器を使った合衆国のB－17の乗組員は、1000フィート（約300メートル）の平均半径誤差で従来型の爆弾を送達することができた。[21] これは、市民に大惨事をもたらすには十分だったかもしれないが、軍事面ないし産業面の特定の標的に命中させられるほど精確ではなかった。

時代をヴェトナム戦争まで早送りしてみよう。これはほとんどが従来型の、誘導装置のない爆弾で戦われた戦争だったが、同時に、合衆国がレーザー誘導爆弾を初めて使用した戦争でもあった。レーザー誘導装置を備えたBOLT－117爆弾を使って1968年に遂行された攻撃では、75フィート（約23メートル）の平均誤差半径が達成された。[22] 合衆国によるレーザー誘導爆弾の導入で最も興味深い要素のひとつは、これがすぐさまソ連の軍事計画担当者の思考に影響したことだ。ソ連軍は北ヴェトナムからの報告を通して、レーザー誘導爆弾がどれほど効果的かを知った。大規模な装甲部隊で大陸を推し渡るという考えに立脚してヨーロッパでの軍事戦略を立てていたソ連軍にとって、これは深刻な問題だったのである。[23] 今日では、1986年に初めて導入されたレーザー誘導爆弾の第三世代であるペイヴウェイⅢシリーズのGBU－24が、平均誤差半径3・6フィート（1メートル強）を達成している。ペイヴウェイⅢ爆弾は高価なので、2008年のイラク戦争では、合衆国は値段の安いＬＪＤＡＭ ＧＢＵ－54を配備したが、それでも平均半径誤差はさらに小さくなっていた。要するに、精確さは驚異的に向上し、かつ値段も下がってきているということだ。空軍力を検討するなら、当然のことながら、巡航ミサイルや多様な形態のロケット弾も欠かすことはできないだろう。それも含めた展開を考えれば、合衆国のような列強が、近年の紛争で動員する兵士の削減に成功していることも、驚きではなくなる。

われわれは、精密誘導兵器の到来が大規模軍の時代に終わりを告げたのかどうかを調べてみた。そのために、まず、政府が巡航ミサイルを利用できる年には1、それ以外の年には0の値をとる尺度を構築した(24)。次に、それが軍の規模ないし軍事動員率と相関があるかどうかを検証した。すると、精密誘導兵器が軍の縮小につながる場合に予想されるように、巡航ミサイルの利用可能性と軍の規模、および軍事動員率とのあいだには負の相関が見られた。しかし、この結果を元に、精密誘導兵器の到来が大規模軍の時代を終わらせる原因だったとするには、まだまだ慎重であるべきだ。先にふれたように、鉄道は本質的に外生的な発明だった。だとすれば、当然のことながら、精密誘導兵器も同様の性格だとするわけにいかない。こうした展開は、ジャイロスコープ、レーダー、衛星といった技術が基礎にあってのことで、それは主要国間の熾烈な軍事競争という文脈で発達したものだからである。したがって、精密誘導兵器が大規模軍の終わりをもたらしたと考える十分な理由はあるにしても、われわれの統計的なテストは、その事実を疑いの余地なく示しているわけではない。

精密誘導兵器の発達とは別に、列強がもはや大規模動員の戦争を戦わなくなった明白な理由がもうひとつある。それは、1945年以後、列強同士が戦わなくなったことだ。今日では、列強の軍が展開するのは反乱軍との戦いがほとんどで、これには大規模軍はあまり効果がない。2000年前の漢王朝は、そうした状況では、大規模軍によるものから資本集約的な形態の戦争に切り替えるほうが理に適っていることに気がついた。ここ数十年の合衆国も同じ結論に到達していると思われる。

## 将来への影響

大規模軍の時代は、各国が自国市民の相当な割合を動員して戦ったが、それは技術発展の特定の状態に依存してのことだった。空から送達される兵器の精度が高まるにつれて、紛争のために大規模軍を動員することは、不要かつ望ましからざるものとなった。技術の流れが近い将来において逆の方向に進むことは考えにくい。合衆国など、巨大な工業力を有する国がこれから直面すると思われる敵の性格を考えれば、大規模動員が起こる可能性はさらに低くなると思われる。では、このことは、富裕層課税に関してなにを暗示しているのだろうか。20世紀に富裕層課税に向けた強力な補償論を生み出した条件が、近い将来にふたたび整うことはないだろう。そうした条件が偶然によって揃うことはまずない。それは、国際的競争関係と軍事テクノロジーの長期的な流れによって動いていくのである。

# 第8章　なぜ富裕層課税は縮小したのか

大規模動員が終わったあとなにが起こったのだろう、また、なにが税政策に影響したのだろう。ここ数十年で所得税、相続税の最高税率を引き下げる動きが一般化していることはわかっているが、このプロセスが始まったのは、１９４５年からかなり経ってからのことだった。実際に、戦後の時期には、ある一連の経済政策を支持するコンセンサスがあったとされることが多く、累進課税はその鍵となる要素だった。本章での目的は、この「戦後コンセンサス」とそれに続く富裕層課税離れの動きについて考察することだ。まずは、そもそも戦後コンセンサスというものがあったのかどうか、それは戦争犠牲に関する補償論とつながっていたのかどうかを問いかける。次に、富裕層課税離れの動きについて調べ、そのなかで、経済、グローバリゼーション、そして公正論の進化に関するさまざまな考え方の役割を検証していく。

補償論は第二次世界大戦中にも一般的だったが、戦後期にも一般的だった。１９４５年以後、戦争債務を償還する必要があり、大規模な再建も必要とされた。第一次世界大戦後と同様に、こうした努力のための資金をどこからか調達する必要があった。そのような文脈の一環として、戦った者には恩恵が認められるべきであり、その一方で、戦争から利益を得た者は課税されるべきだと考えられた。こうした理由のすべてから、富裕層が金を出すべきだという補償論が主張された。しかし、戦後すぐの時期でさえ、富裕層課税のコンセンサスは完全とは程遠いものだった。「コンセンサス」という語句さえ不適当だろう。多くの個人が累進性の低い所得税を支持していることを示す初期徴候も（当然のことながら合衆国で）出ていた。このことは、ほかの時代と同じように戦後期にも、税の公正さについてさまざまな主張があったことを示唆している。

１９４５年以後の補償論の強さが富裕層課税への支持を固めたのであれば、なぜその支持が最終的に弱まっていったのかについても問う必要がある。富裕層課税離れの動きについてよく提出される説明は二つあって、どちらも経済成長への危惧とグローバリゼーションの制約が関わっている。われわれの主張では、こうした要因は、最高税率を引き下げる政治的圧力に寄与したかもしれないが、それが物語のすべてではないし、おそらく最大要因ですらない。富裕層課税に影響するもうひとつの、そしてもっと重要な要因は、累進課税の主張者が、１９４５年と同じような補償論を利用できなくなったことだ。違った種類の補償論であれば今日でも主張できるが、その影響力は小さい。累進課税をめぐる今日の議論では、この事実を評価していない研究者が多い。

## 戦後コンセンサスはあったのか

コンセンサスという考えは誇張されたものだが、累進課税の主張者が富裕層課税のための強力な補償論を主張できたのは、間違いなく戦後の文脈があったからだ。その中心にあったのは、戦争中に犠牲を払った者は補償されるべきであり、戦争から利益を得た者は課税されるべきだという考え方だった。これはもちろん、第一次世界大戦直後に主張されたのとまったく同じ補償論だ。第一次世界大戦中と大きく違っていたのは、このときの補償論が、兵役経験者だけでなく、戦争中に犠牲を払った全員のために資金を使う必要性にも力点をおいていたことだった。１９４５年以後に左翼政党が主張した補償論は、ほとんどの場合、所得税や相続税の最高税率にはっきり焦点を当ててはいなかった。もっと一般的な形態の、しかし明らかに富を標的にしたものだった。

　まず、イギリスをはじめとする戦勝国の状況を考えてみよう。イギリスでは、ドイツの降伏から2カ月後に総選挙が実施され、労働党が下院で大勝利を収めた。これが福祉国家イギリスの確立に道を開いたことはよく知られている。労働党の勝利は、高所得と莫大な富への重課税を含めたイギリスの諸政策を固めることに寄与した。労働党の選挙マニフェストの主張には補償論のテーマがはっきり含まれているので、そのタイプを考えることは有益だ。そしてその、まさに第一段落で、同党のマニフェストは次のように述べている。

> 戦闘任務で、商船や国防市民軍や民間防衛で、また工場や被爆地域で勇敢な働きをした男女——彼らは、先の戦争〔第一次世界大戦〕後に多くの者が直面したよりも、ずっと幸福な未来を保証される価値があり、また保証されなければならない。労働党は彼らの厚生を神聖な信託と考えている。[1]

　言い換えれば、労働党の主張する政策が望ましいのは、それがまさに、戦時中に犠牲を払った人びとに相応しいものだからということだ。続いて、このマニフェストで労働党は、第一次世界大戦のあとには戦争から利益を得た者への課税が不十分だったという考えを強調していく。さらに、その同じ集団が１９２０年代、３０年代の経済政策を支配するようになり、最も幸運だった者が有利になる政策が導かれたと述べる。しかし、第二次世界大戦中は挙国一致内閣で労働党から大臣を出していたおかげで、戦時利得への課税が重かったことを有権者に思い出させようとしている。

この集団は、今次の戦争では、先の戦争と同じ利益を生み出すことができていない。労働党による決然とした宣伝活動が、他の先進的な勢力の助けを得ながら効果を発揮して、彼らが「戦争から利益を得る」ことを妨げたのである。100パーセントの超過利潤税、産業と交通機関の統制、食料の公正な配給、物価の統制――こうしたものがなければ労働党が政府に留まることはなかっただろう――そして、こうしたもののすべてが戦争の勝利に役立ったのである。こうした施策によってこの国は、「公正な分担」を国是とすることに、歴史上かつてないほど近づいてきたのである。(2)

そのうえで、労働党はこのマニフェストで、公正な責任分担が確実に行われるためには、こうした政策が維持されるべきだと提案した。周知のように、1945年の選挙では、戦争終結時のウィンストン・チャーチルの個人的な人気にもかかわらず、労働党が地滑り的勝利を収めた。このこと自体が、労働党のマニフェストにある主張に影響力があったことをよく示している。選挙結果の判明した直後の1945年7月31日にイギリス世論調査所が実施した調査の報告書も、この見方を支持している。そこでは、今回の選挙結果はイギリス国民の望みが単なる効率的な統治ではなく、労働党政府による大改革の導入であることを示していると思うか、という問いがあったが、これには54パーセントが「そう思う」と答えていた。その一方で「そう思わない」と答えたのはわずか30パーセントだった。(3)

次に、フランスをはじめとする被占領国の状況を考えてみよう。解放期のフランスを支配したのは全国抵抗評議会という政治勢力で、さまざまな政党や労働組合からのメンバーを含んでいた。1944年3月15日、評議会は「幸福な日々 Les jours Heureux」と題する共通プログラムに合意した。(4)このプログラムは、戦争を終わらせるためにレジスタンスとフランス国民がいかに行動するべきかを具体的に述べていた。また、戦後期の経済計画についても詳細に述べていた。フランスのような国では占領軍との協力が広範に行われていたため、補償論は、戦った者を認定することよりも、不公正な利益を得た者から資源を搾り出すことの必要性に重点がおかれた。評議会のプログラムは、とりわけ戦時利得を対象とした累進税の創設を求めていた。

解放後の1944年10月、フランスの暫定政府は、戦争中に発生した「違法な」利益すべてに課税すると発表した。これには、闇市場からの利益のほか、敵軍との商取引があった場合には、その利益もすべて含まれた。(5) そこでの論理は明確な補償論だった。占領下で国民が貧しくなったのに一部の者は豊かになった、したがって彼らに課税するのは当然だというわけである。またこの決定のあと、フランス政府は一連の重要産業の国有化を実施した。こうした国有化の動機には効率論と受け取れる部分もあったが、この施策に支持が集まった理由には、対象となった産業のいくつかが占領下で高い利益を得ていたという認知もあった。だから、たとえば自動車メーカーのルノーの国有化には、占領期に同社がドイツ国防軍のために車両を生産していたことも与っていた。(6) 解放後のフランス政府が採用した施策は戦時利得への課税に焦点を当てたもので、所得税や相続税の最高税率引き上げに力点があったわけではないが、フランスの富裕層の多くが敵に協力したという認知が、その後しばらくのあいだ、富裕層への姿勢を特色づけたことは間違いない。

第三の例として、ドイツのような敗戦国の状況を考えてみよう。この場合、補償論の問題は、勝者をどう認定するかということでもなければ、敵による統治の存在から利益を得た者にどのような制裁措置を取るかということでもなかった。1945年のドイツが代わりに着手した課題は、戦時中に物質的な損失を被った多くの人びとにどう補償するかという議論だった。(7) 戦争で損害を被った者が強く感じていたのは、自分たちは戦争の犠牲になったのに、敗戦の最中にあってなお利益を得た者がいるということだった。1945年から長い年月をかけて、個人にどう補償するのか、敗戦の負担をどう公平化するのかについての考えがまとまっていった。こうして１９５２年、ようやく一連の「負担調整」法が成立した。このときの法律には、幸運だった者から不運だった者への大幅な富の再分配が含まれていた。これは実物資産に50パーセントの税をかけ、30年かけて支払わせるというもので、結果として事実上の資産税となった。

最後に、スウェーデンのように戦争に加わらなかった国の状況を考えてみよう。スウェーデンは、交戦国の市民が払ったような犠牲を目にすることはなかったが、それでも、戦争によって経済全般が混乱したことで経済が深刻な打撃を受けた。またスウェーデン政府は、うまく中立を維持できるかどうかわからなかったことから、大規模軍の動員も行っている。このような文脈のなかで、スウェーデン社会民主労働党は、ヨーロッパの他の国の左翼政党と同様に、補償論を用いて再配分的な経済政策への支持を築こうとした。１９４５年７月、経済学者のグンナー・ミュルダールは、選挙運動での演説で、大恐慌と戦争の時期には国家が市民に犠牲を要求した、戦後期は収穫のときとなり、過去の犠牲への補償が行われるだろうと主張した[8]。この「収穫のとき」というフレーズは、その後のスウェーデンで人気を博した。

要約すれば、さまざまな国がさまざまな状況にあった１９４５年には、戦争の余波が、集団的な負担分配をめぐる議論に大きく影響していたということである。そしてこれに、犠牲を払った者に補償し、その一方で利益の多い立場にあった者に課税するという、再分配的な施策が含まれていたのだ。戦後補償をめぐるこうした議論は、所得税や相続税の最高限界税率はどれほどであるべきかという問いに直接焦点を当てないものが多かった。しかし、たとえそうであっても、社会における富裕層の公正なあり方を人びとがどう考えるかについて、こうした文脈が大きく影響していたことはほぼ間違いない。

１９４５年以後は、強力な補償論が富裕層への課税を後押しした。しかし、そこには補完的な要因もあった。すでに戦時中に最高税率が上がっていたために、それが新たな現状法制となっていたのだ。いちど現状化したものを覆すのは難しい。歳入増が現状化したことも一因となって、その歳入増を新しい福祉国家の支出に回せないかという議論が過熱していった(9)。

富裕層課税を支持する「戦後コンセンサス」はあったのだろうか。コンセンサスはなかったと考える第一の理由は、１９４５年においてさえ、いくつかの国では、政府の採用した施策が議論の対象となっていたことだ。１９４５年のイギリス総選挙を例に考えてみよう。労働党は広範な福祉国家の展開を主張していたが、保守党は社会主義の脅威を強く警告していた(10)。ドイツも同様で、戦争で損害を被った者に補償するべきだという広範な議論があったにせよ、そうした補償の程度については熱い議論が戦わされた。だからこそドイツでは、１９５２年になるまで負担調整の関連法が成立しなかったのである(11)。

戦後コンセンサスがあったという結論に安易に飛びつくべきではないことを示唆するもうひとつの証拠は、合衆国の世論調査データから得られる。ギャラップ社の世論調査にあった、いま支払っている連邦所得税の額は公正だと思うかという問いについてもう一度考えてみよう。第3章で指摘したように、戦争そのものの期間中は、驚くほど高い割合の回答者が、自分たちの支払っている税額は公正だと答えていた。裕福な回答者ではこの問いへの肯定的な答えがやや少ないと思われるが、それでも、この集団の優に77パーセントが、自分たちの税は公正だと答えていた(12)。こうした数字は驚きだが、これが再分配的な配慮についてどれほどのことを語っているかは、完全には明らかではない。はっきり富裕層への課税について質問し、それを公正と思うかどうかを問うてくれていれば、われわれの目的にとって理想的だっただろう。

第3章で検討したように、戦争終結から次の世論調査が行われる１９４６年2月までに、公正な額の所得税を支払っていると答える回答者の割合は、全体として85パーセントから65パーセントに落ちている(13)。認知の変化は裕福な層でやや大きく、所得税が公正だと答える割合は、ピークだった戦時中の77パーセントから、平時には54パーセントにまで下がっていた。

これ以外にも、富裕層への課税を支持する「戦後コンセンサス」が思ったほど強くなかったという証拠が、少なくとも合衆国にはまだある。ルーズヴェルト政権が実施した非常に高い最高限界税率に対して、1938年から1950年代のさまざまな時点で、保守派グループは、連邦政府が個人に支払いを義務付けられる所得税の額に法律上または憲法上の制限を設けることを主張していた。[14] 憲法改正の発議については、かなりな数の州議会が、所得税を制限する修正案を議論するための憲法制定会議開催を支持した。個々の州でさまざまな形態の決議が上がった（連邦議会でも提案された）。所得税、相続税、贈与税の最高限界税率を25パーセントに制限するよう求めるものもあれば、実効税率を25パーセントに制限するもの、戦時の例外を認めるものもあった。[15] こうした税の制限案の支持者は、所得税が高いと経済成長が損なわれると主張した。冷戦下の高揚したレトリックでは、高い限界税率が共産主義と結びつけられた。こうした主張は、最後には、さらに基本的な概念である「平等な扱い」に訴えるようになっていった。このことは、戦後所得税の全盛時にさえ、公正さの基準には異論があったことを如実に示している。

所得税制限の問題に関する国民感情を調べるため、ギャラップ社は1952年5月、2097人のサンプルに対して、次の質問に賛成、反対、意見表明なし、の三択で回答を求めた。

裕福な人びとの多くは現在、所得の90パーセントもの連邦所得税を支払っています。連邦議会では、連邦政府が戦時を除いて誰の所得にも25パーセント（4分の1）を超える課税ができない法律を成立させようとしていますが、あなたはそれに賛成ですか、反対ですか。[16]

優に92パーセントの回答者がこの問題について意見を表明することを選択し、僅差の51パーセントで所得税制限の支持派が多数となった。1952年という早い段階で、これほど劇的な所得税政策の再方向転換をアメリカ国民の過半数が支持するということが、本当にありうるのだろうか。そのような結論に飛びつく前に、まずは慎重に考えてみよう。この質問はいささか誤導的だ。たしかに、所得税の最高税率はこの時点で90パーセントを超えていたが、第3章で示したように、上位1パーセント層ないし上位0・01パーセント層の実効税率は90パーセントよりかなり低かったからである。また、ギャラップ社がこの質問をしたのは1回きりだった。違った文脈で何度か質問をしていれば、国民感情についてもっと優れた尺度になっていただろう。(17)

税の公正さと課税制限に関する世論調査の証拠が示唆しているように、累進課税について戦後コンセンサスがあったという考えは安易に受け入れるべきではない。同時に、ギャラップ世論調査の証拠は、それ自体に限界があるのだから、これだけで、戦後期に富裕層課税が強く支持されたという考えを捨てるわけにもいかない。また、こうした結果は1国のみを対象としたものなので、合衆国では、戦争によって存在自体を脅かされた国と比べて、戦争の政治的遺産が消えるのが速かったとも考えられる。

われわれの引き出す結論は、戦後期には、高所得や最上位層の富への課税に対する支持が、強力な補償論によって一時的に強化されていた、というものだ。補償論に訴えることができたおかげで、累進課税の支持者は有利な立場にあった。しかし、そうした考えにはまだ異論も多く、富裕層課税を支持する「コンセンサス」は完全とはほど遠いものだったのである。

## 成長への危惧が税の引き下げにつながったのか

ここ数十年の最高税率引き下げの動きは、一般には経済成長への危惧が動機だと認知されている。富裕層への税を重くしすぎると彼らの活動が縮小して投資が減るだろう、そうなれば誰もが困ることになる、というわけだ。この解釈のひとつの異形によれば、高い最高税率がいかに重く経済にのしかかっているかを研究者が理解しはじめたのは、1970年代ないし1980年代のある時期のことで、それ以前はそうした懸念が十分に強調されてこなかったのだという。近年、富裕層課税の引き下げ論者がこのタイプの効率論を主張しているのは間違いない。本当の問題は、彼らが、累進課税の批判者がずっと以前から語ってきたことと違うことを言っているかどうかだ。累進課税が成長に与える影響についての批判は5世紀前から存在していた。したがって本当の問題は、ここ数十年のこうした批判になにか新しいものがあるのか、ということになる。

20世紀を振り返ってみると、富裕層課税の経済的影響をめぐる議論は、富裕層課税がピークにあった戦時中でさえ主張されていた。1942年には『ウォールストリート・ジャーナル』が「新しい貧困層」と題する連載記事を掲載し、ルーズヴェルト政権が企業幹部の給与に設けた上限がどれほど経済にマイナスの影響を与えているかを伝えている。この連載のタイトルは大げさで、最善の選択ではなかったかもしれないが、記事にはたしかにもうひとつの、いつも繰り返されるフレーズが見られる。それは、富裕層も結局は自らの所得を雇用のために使う、というものだ。

スミス氏――全米に知られた企業の社長で10万ドルの給与を受け取っているスミス氏は、生活をある程度見直さなければならないだろう。しかし、それよりはるかに深刻なのは氏が個人的に雇っている12人である。氏の給与への一撃は、氏の従業員名簿を縮小してしまうだろう。(18)

効率論を考察する別の方法としては、右派政党の選挙用マニフェストにこれが登場したかどうか、したとしたら、それがいつだったかを見てみることだ。驚くことではないが、サッチャー時代のイギリスのマニフェストは、課税による高コストをことさら強調していた。1979年の保守党のマニフェストは「所得と貯蓄への税を引き下げることで経済成長が促進される」と力説している。[19] しかし、第二次世界大戦直後の保守党マニフェストもまったく同じことを主張していたというのは、少し驚きではないだろうか。1950年の保守党マニフェストで用いられた表現を考えてみよう。

社会主義は、この国の所得1ポンド当たり8シリングという、破壊的な税負担を強要してきた。冒険心と人一倍の努力が押さえつけられてきた。成功が罰せられてきた。倹約と貯蓄が奨励されなくなった。社会主義への1票はわが国の経済を、そして現在の国としての独立、男性女性としての独立を危うくする政策を継続する1票なのである。[20]

1950年に表明されたものと同様の考え方は、1979年までのすべての保守党マニフェストに見られる。税が成長にとって有害だという考え方はサッチャー革命とともに始まったのではない。したがって、ここでは、なぜ1979年にはこのレトリックが1950年よりずっと大きな影響力を得たのか、と問うべきだ。

合衆国に目を移しても非常によく似た現象が目につく。1980年の共和党の綱領が高課税の悪影響をひときわ強調していたと聞いても、驚く人はほとんどいないだろう。その結論部分は次のように述べている。

「税率の引き下げは、経済成長と生産高と所得の増加を生み出し、それが最終的に歳入の増加をもたらすだろう」[21]

1952年の選挙用マニフェストで共和党は、連続した民主党政権の仕事に言及して次のように述べた。「われわれは告発する。彼らは、不必要で有害な課税によって機会を窒息させ、進歩を妨害してきた」[22]。どうやら合衆国でも、課税が成長に有害だという考え方はかなり前から存在していたようだ。

1980年のアメリカ共和党、1979年のイギリス保守党が、1950年、1952年と比べて大幅な税金カットに成功したとしても、それは、それまで認識されていなかった課税コストを指摘したからではなかった。そのような議論はずっと以前から存在していた。なにか別のものが、1950年代から1980年代までに変化したのだ。

ひとつの可能性として、合衆国やイギリスのような裕福な国の経済活動が1970年代にマイナスに転じたこと、そうした文脈のなかで、高課税による成長への悪影響についての主張が説得力を強めたということが考えられる。われわれは、この可能性を二つの方法でテストしてみた。まず1973年――負の供給ショックから世界経済の転換点となったと考えられることが多い年――以後、ある年から次の年にかけて実質GDPの縮小を経験したときに、各国政府に最高税率をカットする傾向があったかどうかを考えた。しかし、景気後退を経験した政府のほうがそうでない政府よりも税率をカットすることが多いという証拠は見つからなかった。次に、1973年以後に全般的な成長鈍化を多く経験した国に、税率カットの傾向があるかどうかを問うてみた。ここでの考え方は、景気後退ではなく成長率の全般的な低下傾向をきっかけに、国民は富裕層課税という知恵を見直すのではないかということだ。しかし、この主張を支持する証拠も見つけることはできなかった。[23]

## グローバリゼーションが富裕層課税を不可能にしたのか

すでに示したように、富裕層課税による経済的コストをめぐる議論はルネサンス時代から存在していた。現代でも、右派政党は一貫してそうしたコストを強調しているが、これは課税をめぐる議論では新しい特徴ではない。しかし、グローバリゼーションによって別の道筋が示され、富裕層課税に関する経済的制約が劇的に変わった可能性はある。ここ数十年で資本の流れはどんどんグローバル化し、同時に、富裕層への課税が減ってきている。この二つの流れが並行しているのは、この二つの展開に因果的なつながりがあるからなのだろうか。グローバリゼーションがきっかけとなって国家間の競争が激化したことで、各国は税率を引き下げ、少しでも多くの経済活動を引き付けようとしているのかもしれない。また単純に、グローバリゼーションによって、個人が自国の手の届かないところへ富を移動させられるようになったのかもしれない。以下では、グローバリゼーションと法人課税に関する既存の研究を振り返ってみる。これも、富裕層課税に影響を及ぼしたひとつの道筋かもしれない。そのあと、個人の所得税と相続税について同じ疑問を考えていこう。

グローバリゼーションと税率競争についての研究は、法人課税の問題に焦点を当てたものが多い[24]。もし法人が、ある法域から別の法域へ、多くのコストをかけずに活動場所を移せるなら、そのことがすべての国家への圧力となって、法人課税の水準が緩和されることはあるだろう。そうしたコストを下げる要因は数多くある。企業がすでに複数の国に複数の支店を置いている場合などがそうだろうし、各国が資本移動に制限を設けなければ、企業が活動場所を移すためのコストは少なくて済むだろう。これは今日の先進工業国では当たり前となっているが、もちろん、ずっとそうだったわけではない。またこれ以外にも、法人税競争が予言する衝撃的な現象がある。企業が活動場所を移すためのコストが小さくなれば、小さな国ほど法人税を大幅に下げるようになるだろう。小さい国は、国外と比べて国内の課税ベースが小さい。したがって、そのような国では、法人税率を下げることで少しでも多くの経済活動を呼び込もうというインセンティブが大きくなるはずだ[25]。

法人税率は資本の流動性が高まるにつれて下がってきているが、そのこと自体が因果関係を明確に示しているわけではない。すべての国に共通の、もっと幅広い流れがあって、それがこの移行を生み出したのかもしれない。そこで、もっとすぐれたテストとして利用できる事実がある。それは、世界の国々が足並みを揃えて資金の流動性を高め、法人税を引き下げる方向に動いているわけではないということだ。他国に先駆けて資本の流れを自由化した国もあれば、他国よりも早く法人税率を引き下げた国もある。また、法人税率の終着点も同じではない。この事実を利用して、研究者らは、資本の流れを自由化した国には法人税率を引き下げる傾向があるという明白な証拠を発見している。彼らの証拠は、近年の別の研究の多くで提出された証拠とも類似している（ただし当然のことながら、そうした別の研究の結論がすべて同じというわけではない[26]）。

グローバリゼーションが法人課税に影響したことを示唆するもうひとつの有力な証拠は、大国と小国の違いから出てくる。法人税競争の標準理論は、小さな国ほど低い税率を採用すると予言していて、企業が資本や活動を移しやすくなればなるほど、大国と小国とのギャップは広がっていくとされている。そして実際に、われわれはその通りのことを目にしている[27]。全体として、小さい国ほど法人への課税が軽く、大国と小国との差は時間とともに開いていっているのだ。時間経過に伴うこの変化パターンも、標準理論を支持するものだ。

しかし、いま述べた理論が適用されるのは「法人」所得への課税だけである。次の疑問は、同じ理論と同じ結果が「個人」所得への課税にも――すなわち、ここまで本書で考えてきたようなタイプの税にも――適用されるかどうかである。実際にそうなっているとする研究者もいる。ジェイムズ・ハインズとローレンス・サマーズは２００９年の研究で、小さな国は大きな国と比べて個人所得税から得る歳入の割合が少ない傾向にあることを明確に示している[28]。しかし、歳入総額に占める所得税の割合が、ここで用いる尺度として適当かどうかは明白ではない。高所得者ではない個人の税率にグローバリゼーションが影響するというのは、あまりありそうにない話だ[29]。では、なぜ高所得者は影響を受けるのだろう。ここで考える必要があるのは、高い個人所得は資本からの利益によるものかもしれないし、労働による利益を通してのものかもしれないという事実だ。資本所得の場合であれば、鍵となる疑問は、金融のグローバル化によって個人が、簡単に富を国外へ移せるようになったかどうかだ。国外に移された富を追跡しようとしてもコストがかかりすぎるか、そもそも不可能だとなれば、このジレンマを前にした国の政府は、いっそ個人所得税の法定税率を引き下げて、引き続き一定の歳入を維持するほうがよいと考えるかもしれない。北欧諸国が二元的所得税を採用して資本所得の税率を引き下げているのは、ある意味では、この制約から始まった政治改革の一例である〔所得を資産性所得と勤労所得に分離し、資産性所得に比例税率、勤労所得に累進税率を掛けるもの。資産性所得の課税ベース拡大と税率軽減を併用して、資本の海外逃避を回避する意図がある。租税の公平の観点から、所有資産を合算して累進税率で課税する事実上の富裕税も併用されている〕[30]。

われわれは、法人税について先に示唆したのと同じ戦略を用いて、資本の可動性が所得税の最高税率にどのような影響を及ぼすかを検証してみた。またその際、時間経過に伴う幅広い流れにだけ注目するのでなく、任意のどの年についても、資本への規制が緩い国では最高税率が低くなっているかを問うた。所得税率のデータベースを使うと、これまでの研究ではできないことができる。このテストを行うために、われわれはデニス・クインの構築した指標を活用して、国を出入りする資本の動きに関する法規制の強さを測定した[31]。

一見すると、資本移動はたしかに最高所得税率に影響したのではないかと考えられる。１９５０年にはクイン指標の平均値が34・2、所得税の最高税率は平均64パーセントだった。２０１０年にはクイン指標の平均値が97・5となって、20国すべてでほぼ完全な資本移動が実現し、所得税の最高税率は平均37パーセントにまで下がっていた。しかし当然のことながら、1950年から2010年までには、資本移動以外にも多くの変化が起こっている。さらに多くを知るには、実際にそれぞれの時期に、資本規制の多い国では所得税の最高税率も高かったかどうかを見る必要がある。すると事実はそうなっていない。1950年には、資本移動が平均以下の国では最高税率も全体に低かった。これは理論と真っ向から矛盾する。この主張のテストとしてさらに説得力があるのは、本書の別のところで採用しているのと同じ「差の差」の論理を用いることだ。このアプローチを用いると、資本口座規制のクイン指標と所得税の法定最高税率とのあいだに相関があるという証拠はまったく見られなかった。[32] 法定税率を実効税率に置き換えても結果は同じである。また、所得税のデータの代わりに最高相続税率のデータを用いても、まったく同じ結論に到達する。どうやら資本移動は、法人所得税カットへと各国を誘導したかもしれないが、それを個人所得や相続への課税に持ち込むまでには至らなかったようだ——少なくともこれまでは。

ここまでの分析は資本所得にだけ適用されるものだ。労働所得の場合、問題は個人が、他国の低税率を利用するために、資本ではなく自分自身を進んで動かすのか、である。[33] 大半の研究者は、個人は資本とは逆に、自分が動くことは少ないと考えているようだ。しかし証拠は、各国が実際に個人所得税の引き下げを提供した場合には、個人移動の決断に大きく影響してくる可能性を示唆している。これを明確に示しているのが、ヘンリック・クレヴァン、カミーユ・ランデ、エマニュエル・サエズによる、ヨーロッパのプロサッカー選手市場の研究だ。これはかなり特殊な市場ではあるが、最近になって、デンマーク政府が高い技術を有するプロサッカー選手に税制面での優遇を打ち出した例があって、同様の結論が導かれている。[34] したがって、高所得者自身が動くよりも資本を動かす可能性のほうが高いとはいえ、彼らの移動が現実の現象となりうるという証拠は存在している。

国際的な移民可能性が個人の所得税率に及ぼす影響を直接テストする適切な方法はない。高所得者の移住に関する公的規制を見ればよいと思うかもしれないが、われわれが考察している国々では、それ以外の、労働市場の国際化を含めたさまざまな特徴が大きな役割を果たしている可能性が高い。間接的なテストとして、税率が国の規模と相関しているかどうかという問題に戻ることは可能だ。先に指摘したように、小さな国ほど、税を軽くして資本を引き付けようというインセンティブが強く働く。それとまったく同じ議論が、労働所得課税へ向けたインセンティブにも適用できる。小さな国が労働所得への課税を重くすれば、高所得者の国外移住に苦しむ確率が高くなるだろう。さらに、労働所得への課税を軽くすることで、引き付けられる潜在労働力のプールも、自国内のプールより大きくなるだろう。

国の規模と所得税の最高税率に関する証拠はなにを示しているだろう。データには、GDPないし総人口を国の規模の尺度にした場合、大きな国ほど上位所得者への課税が重い傾向があるという一定の証拠がある。もしこの効果がグローバリゼーションによるものだとすれば、国の規模と最高所得税率との相関は、法人税の場合とまったく同じで、時間経過とともに大きくなると予想される。しかし、実際のパターンはこれと正反対になっている。20国を通じて、国の規模と個人の最高所得税率に正の相関があったのは初めの数十年、すなわち大幅なグローバリゼーションが起こる前だけなのだ。このことは、国際的な移民圧力が最高所得税率に大きな影響を与えてきたという考えと矛盾している。さらには、資本移動が同じ効果をもたらしたと考える根拠も崩れていく。

グローバリゼーションが所得税率に影響したかどうかを調べる最後の方法は、個々の国による税率決定の相互依存度が、時間経過とともに高まっているかどうかを探ることだ。資本と労働の自由な流れがどんどん強まる世界にあって、各国政府は、自国の税率を決定する際に、他国の決定を気にすることが増えると予想される。最高税率のデータを分析してみると、個々の国の決定はたしかに相互依存的だが、時間経過とともに相互依存度が高まっているという証拠を見つけることはできなかった[35]。

われわれは、グローバリゼーションが富裕層への課税にまったく影響を及ぼさなかったと主張しているのではない。法人税が裕福な世帯に負担となる限りにおいては、この特定のチャンネルの証拠はきわめて明白に思える。しかし、所得税ないし相続税に関しては、グローバリゼーションの影響を示す証拠はずっと弱い。これは、これからもグローバリゼーションは富裕層課税の制約にならないということではない。高所得者の移動が増えていくにつれて状況は変わっていくからだ。ここで示唆されているのは、すでに起こっている富裕層課税からのシフトを理解したければ、ほかのところに目を向ける必要があるということである。以下、本章の最後の部分では、累進課税の補償の理論がこの疑問への答えを見つけるのに役立つことを示していく。

## 変わりゆく公正論

経済成長への懸念でもグローバリゼーションでも富裕層課税離れの動きを説明できないとしたら、ほかのなにが問題だったのだろう。われわれの考える最後の可能性は、外的な条件が変わるなかで、富裕層課税をめぐって主張できる公正論のタイプが変わったということだ。われわれは、右からの公正論がほぼ一貫して平等な扱いを強調してきた一方で、左派政党には大きな変化が起こったのだと主張する。第二次世界大戦の記憶が遠ざかるにつれて、左派は、過去に用いたのと同じ種類の補償論を使えなくなった。そこで、富裕層課税を擁護するためには、支払い能力論に固執するか、そうした税は「公正」だと——なぜ公正かという理由の説明なしに——言い続けるしかない立場になったのである。

まず認識する必要があるのは、ここ数十年の右派政党が、経済効率だけを根拠に税の引き下げを正当化しているのではないということだ。彼らは平等な扱いに、そして、人びとには自分の稼いだものを保持する権利があるという考え方にも訴えてきた。このことをとりわけ明白にしたのがレーガンとサッチャーによる「革命」だったのだ。だから、１９７９年の保守党のマニフェストでは、税による成長への影響を強調するだけではなく、こうも述べていた。「われわれは勤労と責任、成功に報いるために、すべての水準で所得税を削減する[36]」

１９８０年のアメリカ共和党の綱領もこれとよく似た論調だった。税と成長に言及した直後の一文は次のように述べている。「しかし、こうした削減のさらに大きな根拠は、個人が自ら稼いだものを保持し、使用する権利にあるのである[37]」。ここでも、言及されているのは、人は自分で稼いだものを受け取るに値するという考え方である。第２章で見たように、１４２９年のマッテオ・パルミエーリ以来、平等な扱いの主張者は、まさにこの理由で支払い能力主義に反対してきている。

ここで、レーガンやサッチャーの動きに対応して、左派政党がどのようなタイプの公正論を用いたかを考えてみよう。減税に反対するなかで、１９７９年の労働党マニフェストは富裕層への新たな課税をよびかけ、その政策の根拠として公正さに言及した。しかし、その公正論の本質はかなり曖昧で、ただ「制度は公正でなければならず、またそのように見えなければならない」と述べるだけだった[38]。１９８３年の労働党マニフェストの論調も同様で、「公正な分担」という考えを強調するものの、なぜ富裕層への高税が公正なのかについてはなにも語っていなかった[39]。こんどは、アメリカ民主党の１９８０年綱領が採用した立場を考えてみよう。こちらは合衆国税法の累進的な性格を保持する必要があると訴えるとともに、やはり公正さの重要性を強調していた。しかし、それ以上の具体的な公正論は提供されなかった[40]。１９８４年の民主党綱領も同じだった。[41]まるで、合衆国の民主党支持者もイギリスの労働党支持者も、富裕層課税を支持する議論を特定の方向に進化させてしまったかのようで、どちらも、単にこれは「公正だ」と唱えるだけで、なぜそれが公正かはいっさい説明しなくなってしまった。民主党も労働党も、説得力のある公正論を主張する方法を忘れてしまったのだろうか。それよりもありそうなのは、外的条件が変化したために、可能な主張のタイプが変わってしまったことだ。単純に、戦争犠牲の補償論がもはや機能しなくなったのである。

戦争犠牲の補償論が徐々に消えていくようすを跡付けるひとつの方法として、先に考察した事実に注目してみよう。「犠牲の平等」という用語は、19世紀の議論では支払い能力主義の同義語として用いられていた。この用語は、第一次世界大戦でさらに大衆に訴えるものとなっていったが、そこには新しい意味が加わっていた。戦時中の文脈では、犠牲の平等は、富裕層はたくさん持っているのだからたくさん支払うべきだという意味ではなく、富裕層も戦争努力のために、それ以外の国民と同じだけの犠牲を払うべきだという意味になった。このフレーズのその後の用いられ方を見ていくと、戦時補償論の進化を考えることができる。図8－1は、三つの異なる場で、議員や著述家が「犠牲の平等」に言及した頻度を示したものだ。第一は、ハンサードに記録されているイギリスの上下両院いずれかでの言及回数を年ごとに表している。第二は、合衆国の連邦議会記録で犠牲の平等が言及された回数だ。比較のために、グーグルのNgramツールからの時系列データも並べている。これによって、グーグルブックのデータベースにある「犠牲の平等」への言及すべてについて、相対的な頻度を把握することができる。

図8－1の三つのデータには大きなばらつきがあるが、このばらつきには共通のテーマがある。ジョン・スチュアート・ミルが初めてこの用語を用いてから半世紀間、犠牲の平等はほとんど言及されなかった。その後、このフレーズは二つの世界大戦期に最もよく使われた。最後に、ここ数十年でこのフレーズの使用は

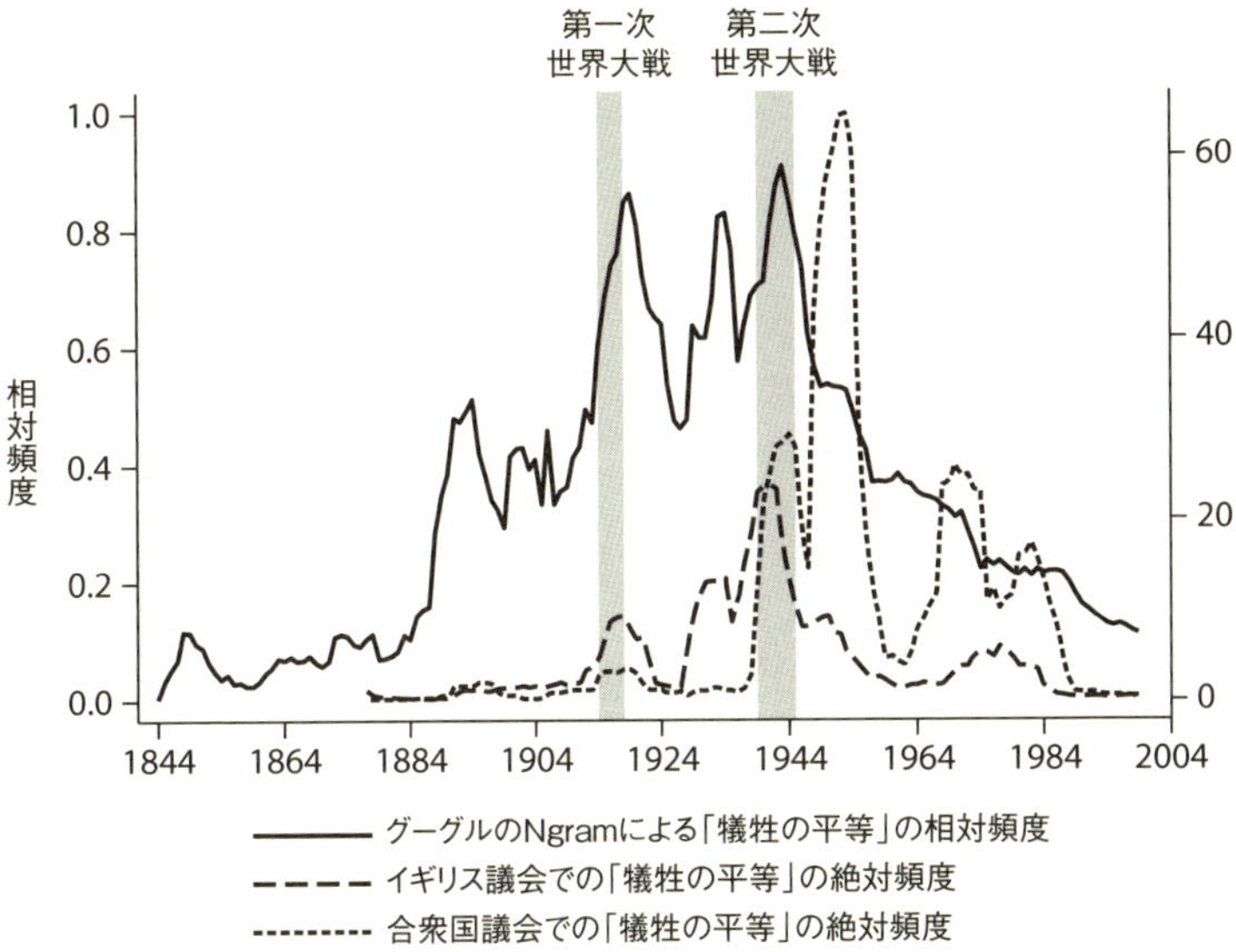


図8－1　犠牲の平等への言及、1844－2000年

このグラフは、グーグルのNgram、イギリス議会での議論（ハンサードの記録）、合衆国連邦議会での議論（連邦議会の記録）での「犠牲の平等」への言及について、7年ごとの動きを平均して示したものである。

急激に減少し、事実上はほぼ消えてしまっている。

最後に、補償論は累進課税を支持する強力な主張だが、欲しいときに発明できるものではない。そうした主張の信頼度を決定するのは外的な要因だ。19世紀の後半、課税のための基盤を提供していたのは基本的な消費財だった。そのことが、逆進的な負担を埋め合わせるために所得税が必要だという主張を可能にした。20世紀には、戦争への参加の不平等によって、ある程度平等な犠牲に戻すためには富裕層への課税を重くするべきだという主張が可能となった。しかし、戦争が記憶から薄れてゆくにしたがって、そうした主張は信頼性をなくしていったのである。[42]

## 今日の補償論

戦争犠牲に基づく補償論は、富裕層課税の理由として、もはやかつてのような意味を持っていない。大規模軍は過去のものとなったようだ。合衆国のような国は今も戦争をしているが、その関与はずっと限定的で、富裕層は犠牲を払っていないが、人口の大部分も実際に犠牲を払っているわけではない。この場合、イラクやアフガニスタンで犠牲を払った人たちへの補償ということでは、公正さということが強い理由となるかもしれない。はっきりしないのは、そのための補償を、特に富裕層を対象とした税を通して賄うべきかどうかである。もっと一般国民を対象とした課税のほうが、公正さが命じるものに思えるだろう。そう考えてくると、富裕層課税のための補償論に、今も意味はあるのだろうか。

合衆国については課税に関する世論調査のデータが豊富にあり、その一部を使って、時間経過に伴う世論の変化を追跡することが可能だ。1940年代以後のさまざまな時点で、ギャラップ社は国民に対して、いま支払っている連邦所得税は公正だと思うかと質問している。しかし、さらに詳しく、なぜその税を公正ないし不公正だと思うのかについて、根拠を示すように求めた詳しい歴史的証拠はない。われわれは、独自調査による証拠の範囲内で、望ましいと思う税政策の根拠として人びとが公正さを挙げるかどうかを考察した。ここでは、調査中に回答者が公正さに言及した際、実際になんと言ったのかを詳しく調べてみよう。

回答者は実に多様な公正論を展開した。平等な扱い論の例として、こんな発言を考えてみよう。ある回答者は「たくさん稼いでいるからというだけで、ある集団に高いパーセンテージの税を課すのは正しくないと思う。私は公正な税を望む」と述べた。同様に、別の回答者は「公正にするにはすべての税を同じように上げるしかない」と語った。「成功したからといってその人たちを罰するのは公正ではない」とする第三の主張もあった。全体として、公正さを根拠に税の選好を正当化した回答者のうち、28パーセントは平等な扱いの基準に固執していた。

われわれが考察した最後の公正論カテゴリーには、富裕層課税の理由として明確に補償論に言及した人たちが含まれていた。これについては、平等な扱い論や支払い能力論と比べると、共通の意見というのは少ない。この事実そのものが興味深い。これは、現在の環境下では、過去と比べて補償論を主張する機会があまりないことを示唆している。

では、どのようなタイプの補償論が主張されたのだろうか。ある人たちは、19世紀に主張されたタイプの補償論を根拠に富裕層への課税を正当化した。「低所得層は売上税や物品税、社会保障、メディケア、その他の給与税を通じてもう十分に支払っている。そういう人たちはそっとしておこう、もう十分に苦しんでいる」

二つめの考え方は、経済利益は不公正に富裕層に傾斜しているのだからもっと重い税を課すべきだとするものだった。ある回答者は「金持ち連中は所得も高いし、だいたいは貧しい人たちを犠牲にして金儲けをしているのだろうから、もっと税負担を大きくするべきだと思う」と主張した。これは、戦時利得に関して主張されたものと近縁の補償論で、所得が生まれる方法になにか不公正なものがあることを強調している。しかし、この回答者が、国家による不平等な行動の補償ということを念頭に置いていたかどうかは明白ではない。

最後に、富裕層が別のタイプの税特権から利益を得ていることを根拠に、補償論を主張した人たちがいた。ある回答者は「2万5000ドル未満の所得の人の税を上げる必要はない。20万ドル以上稼いでいる人たちのほうがたいてい税控除が多いし、税金の支払いを回避する道もある」と主張した。これは明らかに、国家によるほかの行動による影響を補償するか、ないしはバランスを取るために高所得者の税を上げるという考え方だ。

こうした発言から、一部の人たちについて、富裕層課税について考える際に、今でも補償論の論理が働いていることは明らかだ。ここからは、富裕層はほかのタイプの税による負担が少なく、しかも控除や抜け穴から利益を得やすいことが示唆される。こうした状況があるので、こうした回答者は、富裕層にほかの人たちよりも多くの税を払わせることで、ある程度の公正さが取り戻せると考えているのだ。これは、中世都市シエーナの例で見たように、14世紀から主張されてきたのと同じタイプの補償論になる。今日において補償論が信頼を得るためには、この数百年前のパターンに倣う必要があるのかもしれない。大規模戦争を含んだ20世紀の補償論が近い将来に繰り返される見込みは少ないのだから。

# 第9章　これからの富裕層課税

富裕層課税に関する議論には、合衆国の現在の状況と特異性に焦点を当てたものが多い。もし合衆国最高裁が最近になって選挙資金の制限を撤廃したのであれば、この議論は、今日の合衆国で富裕層がごく軽くしか課税されていない理由を説明するうえで少なからず役立つに違いない。また、これとは別の短期的な展開に言及して、富裕層課税の縮小を説明しようとする人たちもいる。保守派は、合衆国の有権者は経済効率の教訓を学んだのだと言うことが多いし、リベラルは、有権者は少なからず騙されているのだと主張する。今の展開も重要かもしれないが、われわれは、多くの国での長期的な富裕層課税に目を向けて、そこからずっと多くを学んできた。そしてそれは、ここまで研究してきた国々の将来的な税政策の道筋について、なにがしかのことを示唆している。課税をめぐる議論は、人びとの平等な扱いの意味をどう解釈するかで決まってくるだろう。

## 人びとを平等に扱うための三つの方法

公正さには多くの異なる意味があるだろうが、課税における公正さには共通する特徴がひとつある。それは、人びとは平等に扱われなければならないという考え方である。課税における市民の平等な扱いは、三つの異なるタイプに分けることができる。第一は「平等な扱い」論だ。これはすべての人が同じ率で税を払うべきだという考え方で、その理由は、これが基本的な民主的権利（各人の一票の重さは同じ、など）を模倣しているからである。第二のタイプは「支払い能力」論で、これは、支払う税の率はその人が自由に使える資源によって条件づけられるべきだという考え方になる。第三のタイプは「補償」論で、これは、支払う税率は国家が別の行動によってその人を特権的な地位に就けたかどうかによって決めるべきだと考える。

少なくともルネサンス期のフィレンツェ以後、累進課税の反対派は、累進課税は共和国における平等な扱いという基準を犯していると主張してきた。証拠は、21世紀の世論調査でも多くの回答者がまったく同じことを考えていることを示している。累進課税の構造が採用されれば今より所得が増えるはずの人びとのあいだにすら、この考え方が見られる。また、19世紀および21世紀初めの議論を振り返っても、平等な扱い論の証拠は非常に多く見られた。平等な扱い論が政治の舞台に反響していることは明らかである。

市民の平等な扱いの代替となるのは、支払い能力に基づいて税率を変えて課税することだ。富裕層なら、同じ税率のままでも税額は大きくなるだろうが、それ以上に、彼らには高い税率で支払う余裕があるはずだ。支払い能力主義が公式の数学用語を使って提示されるのは19世紀末になってからだが、原理としてはその400年近く前から存在していた。これはフランチェスコ・グイチャルディーニの『ラ・デッチマ・スカラータ』に累進課税の反対者が登場することや、18世紀の「贅沢」税をめぐる議論から明らかだ。支払い能力主義は今日、経済学の分野で、近代的な最適課税理論の基盤のひとつとなっている。ただし、最適課税理論の目的は社会全体の厚生を最大化することであって、税に関して全員の犠牲が同じになるようにすることではない。

支払い能力主義は直感的に理解できるので、長い目で見れば、多くの人は明らかにこれを支持している。19世紀の支払い能力論者はこの考え方を用いて累進課税を支持した。エドウィン・セリグマンをはじめとする20世紀の研究者の多くはこれを所与のこととして捉え、支払い能力主義の登場によって、多くの国が累進的な所得税の実施へと動いている理由を説明できるとした。現在の世論調査にも、支払い能力主義への支持の証拠を見ることができる。支払い能力主義は多くの市民から共感を得ているし、これからもそうあり続けるだろう。

支払い能力論は多くの人に訴えるが、勝利することは滅多にない。第3章、第4章からの発見は、最高税率の経時的な変動が、そのときどきに支配的な不公平の水準に必ずしも対応していないことを示している。もしそのような変動があったのなら、不平等水準の上昇に合わせて最高税率も上がっていると、データにははっきり表れるはずだ。しかし、実際にはそうなっていない。また、戦争動員に伴う最高税率の大幅上昇は、支払い能力では説明できない。もし政府がこうした政策を実施した理由が支払い能力への配慮だったのなら、議会での議論でそうした事実を反映した発言が見つかるはずだ。代わりに見つかったのは、戦争そのものの期間中、支払い能力論の使用が劇的に減少したことだった。なにかほかのことが機能していたのだ。

支払い能力主義は二つの執拗な批判の対象となってきた。そのうちの一方は、もう一方より根拠がしっかりしている。第一の批判は、この考え方は富裕層がどれだけ多くの税を払えるのか、どれくらい払えばほかの全員と同じ犠牲になるのかについて明確な計画を提示していないとする。しかし、先に検討したように、世論調査の回答者を含めた多くの人びとは実際に支払い能力論を信じているし、いずれにせよ、こうした主張が富裕層課税を意味していることは十分に明白になっている。第二の批判は、支払い能力主義はその金がそもそもどのように得られたかをまったく考慮していないとする。不平等の水準と、どこまで富裕層に課税するかの政府の選択とに明確な相関が見られない最大の理由はこれなのかもしれない。不平等が大きい時期に人びとが富裕層への重課税を望むかどうかは、もっと幅広い文脈で決まることであり、不平等のそもそもの起源を人びとがどう考えるかによっても違ってくる。

人びとを平等に扱う第三の道である補償論は、国家の行為についてさらに幅広い文脈を直接考慮に入れる。もし国家がある次元において人びとを不平等に扱っているなら、税を用いてその分を補償するべきだ。歴史上には、富裕層課税についての人びとの考えに補償論が影響を及ぼした瞬間が多くある。14世紀のシエーナでは、市の評議会が、いくつかの税がある集団に重く降りかかるなら、別の税はそれに替わる集団に降りかかるように設定するべきだと考えた。19世紀にも同様の主張が行われたが、このときは、富裕層の間接税負担がほかの層と比べて軽いなら、その影響を打ち消すように所得税を設計、実施するべきだとして、所得税が支持された。最後に補償論は、なぜ20世紀の各国政府が、戦争のための大規模動員の時期に非常に高い最高税率を採用したかの説明に役立つ。戦時政府が戦争の支出を賄うために新たな歳入を必要としていたことはたしかだが、そのことだけでは、なぜ最上位層への税率を大きく上げる選択をしたかが説明できない。この選択がなされた理由を説明できるのは、戦時補償論のパワーである。

補償論を考えるなかですでに示したように、人びとが最も納得するのは、国家そのものによって生み出された不平等の影響を補償するために税制度を用いることだ。さらに、政治の舞台で補償論が最も広く用いられるのは、国家によって生み出された現在ないし直近の不平等に言及するときである。原理としては、もっと前の国家の行動や、長い歴史のなかでの国家による不平等な扱いを補償するために税制度を用いることも考えられる。実際に19世紀には、少数の理論家が、まさにこの目的を達成するために累進課税を用いることを考えたが、そのような議論は政治の舞台では広がらなかった。われわれの証拠は、なぜそうなのかという正確な理由を語ってはくれないが、もしかすると、過去の不平等には異論が出やすいのかもしれない。

当然のことながら、補償論はもっと幅広い議論にも関連している。人が裕福さを判断する際の、徳（努力）に対する縁（幸運）の役割にまつわる議論である。これは、再分配に関する政治学を研究している人たちのあいだで突出した議論のテーマとなっている。世論調査の証拠からは、大半のヨーロッパ諸国の市民が、経済的にうまくいくのは運次第だと答えるのに対して、合衆国の世論調査の回答者は努力の役割を強調することが確認されている。そこでこの事実は、合衆国が大半のヨーロッパ諸国と比べて小ぶりな福祉国家になっている理由の説明に用いられる。しかし、繰り返して強調しているように、富裕層への課税がかつてより軽くなっているということでは、今日の合衆国は決して例外ではない。さらに言えば、戦争直後の時期のアメリカ人も、現在と同じように努力の重要性を信じていたと考えて間違いはないはずだ。しかし、それでも合衆国では非常に高い最高限界税率が広く行われていた。富裕層への課税を考えるとき、市民が考えるのは、富裕層が単に幸運だったかどうかではなく、国家の与える特権を受け取れるだけの幸運があったかどうかなのである。

## 今日の人びとが望む最高税率

富裕層課税をめぐる今日の議論にとって、われわれの発見が意味するところはなんだろう。大衆的な議論の大半は、不平等水準の上昇と、最上位層がその利益の大半を摘み取っていることに焦点を当てている。富裕層への課税を重くするべきだと結論づけている人も多い。なぜ人びとがそのような見解をとるかを理解するのは難しくない。支払い能力論の課税観に賛同する人なら、富裕層はもっと支払うべきだと思うだろう。単純に不平等が嫌いだという人も同じように考えるはずだ。合衆国の近年の世論調査でも、人びとは不平等水準の上昇を懸念していて、それに対して政府が、富裕層への課税も含めてなにかしてくれることを願っている。この後者の事実は通常、年間所得が25万ドル（場合によっては100万ドル）を超える人の税を上げるべきだと思うかという問いに明確に表れてくる。ただし、こうした調査では、税をどれだけ上げるべきかは問わないのがふつうだ。また、税を上げるのに法定税率を上げるべきか、それとも控除を減らして実効税率を上げるべきかと国民に問うこともしない（これは重要な問題なので、あとで考察する）[1]。こうして考えてくると、当然のことながら、なぜ今日の不平等に対応した政策がこれほど少なく思えるのかという疑問にたどり着く。これについては、現在の政治的展開やアメリカ民主主義の欠点がいくらでも指摘できるし、それは理解できるのだが、しかしすでに見たように、不平等だけで政府が富裕層課税に動くという歴史的な証拠はほとんどない。

どうすれば、歴史的な記録と近年の調査結果を調和させられるのだろう。ひとつの方法は、調査を実施して、どれくらいの税率が望ましいかを回答者に問うことだ。それも、単に税を上げるべきかどうかを問うだけでは不十分だ。その増税が控除の削減を通じてのものか税率の引き上げによるものかも示すべきだし、後者の場合には、望ましい変更の程度はどれくらいかも示すべきだ。20世紀の大半と同じ水準の最高税率に戻すには30—40パーセントポイントの引き上げが必要だから、もし人びとが、富裕層の税を数パーセント引き上げるのがよいと答えたなら、その差はかなり大きい。

われわれはキャメロン・バラード＝ローザおよびルーシー・マーティンとの共同研究で、典型的なアメリカ人2250人を対象とするフィールド調査を行った。この調査のなかで、各回答者には以下の質問をしている。

年間Ｘドルの所得のある家庭が合衆国内で支払う税を考えてください。以下のリストから、年間Ｘドルの所得のある家庭が支払う限界税率として、あなたが最も望ましいと思うものを選んでください。

0、5、10、15、20、25、30、35、40、50、60、70、80（単位　パーセント）

この場合、調査への回答者が、限界税率（所得の最後の１ドルに適用される税率）と平均税率ないし実効税率（支払った税の総額を総所得で割って得られる税率）とを混同する可能性がある。この可能性を限定するため、われわれは、回答者のために限界税率の定義を記載しておいた。[2] 調査でＸに入る所得水準は、合衆国の現行の所得税率表にある区切り値から大きく離れないように設計した。

すべての回答者には、37万５０００ドルを超える区分について、望ましい税率を答えるように求めた。次にそれぞれの回答者に、ランダムに割り振ったもうひとつの所得水準について、望ましい税率を答えるよう求めた。こうした回答をすべて合わせれば、アメリカ国民が富裕層にどのような課税を望んでいるかがわかるだろう。この調査の質問への回答は、図９－１の箱髭図に示している。[3] 年間37万５０００ドル超の所得がある世帯について望ましい限界税率の平均値は30パーセント（望ましい税率の平均値は33パーセント）だ。現在の合衆国でこのような世帯があったとすれば、実際に支払う限界税率は39・６パーセントだから、それより低いことになる。また、多くの回答が20パーセントから約40パーセントの範囲にあることもわかる。

この調査からはっきりわかるのは、アメリカ人が最高税率の大幅な引き上げを望んでいるという考えはほとんど支持できないということ、しかし、国民の望むような政策が行われているわけでもないということである。われわれは、この調査の質問によって、税に関する世論について既存の研究でよく用いられる質問よりも精確な姿が得られていると考えているのだが、その一方で、さらに広範な調査も何度も実施してみた。

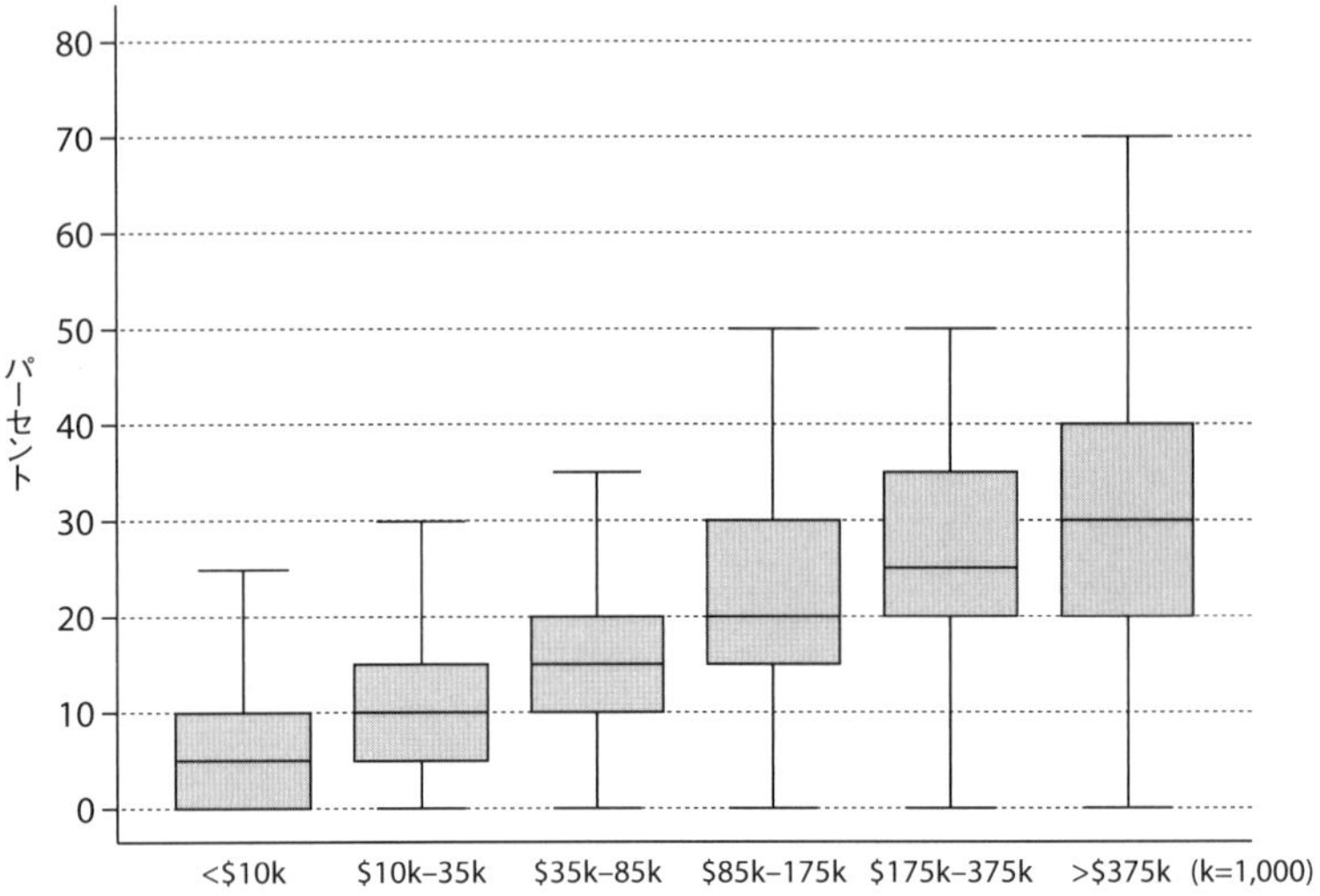


図 9－1　限界税率に関する世論、合衆国 2014 年

この図は、現在の合衆国の納税層を近似した 6 つの所得区分について、合衆国で望ましいとされた税率の分布をグラフ化したものである。調査は 2014 年 6 月に You Gov によって実施された。調査の詳細についてはオンライン資料および Ballard - Rosa, Martin, and Scheve (2015) を参照。それぞれの所得層について、箱は四分位範囲〔第 1 四分位から第 3 四分位までの範囲〕を示し、箱中央の横線は中央値を示す。

そしてそちらでも――まったく違う質問表現と方法論を用いているにもかかわらず――望ましい税率という点では、よく似た結論に到達した。(4)

人びとが税率の引き上げを望んでいない理由としては、われわれが調査した個人が、現在の不平等がどれほどの水準であり、それが近年になってどれほど上昇しているかを理解していないということが考えられる。これはよくある議論だ。近年のある調査実験がこの疑問の解決に役立つ。この実験では、サンプルとなった個人の多くにある「処置」を施して、今日の合衆国の所得分布に関する正確な情報を提供した。そのうえで、この処置によって、個人が高所得層の限界税率引き上げを支持するようになるかを観察した。するとたしかにそのような効果はあったのだが、規模としては非常に小さかった。処置を受けた個人が支持した所得税の最高限界税率は、処置を受けなかった対照群と比べて1パーセントポイント高いだけだったのである。[5]

今日の大衆が税率引き上げを望んでいないのではないかとする第二の理由は、本書を通じて強調してきたことだ。過去2世紀にわたって、富裕層への重課税を支持する最も強力な政治的主張は、戦争のための大規模動員という文脈で主張された補償論だった。第8章で見たように、合衆国のような国で動員の時代が過ぎるなか、左派政党は、それまできわめて強力だった戦争犠牲の補償という主張を奪われてしまった。彼らが替わって依拠したのは、富裕層への課税は必要だ、なぜならそれが公正だから、という考え方だったが、それは往々にして、なぜ公正なのかという強い主張を欠いていた（第8章で見た1980年代のイギリス労働党やアメリカ民主党のマニフェストを見てほしい）。そして右派政党からの圧力の下、最高税率は劇的に引き下げられた。最終結果として、少なくとも合衆国では、今日の最高税率は、大半の人びとが望む水準よりわずかに高いという状況である。

　このことは、将来の富裕層課税に関してどのような結論を示唆しているのだろうか。本当のところ、少なくとも合衆国では、戦争直後の時期に広まったような非常に高い最高税率の採用が大きく支持されることはまずないだろう。政治プロセスにおける富裕層の優位がどのようなものであれ、少なくとも、それを覆すに足りるだけの支持は得られないと思われる。そのような支持を築き上げるには、戦時中という文脈を離れた、新たな補償論を構築する必要がある。それは、ほかの者が犠牲を払っている一方で、いかに富裕層が国家的な特権から利益を得ているかを示すものになるはずだ。するとたしかに、これが正しいことを示す最近の事例がある。それを見るためには、大不況〔リーマンショック〕に先立って行われた大銀行の救済までさかのぼれば十分だ。しかしこの場合でも、特権を享受したのは裕福な層のなかでもごく一部の、そうした銀行の大口株主であって、集団としての富裕層ではなかった。言い換えれば、ウォール街が救済されたからというだけで、なぜシリコンバレーも課税されなければならないのかが不明瞭なのである。さらに言えば、大多数の市民はそもそもウォール街の救済に反対していたのであって、その選好は補償ではなく、単純な反対に焦点が絞られていた。こうした歴史から考えると、今日の補償論が成功するためには、19世紀のように、税制度そのものに内在する不公平を強調することが必要となるだろう。

**富裕層課税をめぐるこれからの議論**

今日、富裕層への課税について考えるときには、往々にして、現在の状況を第二次世界大戦終結後の数十年、すなわち最高限界税率が非常に高かった時代に広がっていた状況と比較してしまう。われわれ自身も、本書を書き進めるなかで、そのような比較をたびたび行ってきた。しかし、これも指摘してきたように、二つの世界大戦とその直後というのは特異な時期だった。理由は大規模動員である。大規模動員が起こったのは国家間の競争のためであり、また各国が、大規模軍の展開を実現可能かつ望ましいものとする特異な技術的発展段階にあったからだ。今日の問題は、新しい限定動員の時代においてどのような公正論が――富裕層課税を支持するにせよ反対するにせよ――意味をもつのかということである。補償論がなければ、将来の議論はこれまで通りの道筋をたどり、富裕層課税の理由として支払い能力論を訴える人たちと、それに反対するために平等な扱いを訴え、同時に経済効率を強調する人たちとに二分されていくだろう。そのような議論が、税率の現在の流れから大きく逸脱した結果を生むことは考えにくい。そうではなく、富裕層課税に関する変化があるとすれば、それは第1章の終わりで示したように、富裕層課税の主張者が次の二つのどちらかを実行できるかどうかに懸かっている。第一は、平和な時代に適応した補償論が使えること、第二は、平等な扱いという論理を訴えて現在の状況に——各種の控除や特権によって富裕層はほかの人たちより税金が軽減されていることに——反対できることである。締めくくりに、この二つの可能性について考えてみよう。

富裕層課税を支持する補償論（あるいは場合によっては平等な扱い論）に今日的な意味があるかどうかを問うときには、19世紀から20世紀初めにかけての議論がどのようなものだったかを思い出してみるべきだ。言い換えれば、戦争のための大規模動員が税をめぐる議論を根本的に変えてしまう前の時代を振り返る必要があるということである。

初期の議論から明白にわかることだが、所得税の主張者は支払い能力にだけ言及したわけではなく、平等な扱いにも訴えていた。一般所得税が創設されるまでは、直接税は土地もしくは土地からの見なし所得にかけられることが多かった。急速に工業化する社会にあって、このことは、新しい商業のカテゴリーが丸ごと非課税になることを意味していた。ドアや窓など、外的に明白な富にかかる税も、同じ流れで影響を受けることが多かった。そうした状況下で、フランスのジョゼフ・カイヨーは1907年、平等な扱いをもう一度確立するためには一般所得税が必要だと主張した。カイヨーは一般所得税の創設を、1789年以後に登場した新たな特権の源泉を廃止することによってフランス革命の事業を継続するものだと見ていた。また、税制度内の特権は廃止されるたびにまた徐々に復活してくるから、定期的な努力によって平等な扱いを維持することが必要だという考えも示していた。

ここで、ジョゼフ・カイヨーの主張するロジックを21世紀に適用するとどうなるかを考えてみよう。今日の先進工業国では、幅広く定義された所得に一般所得税が適用されている。しかし、特に合衆国の税法では、報告した所得が予想される率のままで課税されないようにするための理由が実にたくさん定められている。さまざまな控除がある。適用除外がある。所得を資本利益に分類して低税率の対象とする機会がある。今日の税法のこうした特徴は、過去の特権とよく似た役割を果たしていると言っていいだろう。しかも現在は、あるところから先は、所得が高くなるほど支払う実効税率が低くなるような制度が作られつつある。そのような制度の下では、富裕層課税を支持するのに支払い能力の原則に依存する必要はない。単純に、平等な扱いを尊重するよう主張することができる。

これを見るためには、合衆国の内国歳入庁（ＩＲＳ）が作成した、さまざまな所得区分の実効税率に関する情報を利用することができる。２０１１年のデータを見ると、所得が年間２００万ドルになるまでは、所得が上がるほど支払う実効税率も上がる傾向にあることがわかる。(6) ところが、所得が年間２００万ドルを超えると、実際には、申告者の実効所得税率は下がっていく。ＩＲＳの計算では、２０１１年の平均で、年間１５０万ドルから２００万ドルの所得であれば実効所得税率は25・2パーセントだ。対照的に、年間１０００万ドルの所得があれば、実効所得税率はわずか20・5パーセントで済む。年間１０００万ドルを超える所得のある者に、１５０万ドルから２００万ドルの所得の場合と同じ実効所得税率で支払うよう義務付ければ、追加で約１５０億ドルの歳入がもたらされることになる。これは連邦予算の総額から見ればごくわずかで、1パーセントの半分にも満たないが、それでも、取るに足らぬ額というわけでもない。これは現在の合衆国の幼稚園教員全員の給与総額の、ざっと2倍にもなるのである。(7)

平等な扱いという論理を給与税に適用して、上限額を引き上げるかどうかの問題に対処することもできる。２０１４年の合衆国では、年間所得11万７０００ドルまでの被雇用者に6・2パーセントの社会保障税がかけられている。この上限が結果として逆進的な負担となっていることは明らかだ。逆進的な給与税の物語は、ヨーロッパ諸国の多くではいっそう劇的だ。フランスでは、最も所得の少ない層が所得の25パーセントを給与税として支払っている一方で、最も所得の多い層が払っているのは5パーセントに満たない。(8)

われわれは、こうした平等な扱い論をこそ主張せよと言っているのではないし、これが物語のすべてだとも言わない。所得税については多くの控除や適用除外があり、それぞれに歴とした理由がある。資本利益への税を通常の所得税より軽くするべきだとする効率論もある。それと同様に、給与税の上限も、これは一般税の一部ではなく、政府の一般予算から支出されないサービスの対価を分割して支払っているのだと主張すれば、正当化することができるだろう。われわれが言いたいのは、富裕層課税の支持者は、最高法定税率の高さに焦点を当てるのではなく、税制度の別の部分に目を向け、平等な扱いを訴えたほうがうまくいくだろうということだ。

次に、補償論の今日的な意味を考えてみよう。ある税の負担が市民全体で均等でないなら別の税を使ってバランスを取ればよいということは、数世紀にわたって強調されてきた。その一例が14世紀のシエーナだった。19世紀の議論では、この同じ補償論が、所得税を支持するために使われた。ロバート・ピールは1842年にこれを使って所得税の再導入を支持した。ジョン・スチュアート・ミルはまったく同じ理由から、高所得を標的とする所得税を主張した。イギリスの証拠から、20世紀の最初の10年には、累進的な所得税の存在によって、さまざまな所得層の税負担が全体としてほぼフラットになっていたことも見た。これは、富裕層課税の熱心な主張者にとって理想的な結果ではなかったが、それまで存在していた間接税を基礎とする逆進的な税制度よりは間違いなく良かった。要するに、戦時中という文脈の外であっても補償論には影響力があったと思われるのである。

こんどは、今日の富裕層課税論者が平時の補償論を用いることは可能かどうかを考えてみよう。そのような主張は現在も可能だ。なぜなら低所得層には、これまで常にそうだったように、これからも間接税（ないし消費税）の負担が最も大きいからである。スティーヴン・A・バンクが強調したように、これは所得についての「フラット・タックス」体系の公正さに直接影響する。バンクは、フラット・タックス体系は、ひとつの税からだけではなく、すべての資源から市民がどれだけ支払うかを考慮に入れるべきだと提案している。(9) ヨーロッパ諸国では、貧しい世帯の支払う税のうち、付加価値税がかなり大きな割合を占めている。基本的な必需品については特別に低い税率になっているのだが、それでもこれが当てはまる。今日のフランスでは、最も所得の低い層が所得の優に15パーセントを消費税で支払っている一方で、最も所得の高い層がそうした税で払っているのは所得の5パーセントでしかない。(10) 消費税の逆進負担から、富裕層への課税を重くして平等な扱いを取り戻すという議論が生まれる可能性はある。合衆国には付加価値税はない。しかし、合衆国内の各州や自治体は、当然のことながら、個別に一般売上税を実施している。すべての証拠は、基本的な必需品をこうした売上税の対象除外としている例が多いとはいえ、全体としての負担が逆進的であることを示唆している。(11) これも、累進的な所得税を求める補償論を提供するものだ。また、消費税に累進税率を適用せよという主張も提供できるだろう。(12)

ここまでの例のすべてから考えて、富裕層課税をめぐる将来の議論は、ひょっとしたら、富裕層はもっと多く支払うことができると主張する者と、平等な扱いと効率を強調する者との単純な争いから逸脱していくかもしれない。全体としては、それが近い将来、富裕層へのある程度の課税強化につながる可能性もあるだろう。しかし、20世紀のパターンが繰り返されることは考えにくい。そのようなことが起こるには、次の二つのうちのどちらかが起こる必要がある。第一の可能性は、まさに１９１４年のような大規模な政治的ないし経済的な大事件が発生して、新しい補償論が俎上に載ることだ。そのような事件がないなら、累進課税を主張する者は、現在の政府の政策が富裕層に大きく偏っているという、説得力があって信頼のおける主張をする必要がある。とはいえ、そのような主張がなされるという確かな見通しはなさそうだし、なされたとしても、間違いなく批判にさらされるだろう。結局、ひとつ確実なことは、富裕層課税はこれからも社会的葛藤の根源であり続けるということ、この葛藤を理解しようと思えば、歴史から多くが学べるということである。

# 索引

【た行】



【な行】



【は行】

【ま行】



【ら行】

# 原 注

## 第 1 章　政府が富裕層に課税する理由

1. たとえば “How to Fix Our Appalling Tax Code（どうすればわが国の最低の税法を修正できるか）” by Dave Camp, *Wall Street Journal*, February 25, 2014 を参照
2. Dworkin (1977), p. 370〔日本語版　305 ページ上段〕および Anderson (1999) を参照。
3. 理論的には、この洞察は、全員が同じ率を支払う制度も含めたさまざまなタイプの税制の正当化に用いることができる。しかし歴史的には、支払い能力論は、富裕層がほかの国民より高率の税を支払うべき理由を正当化するために用いられることがほとんどだった。
4. 合衆国の事例に関する研究については、特に Bank, Stark, and Thorndike (2008)、Brownlee (2004) および Alstott and Novick (2006)、Kennedy (1980) を参照。イギリスについては、特に Daunton (2002, 1996), Cronin (1991) を参照。Feldman and Slemrod (2009) も参照。
5. 20 国は、オーストラリア、オーストリア、ベルギー、カナダ、デンマーク、フィンランド、フランス、ドイツ、アイルランド、イタリア、日本、韓国、オランダ、ニュージーランド、ノルウェー、スペイン、スウェーデン、スイス、イギリス、合衆国〔英語表記のアルファベット順〕。
6. われわれは自分たちの結論を一般的なものだと考えているが、だからと言って、国のタイプが違っても公正さをめぐる議論の作用は変わらないということにはならない。サンプル中でさえ、たとえば民主主義国と非民主主義国とで（われわれの主張から予測されることだが）重要な違いがいくつもあることを指摘していくつもりである。これに国ごとの特徴——何であれそのために歳入を集めている公共財を送達する国家の能力など——まで考慮すれば、税をめぐる議論において公正さを考えることの重要性や動力学はさらに違ってくると予想される。以下、サンプルに含まれる国についてこの可能性に取り組んでいくのだが、サンプル以外の国々、とりわけ発展途上世界の課税政策に関しては、こうした問題はさらに大きな違いを生じるかもしれない。
7. このテーマでの近年の研究については Alesina and Glaeser (2004), Beramendi (2012), Beramendi and Anderson (2008), Hacker (2008), Hall and Soskice (2001), Hays (2009), Huber and Stephens (2001), Iversen and Soskice (2006, 2009), Kenworthy and Pontusson (2005), Lieberman (2003), Mares (2003), Moene and Wallerstein (2001), Pontusson (2005), Przeworski and Wallerstein (1988), Rehm (2011), Rodden (2010), Roemer (1998, 1999), Rueda (2007), Steinmo (1993), Swank (2002), Timmons (2005) などを参照。
8. われわれが中世および近世ヨーロッパのさまざまな社会集団について、租税負担の完全な全体像をつかんでいるとまで言いきるのは、さすがに語弊がある。しかし、

この時期を専門とする歴史学者のコンセンサスにしたがえば、ヨーロッパの戦争は、特に 1300 年以後については、主に一般消費財への間接税で集めた資金で戦われていた。これによる富裕層への負担はほかの社会集団よりも軽かっただろう。モルホ（Molho, 1996）は 104 ページでフィレンツェについてそのように述べているし、ブロックマンス（Blockmans, 1987）は低地諸国の各都市について、文句のない証拠を提出している。オブライアンとハント（O'Brien and Hunt, 1993）は、イングランドが 1688 年に始まる大陸の戦争〔大同盟戦争〕に関わるようになって以後、間接税への依存を強めていった経緯を論じている。イタリアの自治都市シエーナはヨーロッパの一般的なパターンの例外で、バウスキー（Bowsky, 1969）が示しているように、こちらは広範な直接税に依存していた。フランス国王も直接税とりわけ「タイユ」に大きく依存していた〔タイユは封建時代およびアンシャン・レジーム期の直接税。元は一般の封建領主が領民に課していたが、1412 年からは国王のみが徴収権をもつようになった〕。しかし、フランスの全体的な租税負担は、現代の水準からすれば極端に低かった。1607 年の総税額は 3143 万 7671 トゥールポンド〔当時の通貨。1 フランと等価〕だった（Chaunu, 1977）。1850 万人という人口推計（http://www.ggdc.net/maddison/maddison-project/data.htm）を用いると、1 人当たりの税額は 1.7 トゥールポンドとなる。これは、当時のパリの建設労働者の賃金の 3.4 日分に当たる（データは Global Price and Income History Group のもので、もともとの収集者はロバート・アレンである。http://gpih.ucdavis.edu/Datafilelist.htm で入手可能）。

9. GDP に対する税収の割合に関するデータは Mauro et al.（2013）より。
10. この考え方はピーコックとワイズマン（Peacock and Wiseman, 1961）が導入したもので、最近になってベーツマ、ツケルマン、ジュリオドーリ（Beetsma, Cukierman, and Giuliodori, 2013）が広範に探求している。
11. Guicciardini（1994, p. 49）〔日本語版　85-86 ページ〕
12. 1908 年、累進課税の歴史を検討したエドウィン・セリグマンは、結論部分で次のような見解を述べている。「ここまでの検討から、累進課税の傾向がほぼあらゆるところで強まっていることは明白である。それをわれわれが嘆こうがどうしようが、民主主義は力強く己を主張している。そしてまさに、最も民主的な国であるオーストラリアやスイスなどにおいて、累進課税を支持する動きは最も強いのである」。Seligman（1908), p.124.
13. Shultz（1926, p. 282).
14. 特に Acemoglu and Robinson（2006, 2000）および Boix（2003）の研究を参照。この仮説の党派的な変異型も提唱されている。これは、仮想の中間的な有権者が政策選択するのではなく、左派政党（低所得者層を代表）と右派政党（高所得者層を代表）が異なる案を提出して権力闘争を繰り広げるというもので、誰が最終的に政治権力を握るかが問題となる。形式化については Przeworski and Sprague（1986）および Roemer（1997）を参照してほしい。参政権の拡大と再分配による政治経済モデルを最初に提示したのはメルツァーとリチャード（Meltzer and Richard, 1981）で、基礎となったのは、それに先立つレーマー（Roemer, 1975）やロバーツ（Roberts, 1977）の洞察である。メルツァーとリチャードは、異なる所得の個人で満たされた経済について考察

した。各人は所得にかかる比例税の率を選択しなければならず、集めた税は定額移転として各市民に再分配される。考え方によっては、これは最も単純なタイプの累進課税政策となる。税率は全員同じだが、定額移転を計算に入れると、最終的には富裕層のほうが所得のうちの大きな割合を支払うことになる。このシナリオでは、当然のことながら、有権者の選好は所得ごとに分かれて、豊かな有権者ほど低い税率を好むようになる。メルツァーとリチャードは、投票権が富裕層に限定された社会からスタートすると、参政権が拡大するにつれて税率が上がっていき、富裕層から貧困層への再分配が多くなることを示した。厳密に言えば、メルツァー－リチャードモデルは、民主主義と富裕層課税についての一般的な結果を示しているわけではない。そのようなものを得るためには、理想としてはもっと複雑な（かつもっと現実的な）税制度を備えたモデルへの移行が必要だ。その場合、有権者は、税率ではなく所得税率表（今日の合衆国の連邦所得税のような、複数の税率区分があるもの）を選ぶことになる。あるいは、理論的な予測を真に一般的なものにするためには、可能なすべての税率表を並べたなかから有権者が選択できるようにするべきだろう。問題は、それをすると、課税の選好が必ずしも所得でランクづけされなくなってしまうことだ。富裕層、貧困層、中間層の三つの階層からなる社会を考えてみよう。中間層にいる人は、富裕層からたくさん巻き上げる税制度を好むかもしれないし、貧困層から取るほうがよいと思うかもしれない。貧困層と富裕層が投票した結果、中間層が搾り取られるというシナリオも考えられる。この難問から抜け出す道を見つけようとさまざまな試みが行われてきたが、決定的な解決策はまだ見つかっていない。この点については Roemer (1999), Carbonell-Nicolau and Ok (2007), Carbonell-Nicolau (2009), Iversen and Soskice (2006) を参照してほしい。結局のところ、大半の学者は、必ずそうだと言えるだけの一般的な理論モデルがないままに、強い直感で、普通選挙を実施している民主主義国は富裕層に重い税を課すはずだと考えているのだ。

15. Aidt and Jensen (2009) を参照。
16. http://press.princeton.edu/titles/10674.html のオンライン資料を参照。このアーカイブには、本書での分析を再現するのに必要なすべての資料が収録されている。
17. 多くの学者、とりわけ政治学者が、この主張をする際に Meltzer and Richard (1981) での研究を引用しているが、これは基盤としてはかなり脆弱だ。第一に、われわれがすでに述べたように、メルツァー－リチャードモデルには全員に単一の税率を課すという選択が含まれていて、再分配による移転と結びついている。したがって、異なる集団に異なる税率が選択されるような文脈には必ずしも持ち込めない。第二に、メルツァー－リチャードモデルの文脈においてすら、不平等が大きくなるほど再分配が増えると結論づけるには、追加的な（しかも必ずしも有効とは限らない）前提がいくつか必要となる。もっとも、不平等な社会への移行を富裕層課税の軽減で特徴づけるということなら、このモデルにおいても理論的に可能だ。
18. この点については Nelson (2004) を参照。
19. Guicciardini (~1520 [1867]).
20. Jean-Jacques Rousseau, *Discourse on Political Economy*, edited by Victor Gourevitch (1977, p.

19)〔日本語版　78 ページ。本文中の引用は「中産階級」を「中程度の階級」に変更〕

21. エマニュエル・ファーリとイヴァン・ウェルニングが、これが正確にどのようにして起こるかを示す理論モデルを構築している。民主的な投票によってさまざまな水準の富裕税が連続して選択された場合には、富裕層の有権者も、将来の再分配が大きくなることを避けるために、現時点での課税に同意するかもしれない。Farhi and Werning (2009) を参照。さらに、政府が不平等の拡大に対応するために富裕層への課税を強化すると考えられる理由としては、単純に、不平等に対する有権者の嫌悪感が強いということもある。この主張の例は Lü and Scheve (2014) を参照してほしい。たしかに、研究室や調査・実験上の証拠には、人びとはあまりに大きな不平等を好まないという考えと一致するものもあるのだが、この動機が、はたして富裕層への課税強化につながるほど強いのかどうかは、まったく明らかになっていない。本書の本文で検討している不平等と税政策のさまざまなパターンは、この動機だけでは十分ではないことを示唆している。

22. Gilens (2012) および Bartels (2008) を参照。

23. 特に Bonica, McCarty, Poole, and Rosenthal (2013) を参照。

24. この見解の好例としては Graetz and Shapiro (2005) を参照。フェアフィールド (Fairfield, 2015) もこの線に沿った証拠を提出していて、ラテンアメリカ諸国のさまざまな問題をめぐって、経済エリート層が税制改革の妨害に成功した例が研究されている。

25. 今日の合衆国における選挙資金、ロビィ活動への支出、課税、不平等については Bonica et al. (2013) を参照。1986 年の税制改正法に関するロビィ活動の分析については、ジェフリー・H・バーンバウムとアラン・S・マレー (Jeffrey H. Birnbaum and Alan S. Murray) の『グッチガルチの血闘 *Showdown at Gucci Gulch*』(1988 年、未訳) を参照。〔1986 年税制改革法をめぐる、ロナルド・レーガン政権とロビィストの実態を描いたもの。「グッチガルチ」は合衆国下院歳入委員会室の外の廊下のことで、ロビィストの溜まり場をさす〕

26. Acemoglu and Robinson (2008) を参照。

27. この疑問に答えることを試みた古典的な研究については Slemrod (2002) を参照。さらに近年の証拠については Giertz, Saez, and Slemrod (2012) を参照。

28. Alt (1979) および Fisman, Jakiela, and Kariv (2014) を参照。

29. たとえばマイケル・ボスキン (Boskin, 2000) が、フランシス・エッジワースは富裕層への高税が労働力の供給を減らすインセンティブになる可能性を無視している、と述べているのを参照。

30. Edgeworth (1897), p. 553.

31. 戦争と補償論と富裕層課税を強調するわれわれの主張は、戦争と政治的・市民的権利規定とのつながりに光を当てた主張と緊密に関連している。戦争のための大規模動員は、女性および民族的・人種的マイノリティーの地位の大きな変化につながった。その基礎となったのは、全面的な権利をもたない集団が戦争努力に参加したのであれば、彼らにもほかの全員と同じ権利が与えられるべきだというシンプルな考

え方である。そのとりわけ明瞭な例については、フィリップ・クリンカーとロジャーズ・スミスによる、戦時および平時におけるアフリカ系アメリカ人の地位に関する研究（Klinkner and Rogers, 1999）を参照してほしい。同じ主張がさらに広く、民主主義の確立についてもなされているので、こちらは Ferejohn and Rosenbluth（近日刊）を参照してほしい。第7章で検討するように、古代アテナイには、下層階級はオールを漕いでアテネ海軍の動力となったのだから彼らにもほかの全員と同じ政治的権利が与えられるべきだ、という主張があった。われわれは、大規模な戦争が公平さに基づく新たな主張の機会を生み出したことを強調していくのだが、だからといって、戦争の影響がこの公平さのチャンネルを通じてのみ表れたかのように述べるつもりはない。大衆が戦闘のために動員されるようになると、戦争終結後には、市民が暴力の使用や動員を容易だと考えるようになる可能性がある。この現象については近年、ジハとウィルキンソンが説得力のある発言をしている（Jha and Wilkinson, 2012）。この現象は、多様な歴史的文脈において重要なものではあったが、これが、大規模動員戦争が税制策に影響を及ぼす原動力だとは考えにくい。われわれは、戦争による富裕層課税への影響には国ごとに差違があることを示していて、たとえば、民主主義国では市民の平等な扱いについての規準が強力なので、その分だけ富裕層課税への影響も強く出るのだが、これを、戦争によって市民が武装するからという理由で説明するのは容易ではない。大規模戦争による大きな影響のうち、これ以外で公正さということから独立したものとしては、国家の能力の向上がある。歴史を通じて、戦争が国家の課税能力の向上と関連していることは間違いないだろう。これはチャールズ・ティリーと最も関連の強い主張で、近年ではティム・ベズリーとトルステン・パーションが研究しているので、Tilly（1975, 1990）および Besley and Persson（2009）を参照してほしい。しかしこれは、すべての社会階級への課税能力が伸びたということであって、富裕層への課税に限ったことではない。最後に、戦争の遂行は通常時の防衛力提供とは質的に異なる公共財を提供するので、これが課税への支持に影響することはありそうだ。われわれはこの見解と一致する証拠を提供するつもりだが、この主張は、すべての所得階層への幅広い課税への支持を示唆するものであって、富裕層に対するものに限っているわけではない。

32. Levi（1997）を参照。これは『支配と歳入について *Of Rule and Revenue*』（1988年、未訳）の53ページにあるレヴィーの主張——「支配者は、税制度が公正であることを示すことによって、国民が法令に従う度合いを高めることができる」——とも関連している。
33. http://www.dailykos.com/story/2013/05/14/1208899/-Whatever-Happened-to-the-Conscription-of-Wealth
34. もちろんこれは彼の一貫した研究テーマで、Piketty（2014）および Piketty（2001）で最も明快に述べられている。

### 第2章　市民の平等な扱い

1. Hall and Rabushka（1981, p. 185）.
2. 歴史記述をめぐる近年の議論については Regent（2014）を参照。グイチャルディーニ

のテクストには、フリードリヒ・ハイエクも *Constitution of Liberty* (1960 [2011]), p. 430 で言及している〔日本語版　第Ⅲ巻 74(306) および 235(516) ページ。英語版の脚注が日本語版では巻末注になっているため複数ページに記載〕。ハイエクは、累進性に反対するグイチャルディーニの議論を提出したうえで（しかし賛成論は提出せずに）、それ以前のグイチャルディーニの著作にしたがって、デッチマ・スカラータはメディチ家がフィレンツェの他のエリート層を抑圧する道具になったと述べている (Guicciardini, "Del Reggimento di Firenze" を参照)〔日本語版　54-56 ページ〕

3. Guicciardini ~1520 [1867], p. 355. ここでの英語版はブルース・エデルスタインの訳。グイチャルディーニのテクストには先行の英語訳があるが (Guicciardini's text (~1520 [1959])、そちらは原文のイタリア語にあまり忠実ではないと判断した。
4. 「この問題では、貧しい者が税に苦しむのと同じように、豊かな者も苦しむのだと言いたい。税が必要な出費を妨げるという点では、貧しい者と同じなのである。通常の出費は誰にとっても同じなのではなく、市民の地位の違いに応じて異なっている。豊かな者はその地位を維持するために多くの出費が必要であり、貧しい者はわずかな出費しか必要ではない。わたしは平均的な富を持っているから平均的な出費が必要となる」。英語版はマリア・カレッリ訳。
5. 「平等な扱い」についてのこの説明は、のちにフリードリヒ・ハイエクの『自由の条件』で引用される。Hayek (1960 [2011]), p. 430 を参照〔日本語版　第Ⅲ巻 235(516) ページ〕
6. Matteo Palmieri (1429 [1982], pp. 141-142). 英語版はブルース・エデルスタイン訳。この部分の議論および課税についてのパルミエーリの見解についての詳細は Ricca-Salerno (1881, pp. 32-33) および Isenmann (1995) を参照。
7. 贅沢をめぐる一般的な議論については Hont (2006) および Shovlin (2006) を参照。「美徳」と「商業」についての研究 (Pocock, 1985) もこれと密接に関連しているので参照。エイヒ (Eich, 2013) は、贅沢税をめぐる議論は累進課税をめぐる後世の議論を予言するものだったと見ている。
8. Jean-Jacques Rousseau, *Discourse on Political Economy*, edited by Victor Gourevitch (1997), pp. 32-33〔日本語版　97 ページ〕
9. サン゠ランベールが寄稿した背景については Hont (2006) および Shovlin (2006) を参照。
10. テクスト全文は以下の通り。「すべての国の国民は、政府を支えるために、各人の能力にできるかぎり比例して、つまり各人が国の保護のもとで得ている収入にできるかぎり比例して、税金を負担するべきである。大国の国民にとって政府の支出は、不動産の共同所有者が各人の持ち分比率にしたがって支払わなければならない管理費に似ている。この原則が守られていれば課税は公平であり、守られていなければ不公平だとされる」*The Wealth of Nations*, Book V, Chapter 2, paragraph 25〔日本語版　下巻 414 ページ〕
11. この点については Hont (2006), Ignatieff and Hont (1983) および Eich (2013) を参照。
12. 段落全文は以下の通り。「貧乏人にとっては、生活必需品の負担が重い。食料を入手するのが容易ではなく、わずかな収入の大部分を食料を買うのに使う。金持ちの場

合には、贅沢品と虚飾品が支出の中心になる。そして壮大な屋敷があれば、所有する贅沢品と虚飾品をうまく飾りたてて、引き立たせることができる。このため、家賃に対する税金の負担は一般に金持ちほど重くなるが、このような不公平はおそらく、とくに不合理だとはいえない。金持ちが収入に比例するだけでなく、それ以上の比率で財政に貢献するのは、とくに不合理ではない」*The Wealth of Nations*, Book V, Chapter 2, paragraph 71〔日本語版　下巻 432 ページ〕

13. John Stuart Mill, *Principles of Political Economy*, Book V, Chapter 2, paragraph 7 で以下のように述べられている。「課税という問題において公平ということが原則とならなければならないのは、どういう理由によるものであるか。それは、政府のあらゆる業務において、公平が原則でなければならぬという理由によるものである。政府というものは、諸々の人あるいは階級の政府に対する要請の強さについて、これらの人あるいは階級のあいだに差別を立ててはならないものであるが、それと同じように、政府が彼らに対してどのような犠牲を要求するにしても、その犠牲は、すべての人に対し及ぶかぎり同等の力をもって負担となるようにしておかなければならない。このことは、しかし、同時に全体の上に生ずる犠牲を最小ならしめる方法であることに注意しなければならない。もしもある人が彼の公正な負担の分け前よりも小さいものを負担したとすれば、彼以外の何人かが、その分け前以上のものを負担しなければならなくなる。しかも一方の人に対する軽減は、他の事情が同じであったならば、彼にとり、他方の人に対する圧迫の増大が災害となるのと同じ大きさの福利とはならないものである。したがって、課税の公平ということは、政治の格言としては、犠牲の公平ということを意味するわけである。それは、各人が租税支払いにおける彼の分け前から感ずる苦痛が、他のすべての人がその分け前から体験するそれよりも、大きくも小さくもならないように、政府の経費に対する各人の醵出分を割り当てることを意味するものである。もっとも、この基準は、完成についての他のもろもろの基準と同じように、完全に実現されることはありえないことである。けれども、あらゆる実践的議論における第一の目的は、完成とは何であるかを知ることでなければならない」〔日本語版　第五巻 28–29 ページ〕

14. John Stuart Mill, *The Principles of Political Economy*, Book V, Chapter 2, paragraph 10, 3rd edition 1852〔日本語版　第五巻 32 ページ〕。段落全文は以下の通りである。「そこで、我々は、すべての人から相等しい犠牲を要求しなければならないという格言から出発するとして、つぎに、このことは、各人をしてその金銭的資力の中から同じパーセンテイジのものを醵出させることによって、実際上達成されるかどうかということを、研究しなければならない。多くの人はこれに対し否定的解答を主張する。そして小さい所得から徴収される十分の一は、はるかにより大きな所得から取り上げられる同じ十分の一よりも、はるかにより重い負担となるものである、と言っている。そして非常に人気のある、差率財産税と呼ばれているもの、すなわち所得額につれてパーセンテイジが高くなる所得税の企画は、このことを根拠とするものである」

15. 前掲書 paragraph 11, 3rd edition 1852〔日本語版　第 5 巻 32–34 ページ〕。ベンサムの論文については Jeremy Bentham（1794, p. 388）を参照。セリグマン（Seligman 1908）

が述べているように、必要最低限を税から控除するという考えの究極の根源はベンサムではない。セリグマンはベンサム以前のソースをいくつか提示している。

16. John Stuart Mill, *The Principles of Political Economy*, Book V, Chapter 2, paragraph 12, 3rd edition 1852〔日本語版　第五巻 34 ページ〕

17. 窓税がこれに当たる。ミルが 1833 年 1 月 13 日付で『エグザミナー』紙〔1808 年創刊、1886 年廃刊。現在のアイルランドの同名紙とは別〕に宛てた書簡 "Necessity of Revising the Present System of Taxation（現行税制改訂の必要性）" を参照。

18. John Stuart Mill, *The Principles of Political Economy*, Book V, Chapter 2, 3rd edition 1852〔日本語版　第五巻 56–57 ページ〕

19. Edgeworth（1897）および Pigou（1928）を参照。

20. マシュー・ヴァインツィアル（Matthew Weinzierl, 2014）が最近になって提出した調査証拠は、税政スキームの選択では、市民が厚生主義よりも公正さによる規準の適用を望んでいることを示唆している。現在の経済学者の関心と資源配分における公正さへの近代のアプローチとの関係については Young（1990, 1995）および Roemer（1996）を参照。

21. Lionel Robbins（1932, p. 125）を参照〔日本語版　126–127 ページ〕

22. Simons（1938）を参照。

23. Pigou（1928, p. 156）を参照。

24. Thomas Piketty（1995）. Bénabou and Tirole（2006）. 実証的な支持については Fong（2001）を、また合衆国とヨーロッパの姿勢の比較については Alesina and Angeletos（2005）も参照。

25. Murphy and Nagel（2002）を参照。

26. マーフィーとネーゲルの主張の意味するところを別の面から考えると、税制度について規範的な意味で説得力のある決断を下すには、分配的正義に関して文句のない理論が必要だということになる。ここで留意するべきなのは、ロールズ（Rawls, 1971）以後、分配的正義に関する現代研究のきわめて多くが平等主義的な説明に焦点を当てていること、正しい社会において何が平等化されるべきかが中心的な疑問となっていることである（たとえば Sen, 1980; Dworkin, 1981a, 1981b; Cohen, 1989; Roemer, 1998 を参照）。マーフィーとネーゲルの主張は、ある面では、正しい社会において何が平等であるべきかという、大きな分配的正義の疑問に答えることなしに税制度での公正や平等を語ることは不可能だということを示唆している。

27. Bowsky（1969, 1981）を参照。引用は Bowsky（1981）の 191 ページより。傍点は著者らによる。

28. House of Commons, Select Committee on Income and Property Tax, testimony by John Stuart Mill, May 20, 1852. House of Commons Papers vol. 9, p. 299（イギリス下院・所得および資産税に関する特別委員会、1852 年 5 月 20 日のジョン・スチュアート・ミルによる証言。下院議事録第 9 巻 299 ページ）参照。*Principles of Political Economy* V 3, paragraph 15〔日本語版　77–78 ページ〕の議論も参照。

29. そうした論文のいくつかが Seligman（1908, pp. 145–147）で検討されている。さらに詳しい検討については Gaston Gros（1907), pp. 556–577 を参照。

30. John Rawls（1971, pp. 246–247）〔日本語版　374 ページ〕
31. Speech by citizen Pierre-Gaspard Chaumette, procureur general de la commune March 9, 1793. *Archives Parlementaires* p. 6（市民ピエール＝ガスパール・ショーメット検事総長による 1793 年 3 月 9 日の演説。議会公文書 6 ページ）。英訳は著者による。この演説は Seligman（1908, p. 32）でも引用されているが、Gomel（1902, pp. 389–391）に由来する誤った略語が使われている。累進課税をめぐるこの時期の広範な議論については Gross（1933, 1966）を参照。
32. Seligman（1908, p. 145）および Walker（1883, pp. 453–455）を参照。
33. この点については Seligman（1908, pp. 142–145）および Walker（1883, pp. 453–455）の評価を参照。
34. もちろん、消費への累進課税は例外となる。
35. 最後通牒ゲームの結果については Camerer and Fehr（2004）を参照。
36. Camerer and Fehr（2004）を参照。
37. Engl（2011）を参照。
38. Fisman, Jakiela, and Kariv（2014）を参照。彼らの結果は、被験者の 3 分の 1 は純粋に公正、15 パーセントは純粋に利己的な性格のものと考えられ、残りの 52 パーセントはこの二つの分類の中間になることを示している。
39. Henrich et al.（2010）を参照。
40. これはオクソビーとスプラゴン（Oxoby and Spraggon, 2008）による独裁者ゲームの文脈と、カーとメリッツォ（Carr and Melizzo, 2013）による最後通牒ゲームの事例から示されている。関連した結果については Cappelen et al.（2007）も参照。
41. Reuben and Riedl（2013）を参照。
42. たとえば、Gilens（1999）, Luttmer（2001）, Fong（2001）, Alesina and Angeletos（2005）, Alesina and Glaeser（2004）, Durante, Putterman, and van der Weele（2014）, Cavaille and Trump（2015）などを参照。この分野では、経済政策についての意見を決定する際の自己利益の重要性に関して議論があることを付け加えておくべきだろう。多くの証拠から見て、自己利益、他者配慮的選好、および公正さへの関心のすべてが各人の選好にとって重要だが、こうした考慮のうちのどれを重く見るかについては、政策や個人によって大きなばらつきがあるというのがわれわれの見解である。
43. 調査は世論調査会社 YouGov によってオンラインで実施された。YouGov ではマッチドサンプリングを採用して、成人人口の無作為サンプルを近似している。
44. 所得が 2 万 5000 ドルから 20 万ドルの人に割り振る増税割合は、1.1 パーセントポイント、1.25 パーセントポイント、1.5 パーセントポイントのいずれか、所得が 20 万ドルを超える人に割り振る増税割合は、2 パーセントポイント、3 パーセントポイント、4 パーセントポイントのいずれかである。
45. 調査についての詳細はオンライン資料で参照できる。
46.「全員が同じだけ払うべき」「金持ちも貧しい者も平等に払うべき」といった例も含まれる。このカテゴリーには、単に税は平等であるべきだとしている例も、政府は人びとを同じに扱うべきだと明確に述べている例も含まれることに留意してほしい。
47. この「理由」は、本質的には回答者の選好の繰り返しであって、累進的な選択を支

持する根拠になっていない。「金持ちは多く払うべきだ」「貧しい者には税を低くするべきだ」なども この例に含まれる。

48. 500 人の回答者のうち、73 人はこの質問にまったく答えないか、意味をなさない回答をしていた。さらに、16 人の回答者は複数の理由を挙げていたために、中心的な主張をコード化できなかった。したがって、各主張のパターンについてのわれわれの記述は、中心的な主張を分類できた 411 人の回答者についてのものである。

## 第 3 章 過去 2 世紀の所得税

1. Seligman (1911, pp. 42-53). イタリアの事例についての詳細な記述については Conti (1984) を、フランスについては Clarmageran (1868) を参照。
2. *Comparative Income Taxation Database* (Genovese, Scheve, and Stasavage 2014) には、最高限界税率が適用される区切りの金額、税を統制する法律、およびこうした情報のソース(法律の原文ないし二次文献)も含まれている。データおよびコードブックは http://data.stanford.edu/citd で入手できる。サンプルに含まれている国は、オーストラリア、オーストリア、ベルギー、カナダ、デンマーク、フィンランド、フランス、ドイツ、アイルランド、イタリア、日本、韓国、オランダ、ニュージーランド、ノルウェー、スペイン、スウェーデン、スイス、イギリス、合衆国〔英語表記のアルファベット順〕である。
3. この観察結果は実質的にはあまり重要ではない。以下で詳しく論じるように、われわれは地方所得税に関するデータも収集している。こうした税を含めれば、スイスもサンプル中のほかの国と似てくる。
4. 地方消費税に関するデータは国全体についての包括的なものではない。われわれは、納税者がその地域で最大の都市に住んでいると仮定して、地方税に関するデータを収集した。そのうえで、市や州レベルで課される所得税があるかないか、あれば率はどれくらいかを判定していった。
5. 1925 年、1950 年、1975 年、2000 年、2010 年の税率は 1 人当たり名目 GDP に基づいている。われわれは、*Comparative Income Taxation Database* 中の、すべての区分の税率と閾値が取得できる国について、税率表全体のグラフを構築した。25 年間隔で 6 つの年(1875 年、1900 年、1925 年、1950 年、1975 年、2000 年)の国レベルの所得税率表を集め、そこにデータベース最終年(2010 年)の税率表を追加している。税率表は、そのままではなく、1 人当たり GDP に対する倍率という視点から示した。それぞれの国のそれぞれの年に GDP のどの閾値がどの人口百分位に適用されたかについては、データベースには信頼できる情報がないので、Piketty (2001) に依拠した。ピケティは、フランスにおける個人の所得閾値を、第 10、第 50、第 90 百分位について(年によっては第 95 および第 99 百分位まで)示してくれている。われわれは、ピケティの閾値を用いて、ほかの国についても 1 人当たり GDP に対する倍率を算出した。まず、フランスの各年・各百分位の倍率を計算するために、ピケティの閾値を 1 人当たり GDP で割ったのち、入手可能なすべての年の倍率を平均した(Piketty 2001, pp. 671 and 672, col. 8-10 of table D12 and col. 4-6 of table D13〔日本語版 900-899(193-192)ページの表 D12 の第 8-10 列、および 898(195)ページの表

D13の第4–6列〕を参照。表の範囲は1950年から1998年である)。すると、フランスの所得層ごとの倍率の平均は、第10百分位で0.48、第50百分位で0.83、第90百分位で1.66、第95百分位で2.12、第99百分位で3. 87だった。これを丸めてそれぞれ0.5、1、1.5、2、4とし、この値を用いて、ほかの国についても、税率表全体のなかで各税率に対応する所得閾値を見つけていった。また、これに100という高い倍率を含めることで、すべての国のデータについて、本当の最高税率を捉えられるようにした。以下、この注では、考察する6国それぞれの税率表のソースについて、および1人当たりGDPに対する倍率という視点から税率計算を性格付けた判断について述べていく。

**フランス　1925–2010年**　フランスの税率表は1925年に始まっているが、これは全国的なデータが1914年7月15日から始まっているためである。税率表全体のソースは次のとおりである。1925年については、1926年8月の議会テクストを使用した。これはPiketty (2001), table 4.2, at p. 263〔日本語版　340ページの表4–2〕でも報告されている。1950年についてはPiketty (2001, table 4.5, at p. 296)〔日本語版384ページの表4–5〕に従った。1975年についてはPiketty (2001, table 4.5, at p. 297)〔日本語版385ページの表4–5(続き1)〕に従った。2000年および2010年についてはOECD Income Tax Database (2014) [http://www.oecd.org/tax/tax-policy/tax-database.htm] を使用した。

1998年までのフランスの1人当たりGDPは、名目GDPを、ミッチェルの*International Historical Statistics*に基づく総人口で割った。GDPは、1949年までは百万旧フラン単位で、その後の1958年から1960年にかけてデノミネーションが行われ、それまでの100フランが新しい1フランになっている。1950年から1998年までのGDPの単位は10億新フランである。1999年以後の1人当たりの名目GDPはEurostat (2014) [http://ec.europa.eu/eurostat] からで、ユーロ表示となっている。

1925年の税率は法律上の25の「所得層」を中心に構築されている。ピケティ(Piketty 2001, p. 263〔日本語版340ページ〕)は1919–1935年の税率の閾値をまとめて報告しているので、ここから1人当たりGDPに対する倍率が示される(1926年のものが得られる)。1950年の税率は、1人当たり名目GDPの縮尺版を基礎としている。これは、ミッチェルによる1950年のGDP値は百万フラン単位なのに、ピケティの閾値はこの時点でも「旧」フランで報告されているためで、ミッチェルのGDP値を100倍してほかの閾値に合わせた。1975年、2000年、2010年の税率は、1人当たり名目GDPに対する倍率を基礎としている。

**ドイツ　1925–2010年**　ドイツの税率表は1925年に始まっているが、これは全国的なデータが1920年3月29日から始まっているためである。税率表全体のソースは次のとおりである。1925年についてはDell (2008) , table at p. 119に依拠している。1950年については、戦後初の所得税法である1958年法の区分を用いたうえで、歴史的な税率に関するドイツ連邦財務省(BMF)2013年報告の閾値に依拠した。後者は会計法の課税公式に基づく税のベンチマークを示している(https://www.bmf-steuerrechner.de/uebersicht_ekst/)。1975年についてはBMF報告の閾値を用いている。2000年および2010年については、OECD Income Tax Database (2014) および

BMF2013年報告を用いた。

1990年までのドイツの1人当たりGDPは、名目GDPを、ミッチェルの *International Historical Statistics* に基づく総人口で割った。GDPの単位は百万ドイツマルク（DM）である。1991年以後の1人当たりの名目GDPはEurostat（2014）からで、ユーロ表示（事後）となっている。

1925年の税率は、DMでの名目GDPをライヒスマルクでのGDPに読み替えて計算した。ライヒスマルクは1924年から1948年まで使われた公式通貨で、この時期の閾値はこれで報告されている。DMでのライヒスマルクの価値は、最初の600レンテンマルク（RM）については1DM=1ライヒスマルク、それ以上は1DM=10ライヒスマルクなので、GDPを10倍して1人当たりGDPに対する倍率を計算し、それを用いて税率を見つけた（DMから見たライヒスマルクの値に関する情報はドイツ連邦銀行 http://www.bundesbank.de/Redaktion/DE/Standardartikel/Statistiken/kaufraftvergleiche_historischer_geldbetraege.html?view=render%5BDruckversion%5D から取得した。2014年6月24日にアクセス）。1950年（正確には1958年）と1975年の税率は、BMF報告で報告されている税率がユーロ単位になっていることから、1人当たりの名目GDPの縮尺変更版に依拠している。1975年までのDMとユーロの交換レートはセントルイス連邦準備銀行を通じて知ることができるので、そこから1958年の1人当たり名目GDPのユーロでの値がわかり、それを使って税率を求めた（以後のUSD、DM、ユーロの交換レートにつては http://research.stlouisfed.org/fred2/data/EXGEUS.txt を参照。2014年6月24日にアクセス）。2000年および2010年の税率は1人当たり名目GDPに対する倍率に基づいているが、この年の税率表が式ベースになっていることと、BMFの姿勢として、中期的な税率表がいくつか選択されて報告されている点に留意してほしい。

**ニュージーランド　1900–2010年**　ニュージーランドの税率表は1900年に始まっているが、これは全国的なデータが1892年10月11日から始まっているためである。税率表全体のソースは次のとおりである。1900年については、1892年の土地税および所得税法の区分に依拠している。1925年、1950年、1975年はMcAlister et al.（2012）およびその補足資料に依拠している。2000年、2010年についてはOECD Income Tax Database（2014）を用いた。

1999年までのニュージーランドの1人当たりGDPは、ニュージーランドの名目GDPを人口で割った（単位はどちらも百万）。データはStatics New Zealand［https://www.stats.govt.nz］から得ている。2000年については、IMFの世界経済見通しデータベース（World Economic Outlook Database: WEO 2000）にある1人当たり名目GDPから引いてきた。2010年については、ニュージーランド政府の統計から1人当たり名目GDPを引いている（統計は https://www.nzte.govt.nz/en/invest/statistics/ で入手できる。最終アクセスは2014年6月24日）。

1900年と1925年の税率については、1892年金融法に示されている閾値に基づいて計算したが、同法での数値はニュージーランド・ポンドより細かい区分（シリング）で表されている。1NZポンド＝2NZドル、1NZポンド＝20NZシリングなので、これに依拠して、NZドルでの1人当たりGDPを2で割り、それに20を掛けて、

NZドルからNZシリングへ換算した（ニュージーランド準備銀行からの情報はhttp://www.rbnz.govt.nz/notes_and_coins/coins/0094086.htmlで入手できる。最終アクセスは2014年6月24日）。1950年の税率はニュージーランド・ポンドで表されているので、GDPに対する倍率当たりの税率の計算では、NZドルのGDPをNZポンドに換算し、そのうえで1人当たりGDPに2を掛けた（1NZポンド=2NZドルなので）。1975年、2000年、2010年の税率は、処理しないままの1人当たり名目GDPに対する倍率に基づいている。

**スウェーデン　1875-2010年**　スウェーデンの税率表は1875年に始まっているが、これは全国的なデータが1862年から始まっているためである。税率表全体のソースは次のとおりで、1875年と1900年については、Du Rietz, Johansson, and Stenkula (2010), working paper version, appendix D, p. 55 [http://www.ifn.se/wfiles/wp/wp977.pdf] に依拠した。1925年については同論文59ページ [Table 8] の税率に依拠し、そこでの基礎額に（同表の注にあるように、税の平均上限税額によって金額では低くなっているので）1925年の控除割合を掛けた。1950年と1975年については、それぞれ同論文の60、61ページの表 [Table 9, Table 11] を使った。2000年と2010年についてはOECD Income Tax Database (2014) を用いた。

2000年までのスウェーデンの1人当たりGDPは、名目GDPを、ロドニー・エドヴィンソンによる購入者物価からの支出額（http://www.historia.se/）で割った。2001年以後の1人当たりの名目GDPはEurostat (2014) からである。

1875年と1900年の税率は、エドヴィンソンの1人当たり名目GDPに対する倍率を基礎としている。1925年の税率はエドヴィンソンの1人当たりGDPに依拠しているが、1919年以後にSEK（スウェーデン・クローネ）が改鋳されて旧20Kr硬貨が10SEKになっているのに合わせて調整した。1975年、2000年、2010年の税率は、1人当たり名目GDPに対する倍率に基づく。

**イギリス　1875-2010年**　イギリスの税率表は1875年に始まっているが、これは全国的なデータが1799年月1月9日から始まっているためである。税率表全体のソースは次のとおりである。1875年と1900年については、Mitchell (1988)〔日本語版582-583ページ〕およびMallett and George (1929, p. 399) の議論に依拠している。1925年については、1925年財政法第II章（10ページ）の区分に依拠している。1950年については、1948年財政法第III章（通常税率の変更）および第IV章（特別税率）に依拠している。1975年については、イギリス国立公文書館より（イギリス歳入税関庁のアーカイブ http://webarchive.nationalarchives.gov.uk/+/http://www.hmrc.gov.uk/stats/tax_structure/00ap_a2c_2.htm を参照。最終アクセス2014年6月24日）。2000年と2010年についてはOECD Income Tax Database (2014) を用いた。1875年から2010年のイギリスの1人当たり名目GDPは、ウィリアムソンのMeasureing Worthプロジェクトにある名目GDPに基づいている（http://www.measuringworth.com/ を参照。最終アクセス2014年6月24日）。GDPの単位は百万ポンドで、これを人口で割っている。こうした値は、報告書「The UK recession in context: what do three centuries of data tell us?（流れで見るイギリスの景気後退——3世紀にわたるデータはわれわれに何を語るのか）」から得られるイングランド銀行のデータ、IMFの世界経済見通しデータベー

ス（WEO 2000）、および OECD（2014）によるさらに新しいデータと一致している。

1875 年と 1900 年の税率は、1 人当たり名目 GDP に対する倍率に基づいている。1925 年と 1950 年（正確には 1948 年）の税率は、1 人当たり名目 GDP に対する倍率に基づいているが、1925 年から 1960 年までにポンドの価値が 10 分の 1 になったのを補正するため、GDP に 10 を掛けている。1975 年と 2000 年、2010 年の税率は、そのままの 1 人当たり名目 GDP に基づいている。

**合衆国　1925–2010 年**　合衆国の税率表は 1925 年に始まっているが、これは全国的なデータが、1863 年から始まっているものの、恒久的な税率表となったのが 1913 年 10 月 3 日以後のためである。税率表全体のソースは次のとおりである。1925 年、1950 年、1975 年については IRS（内国歳入庁）の公式税率表を用い、名目 GDP で示した。2000 年、2000 年については OECD Income Tax Database（2014）を用い、IRS の税率表とつき合わせた。

1925 年から 2010 年の合衆国の 1 人当たり名目 GDP はウィリアムソンの Measuring Worth プロジェクト（Officer and Williamson, 2006）より。このデータは IMF の世界経済見通しデータベース（WEO 2000）と、また近年については United Nations Statistics（2014: 国際連合統計）と一致している。

6. 選択した倍率は Piketty（2001）に報告されているフランスの所得閾値に基づくもので、それぞれ第 10、第 50、第 90, 第 95、第 99 百分位とほぼ等しい。平均すると、倍率 0.5 は第 10 百分位に、倍率 0.8 は第 50 百分位に、倍率 1.7 は第 90 百分位に、倍率 2.1 は第 95 百分位に、倍率 3.9 は第 99 百分位にほぼ対応している。図 3–3 では、これを丸めて 0.5, 1, 1.5, 2, 4 とし、この値を使って、フランス以外の国についても、税率表全体の税率に対応する所得閾値を見つけていった。さらに、100 という大きな倍率を含めることで、各税率表の本当の最高税率を捉えられるようにした。大半の国と年については、最高限界税率に到達するのに必要な倍数は 100 よりずっと小さい。しかし、1925 年のスウェーデンや 1925 年、1950 年の合衆国については大きな倍率が必要となるので、どの国のどの年についても最高税率がグラフに現れるように、100 を用いている。
7. 当時のニュージーランドは現在の所得税制度とは違い、高い法定税率の閾値を超える個人所得があった場合には、その高い税率が、閾値を超えた所得についてだけでなく、その個人が稼いだ所得全体に適用された。これは、最も高い閾値をはるかに超える所得のある個人には、閾値に近い所得のある者より低い限界税率が適用されることを意味している。
8. 税率表全体をさらに詳しく調べていくと、この結論にはいくつかの留保がつくことが示唆されてくる。たとえば、同じような最高限界所得税になっている事例でも、法定限界税率の上昇率には重要なばらつきがある。この種のばらつきは、所得税制度が所得分布にどう影響するかを左右する可能性があるのだが、それは法定最高税率の尺度では捉えられない。ここでのわれわれの主張は、最高税率は制度全体の累進性に関して合理的な代理変数であるというに留まる。
9. われわれは、*Comparative Income Tax Database* にある国のうち、実効税率について長期的なデータを見つけることができた国を選んでグラフを構築した。所得税の法定

最高限界税率は同データベースで定義、報告されている。実効税率は、国の所得分布の上位 0.01 パーセント（オランダとイギリスでは 0.05 パーセント）に入る個人の控除および賞与後の所得税率である。実効税率は以下に示したソースから引いている。考察の対象として国は、カナダ、フランス、オランダ、スウェーデン、イギリス、合衆国である。このうちカナダとスウェーデン以外については、全国水準の法定税率と実効税率を比較している。カナダとスウェーデンについては、地方所得税も含めた税率を比較した。

グラフは、法定データと実効データの両方が入手可能な年について、この両者を比較している。また、二つのデータ間の関係の強さの尺度として、ピアソン相関係数（$\rho$）も用いている。以下、この注では、考察対象としている 6 国について、それぞれ有効税率のソースを検討していく。また、そうした税率が二次ソースから入手不能な場合には、その税率の計算を特徴づけた判断について検討している。

1920–1997 年のカナダについては、Saez and Veall in Atkinson and Piketty（2007, table 6F.1, pp. 301–302）に示されている上位 0.01 パーセントの所得層の実効税率データを用いた。

1915–1998 年のフランスについては、Piketty（2001）, table B- 20, pp. 636–637〔日本語版 950–948（143–145）ページの表 B-20〕に示されている上位 0.01 パーセントの所得層の実効税率データを用いた。

1946–1999 年のオランダについては、Salverda and Atkinson in Atkinson and Piketty（2007, table 10.6, pp. 455–456）に示されている上位 0.05 パーセントの所得層の実効税率データを用いた。グラフでは 1946 年からのデータを示しているが、サルフェルダとアトキンソンは、時間データに切れ目があることから、一部でそれより前の年の実効税率を報告している。

1903–1990 年のスウェーデンについては、Roine and Waldenström（2005）に示されている実効税率データを用いた。上位 0.01 パーセントの所得データは 323 ページに示されている。税率は Söderberg（1996）およびスウェーデン国税庁の税一覧表を用いて計算した。

1937–2000 年のイギリスについては、Atkinson and Piketty（2007）に所収のアトキンソンの章「The Distribution of Top Incomes in the United Kingdom, 1908–2000（英国における上位所得の分布　1908–2000 年）」（83–114 ページ）を用いた。われわれは、上位 0.05 パーセントの税額の合計を課税対象所得で割っている（ここでは 0.05 パーセントが入手可能な最小の分位。ただし、もっと短い年数では、アトキンソンも上位 0.01 パーセントの所得も示している）。われわれは、同書 93–94 ページの表 4–1 から課税前所得の割合を、104–105 ページの表 4–2 から同じ分位の課税後所得の割合を、そして総世帯所得と控除税額の総額を 126–127 ページの表 4　B-1 の第 3 および第 4 列から拾った。そしてこの測定値を用いて、上位 0.05 パーセントの課税前所得の総額と上位 0.05 パーセントの課税後所得の総額を計算し、この両者の差額を課税前所得の総額で割って実効税率を求めた。

1916–1995 年の合衆国については、Atkinson and Piketty（2007）に所収のピケティとサエズの章「Income and Wage Inequality in the United States（合衆国における所得およ

び賃金の不平等)」(171-173ページ)、および毎年の内国歳入庁の所得報告(Internal Revenue Statistics of Income Reports http://www.irs.gov/uac/SOI-Tax-Stats-Archive)に依拠して実効税率のデータを構築した。ただし、1943年以前の「所得」は純所得を、1944年以後の所得は調整後総所得(AGI)になっている点に留意してほしい。ざっくり言うと、純所得は、調整後総所得から各種項目の個人控除を差し引いたものに等しい。どちらの概念も、総所得から、(1)取引および事業所得に対する控除、(2)出張・宿泊など雇用に関連して補償される支出、(3)家賃や使用料に起因する控除、(4)委託資産の受益者に認められる減価償却および減耗控除、(5)資産売却による損失の控除、などの項目を除いている。しかし、純所得のうち普通税の対象となるのは、納税者およびその扶養家族に適用可とされる人的控除、国内企業の株式からの配当金(1935年まで)、一部の合衆国国債および勤労所得控除(EIC 1934-1943年)〔低所得労働者を対象とした貧困対策。現在は給付付き勤労所得税額控除(EITC)〕など、適用除外となるものを差し引いた部分である。付加税の対象となるのは、1933年まではすべての純所得、その後は純所得から納税者および扶養家族の個人控除を減じた部分である。

上位0.01パーセントの所得の実効倍率は、上位0.01パーセントの所得所有者が支払った所得税の総額を納税者の上位0.01パーセントの総所得で割ることで構築した。まずピケティとサエズの章に当たり、任意の年の合衆国の課税単位の総数を引き出した。次にIRS報告書の基本統計をひとつひとつ当たって、各所得層の納税申告書数のほか、各所得層の純所得または調整後総所得の総額、租税債務となる所得税の総額を網羅した表を特定した。そのうえで、最も金額の大きい申告書から始めて、ピケティとサエズの章から得た課税単位数に到達するまで、所得と租税債務を足し上げていった。この数字は所得層の中央に達することが多かったことから、この層に総所得および総租税債務を割り当てた。以上のものを用いて、上位0.01パーセント層の毎年の実効税率を計算した。利用したIRS報告の表は、具体的には以下の通りである。1916年18-19ページ、1917年26-27ページ、1918年34-35ページ、1919年41-42ページ、1920年46-47ページ、1921年40-41ページ、1922年79-83ページ、1923年59-63ページ、1924年104-108ページ、1925年87-93ページ、1926年74-79ページ、1927年68-72ページ、1928年74-78ページ、1929年61-65ページ、1930年69-73ページ、1931年60-64ページ、1932年66-70ページ、1933年68-71ページ、1934年57-60ページ、1935年74-77ページ、1936年84-88ページ、1937年117-121ページ、1938年17ページ、1939年8-9ページ、1940年78-82ページ、1941年76-80ページ、1942年92-95ページ、1943年124-129ページ、1944年65-67ページ、1945年69-71ページ、1946年63-65ページ、1947年65-67ページ、1948年65-67ページ、1949年75-77ページ、1950年35-37ページ、1951年25ページ、1952年18ページ、1953年23ページ、1954年33ページ、1955年6、18ページ、1956年20ページ、1957年20ページ、1958年24ページ、1959年23ページ、1960年32ページ、1961年32-33ページ、1962年32-33ページ、1963年33-34ページ、1964年10ページ、1965年8ページ、1966年6ページ、1967年7-8ページ、1968年6ページ、1969年9ページ、1970年7-8ページ、1971年6-7ページ、1972年

6-7 ページ、1973 年 4-7 ページ、1974 年 6-9 ページ、1975 年 5-6 ページ、1976 年 7-10 ページ、1977 年 7-9 ページ、1978 年 6-8 ページ、1979 年 9-11 ページ、1980 年 36 ページ、1981 年 34 ページ、1982 年 38 ページ、1983 年 6 ページ、1984 年 10-12 ページ、1985 年 12-14 ページ、1986 年 16-18 ページ、1987 年 20-22 ページ、1988 年 18-20 ページ、1989 年 18-20 ページ、1990 年 16-18 ページ、1991 年 19-21 ページ、1992 年 29-30 ページ、1993 年 29-30 ページ、1994 年 30-31 ページ、1995 年 27-28 ページ。

10. Piketty and Saez（2007）を参照。ふたりの論文の実効税率のデータが本章で報告しているものと違っていることを記しておくべきだろう。これは、ふたりが総所得についてわれわれとは違う概念を採用しているためで、このことは、ふたりが企業税の負担も併せて考察していることと関連している。

11. 男子普通選挙ではなく完全な普通選挙に焦点を当てた場合でも、われわれの結論に大きな影響はない。単一国家と同様、連邦国家（ドイツなど）についても、男子普通選挙によるわれわれの尺度は、選挙権に関する法律が全国レベルで確立され、それが全国的な立法に適用された場合のみを考慮に入れている（そのような法律が存在しているという条件で）。また、一定のカテゴリーの男子（1965 年までの合衆国のアフリカ系アメリカ人など）への制限を含めた情報も、利用できるものは考慮している。別の大国から完全に独立するまでに普通選挙を確立した国の場合は、その国家の独立した年をもってこの変数をコードするようにした。以下の註釈で特に断らないかぎり、この変数をコードする際には Caramani（2000, p. 53）または Mackie and Rose（1974）を用いている。サンプル中の国で普通選挙が確立された年は以下の通りである。オーストラリア 1902 年、オーストリア 1897 年、ベルギー 1894 年、カナダ 1921 年、デンマーク 1918 年、フィンランド 1917 年、フランス 1848 年、ドイツ 1871 年、アイルランド 1922 年、イタリア 1913 年、日本 1925 年、オランダ 1918 年、ニュージーランド 1879 年、ノルウェー 1905 年、韓国 1948 年（出所 : Croissant 2002)、スペイン 1869-1875（1888）年、スウェーデン 1911 年、スイス 1848 年、イギリス 1918 年、合衆国 1965 年。

12. しかし、この前後比較のアプローチでは、もしその国が男子普通選挙や民主主義を採用していなかったら税政策は一定のままだったと考えることが必要である。また、所得税の最高税率に影響する要因はほかにもあるはずだが、男子普通選挙が採用された理由は、そうした要因とは無関係だったとも考えなければならない。こうしたことは強い仮定ではあるが、それでも、経時的なデータ証拠を検証して得られるところは多い。

13. 合衆国の男子普通選挙についてもっと早い年を採用しても、本書の主要な統計結果は変わらない。

14. オンライン資料では、完全な回帰分析を実施することで、前後比較の潜在的な限界に少なからず取り組んでいる。われわれは 5 年間のデータを平均し、国および時期の固定効果、時間で変動する統制変数、および広範な数の代替細目を含めた通常の最小二乗回帰を推定した。こうした突っ込んだ分析においても、普通選挙と最高所得税率とのあいだに有意な正の相関を示す証拠は見つからなかった。

15. 数は少ないが、民主主義仮説と一致するように思える例の存在も指摘しておく価値がある。たとえばオーストリアは、男子普通選挙を採用したのと同じ年（1897年）に、最高限界所得税率を0から5パーセント弱へと引き上げている。
16. オンライン資料を参照。
17. 所得税に関する1842年の議会内投票の分析については、Mares and Queralt（近日刊）を参照。ふたりは民主主義を強調するのではなく、土地への直接課税よりも所得税を望んだ地主階級と、その逆の新興有産階級との対立に光を当てている。この階級間対立は、議会での、所得税をめぐる議論にも見られた。ここから示唆されるのは、19世紀を通じて低かった所得税率にもやはり参政権の拡大がわずかながら貢献していたのだとする解釈ですら、民主主義仮説に甘すぎるということである。このことは、各国は参政権が拡大したから富裕層への高い所得税を採用したのではないという、われわれの全般的な主張と一致している。
18. Flora（1983 vol. 1, p. 149）〔日本語版149ページ〕のデータによれば、1910年の選挙では、規準年齢に達した男子の62.4パーセントに投票権があった。
19. この定義とデータはBoix and Rosat（2001）より。この定義は、Przeworski et al.（2000）で用いられている定義を、参政権が制限される可能性のある文脈に合わせて修正したものである。サンプル中の国を、競争的選挙が行われているとしてコードした年代は以下の通りである。オーストラリア1901–2013年、オーストリア1920–1932年, 1946–2013年、ベルギー1894–2013年、カナダ1867–2013年、デンマーク1901–2013年、フィンランド1917–2013年、フランス1848–1851年, 1870–1939年, 1945–2013年、ドイツ1919–1932年 , 1946–2013年、アイルランド1922–2013年、イタリア1946–2013年、日本1952–2013年、オランダ1897–2013年、ニュージーランド1856–2013年、ノルウェー1905–2013年、韓国1960, 1988–2013年、スペイン1931–1936年, 1977–2013年、スウェーデン1911–2013年、スイス1848–2013年、イギリス1885–2013年、合衆国1800–2013年。
20. この競争的選挙のゼロ認定は、オンライン資料で報告している主要な固定効果の回帰分析でも有効である。これ以外にもわれわれは、民主的な政治制度の重要な特徴となり得るものについて考察していて、たとえば、下院での直接選挙の導入によって国が高所得への高率課税へと動くかどうかを調べている。最後に、選挙で選ばれない上院には再分配政策を拒否する傾向があると思われるので、そのような議院の有無による影響も考察した。ここでも、こうした分析の大半は、こうした制度が税政策に組織的な影響を与えたことを示唆するものではなかった。ただし、この主張には部分的な例外があって、矛盾した証拠も見られる。すなわち、選挙で選ばれない上院がない国のほうが高い税率の税政策を採用することが多いのである。
21. 普通選挙の例のように、すべての年をまたいだ単純なプール比較をすると、期待されるような党派的な差がでてきて、左派の国－年は平均最高税率が49.6パーセント、非左派の国－年は23.5パーセントとなる。もちろんここには問題があって、この比較は、左派政府が19世紀ではなく20世紀に登場したことをはじめ、二つの世紀を隔てる数多くの要因を考慮に入れていない。
22. カナダ、アイルランド、韓国、合衆国は、労働者ないし社会主義者による左派政党

が政権を取った国としてコードしていない。スイスも、左派政党が行政府で多数を占めたことがない〔スイスは立法府が行政府を兼ねる「議会統治制」をとっている〕ので、左派政党への移行はないとした。

23. 党派性仮説のこれ以上の評価についてはオンライン資料を参照。とりわけこの分析では、ここで議論している証拠に関する仮定をいくつか緩めることができる。結果は似たようなもので、一部に矛盾した証拠がありつつも、党派性仮説と一致しているというところだ。ただし、その効果の規模は比較的小さく、経済的な細目に敏感に反応する。

24. これが起こるのは、上位所得者が、(1) 高い税率を見て自分の稼いだ額を所得以外のものに分類し直す場合、(2) あまり努力せずに高い給料を受け取っている場合、あるいは、(3) 労働を余暇で置き換えている場合、である。

25. データには https://www.parisschoolofeconomics.eu/en/news/the-top-incomes-database-new-website/ からアクセスできる。Atkinson and Piketty (2007, 2010) のほか、パリ経済学校の「トップ所得プロジェクト」の他の公表文献でも詳細に検討されている（アトキンソンとピケティの著書はこのプロジェクトのデータベースに全面的に依拠している）。

26. 上位 1 パーセント層の所得割合と最高税率との相関でみると、1925 年が 0.06、1950 年が 0.47、1975 年が－0.36、2000 年が－0.17 となっている。1975 年と 2000 年の負の相関が、上位 0.01 パーセントの所得割合を尺度にしたときよりかなり強いことは明らかだ。しかし重要な点は、どちらの尺度でも、相関が経時的に安定していないところにある。

27. 言い換えれば、各国の固定効果と一般的な時間的傾向、ないしは年次ダミーを使ってモデル化した時間効果とを含めた統合グレンジャーテストを実施したということである。全面的な記述と結果についてはオンライン資料を参照。

28. ソコロフとゾルト (Sokoloff and Zolt, 2006) は、税制度の形成における不平等の役割について、歴史的な分析を提出している。ふたりの研究は、南北アメリカ全土に見られる不平等の大きなばらつきが、国レベルでの税パターンの大きな違いにはつながらなかったことを示唆している。しかしふたりは、国および地方レベルでは、不平等が大きくなると税の累進性が下がることを発見している。Zolt (2009) を参照。不平等に対する税率の影響に関しては、Roine, Vlachos, and Waldenström (2009) の個別分析を参照（税が累進的になると上位層の所得割合が減ることが示唆されている）。

29. フランスがドイツの占領下にあったごく短期間を除けば、図 3-8 のすべての国が、考察している時期には民主主義国であったことに留意してほしい。したがって、不平等と上位所得層の税率とのあいだに相関がないことは、民主主義の不在によるものではない。

30. たとえば、Atkinson and Piketty (2007, 2010) および Piketty (2014) を参照。

31. 以下で論じるように、われわれは、一般にある国で人口の 2 パーセントが軍にいる状態を、戦争のための「大規模動員」の指標としている。サンプル全体での人口動員のデータが始まるのは 1816 年からだが、フランスとイギリスについては、ナポレオン戦争中の何年かに、2 パーセント水準を超える動員が行われている。この両国は、

19世紀初めまでの紛争でもこの水準を超えた年が何度かあるし、その点はほかの国も同様だ。しかし、第7章で検討するように、第一次世界大戦は、戦争のための大規模動員の規模がかけ離れて大きい。したがって、われわれの主張を評価するうえでは、この戦争を出発点とするのが自然である。もうひとつ有力な代替案は、合衆国の南北戦争から始めることだろう。この紛争は、高水準の動員と、初期の鉄道を利用した人員および物資の輸送という特徴を備えていた。すでに論じたように、北部で初期の所得税が採用されたことも特徴である。

32. 1848年に、ドイツ連邦議会の副議長が最高税率33.3パーセントの累進所得税を提案した。同じ1848年にはピエール＝ジョゼフ・プルードンが、フランス大陸会議で最高税率50パーセントの所得税制定を提案している。Seligman（1911, pp. 235, 279）を参照。
33. *Economist*, March 10, 1883.
34. この点についてはAidt and Jensen（2009）の発見を参照。
35. 税の引き上げによる所得および富の分布への影響についての初期の議論についてはBowley（1930）を参照。
36. 合衆国は、たしかに第一次世界大戦に参戦する前の1916年にも最高限界税率を引き上げて、それまでの7パーセントから15パーセントとしている。しかし参戦直後からの引き上げ幅は劇的に大きく、その15パーセントが、1917年には67パーセントとなっている。
37. Perry（1955）を参照。
38. Atkinson and Piketty（2007, p. 95）を参照。
39. Piketty（2001, p. 556）〔日本語版1067(26）ページ〕およびSaez and Veall（2007）を参照。
40. スウェーデンでは1911年、オランダでは1918年である。
41. 1917–18年の時期、とりわけロシア革命直後のスウェーデンでの労働者暴動に関しては、たとえばAndre（1975）を参照。
42. オランダについてはファン・ザンデン（van Zanden, 1997）が、両大戦間の時期に右派および中道右派政府が間接税と低い最高所得税率を主とする制度を維持していたこと、そのため累進課税に向けた動きがなかったことを強調している。このことから、オランダで累進所得税が早くに発達しなかったのは、左派がまだ政府に加わっていなかったからだという可能性が浮かび上がってくる。しかし、戦争動員国で累進課税制度を採用した国のなかでも、カナダやフランス、合衆国などは、左派政党が政権を握ってはいなかった。
43. 合衆国の参戦でさえ、このような選択メカニズムの結果であったようには思えない。ウッドロー・ウィルソン大統領は、1916年の選挙では「彼はわが国を戦争に巻き込まない」をスローガンにして勝利していたから、ドイツが潜水艦による無差別攻撃に踏み切らなければ決して参戦することはなかっただろう。
44. 動員国はカナダ、フランス、イギリス、合衆国の4国、非動員国は日本、オランダ、スペイン、スウェーデンの4国である。国の選択は入手可能なデータに基づく。また、動員国と非動員国の数を揃えてある。

45. こうした税率の計算に関する情報については、Scheve and Stasavage (2010) およびオンライン資料を参照。
46. 提示した戦争動員と民主主義との相互作用に関する計量経済学的な分析については、オンライン資料を参照。オンライン資料で報告されている証拠は、戦争動員の影響が民主主義国で大きいことと一致しているが、この結論は具体的な条件によって変わる部分がかなりある。一般に、われわれのサンプル中には非民主主義国があまり多くないので、この相互作用についてのわれわれのテストは力不足である。
47. これも、1816年に始まるサンプル中の、19世紀の動員について述べたものだ。ナポレオン戦争やそれ以前の紛争でも、2パーセントの閾値を超えた国はあった（さらに詳細な検討については第7章を参照してほしい）。データの制約から、ナポレオン戦争を統計学的な分析に含めることはできなかったが、ナポレオン戦争は多くの意味で中間的な事例で、われわれの主張とも一致している。ナポレオン戦争では、それ以前の紛争よりも大規模な軍が動員されたが、動員のレベルは20世紀初めの紛争よりずっと低かった。富裕層課税に向けた動きも一部にはあったが——その例がイギリスによる最初の近代的所得税の採用——こうした紛争は、のちの大規模動員を伴う戦争ほどには、税の公正さに関する政治を劇的に変えることはなかった。
48. もっと具体的に言えば、われわれの分析は動員国と非動員国との比較に依拠しているが、その非動員国の税率の選択が、動員国の選択した税率に影響されていたということになるだろう。理想的には、動員国と、厳密に独立した選択をしていた非動員国とを比較するべきである。
49. ここまでは、所得税が革新されるタイミングで、民主主義、党派性、不平等、大規模戦争が果たしてきた役割に焦点を当ててきた。ここまではそれぞれ別個に検討してきたが、われわれは、影響を同時に検証することもしている。そうした分析をすることで各要因を統制することができるが、到達した結論はまったく同じである。詳しい結果についてはオンライン資料を参照してほしい。ベレス（Velez, 2014）も、独立の分析によって Scheve and Stasavafe (2010) を拡張するとともに、戦争のための大規模動員が税の累進性を大きく高めることを発見しているので、参照してほしい。
50. もうひとつの論理的な可能性は、もちろん、大規模動員と課税の最高税率とのあいだに見られる相関は擬似的なもので、因果関係を反映しているのではないというものだ。この可能性を考察するには、参戦と税政策の両方と相互に関連していて、かつ、われわれがこれまで証明してきた相関を説明できる要因を特定することが必要になる。そのような要因のうち、民主主義、党派性、不平等についてはすでに考察した。すると一方では、こうした要因と最高所得税率とのあいだには、せいぜい緩やかな相関しかなく、こうした要因によって、大規模な戦争動員と最高税率との関係を説明できるとは考えにくい。他方、オンライン資料に示したわれわれの分析は、こうした要因を明確に統制しているが、それでも、大規模戦争と最高税率には強い相関が見いだされる。またわれわれは、これ以外の要因で、測定可能でありかつわれわれの結論にバイアスとなりうるものの潜在的な重要性も評価している。これには選挙制度、取引の公開性、経済危機、政策普及が含まれる。われわれは、経済危機、取引の公開性、政策普及、および所得税の最高税率とのあいだに有意な相関が

あるという、かなり矛盾した証拠を見いだしているが、多数決主義の選挙制度と所得税の最高税率とのあいだには正の部分相関があるという、堅固な証拠も見いだしている（ただし、不平等と政治制度には有意な相互作用の証拠はほとんどない）。しかし、こうした尺度を取り込んでも、戦争動員の影響に関するわれわれの推定値が大きく変わることはない。それでも、測定も評価もずっと難しい潜在的な交絡因子〔ある結果について二つ以上の要因が考えられ、それぞれの原因がどの程度結果に影響しているか区別できないとき、これらの要因は交絡しているという。交絡因子は、交絡を発生させる因子のこと〕がほかにある可能性はある。オンライン資料にあるわれわれの分析は、こうしたものの一部を——たとえば時間的に一定した・未観察の・国レベルでの不均一性については国の固定効果を使って、また、冷戦のような共通の衝撃については期間の固定効果を用いて——統制することができる。そのほかにも、いくつかのタイプの交絡を排除し、われわれの因果的な解釈を強化するための方法を考察している。とはいえ、われわれが論証している相関の因果的な解釈にはいくつかの仮定——具体的には差の差による推定値に伴うもの——が必要ではある。

51. さらに二つの説明が考えられるかもしれない。第一は、累進課税は単に20世紀初めの流行で、戦時支出の衝撃に直面した政府がこれに訴えただけではないか、というものだ。言い換えれば、適用対象を探していた政策、というわけである。この主張にも妥当性はあるが、証拠とは一致しない。第一次世界大戦では、非動員国の政府も、動員国よりもレベルは低いとはいえ、相当な支出に直面していた。もし流行だったのなら、こうした国で累進課税を適用しない理由がなくなってしまう。当然ながら、こうした国の累進課税支持者は、まさにそのように主張していた。第二の可能性としては、戦争によって、所得や富に高い税率を課すことによるインセンティブ効果についての考えが変わったということもあるかもしれない。あるいは、政策立案者がそうした未来の効果を割り引くようになったために国家の柔軟性が増して、富裕層に課税できたのかもしれない。しかし、このメカニズムからは、大規模動員を伴う戦争の影響が民主主義国で大きくなることが示唆されない。あるいは、政府が、紛争そのものの期間中だけでなく、終戦後にも最高税率を引き上げることが予測されない。
52. こうした第二の結果を示唆しているモデルについてはShayo（2009）を参照。
53. これらの調査は先にCampbell（2009）で考察されている。
54. American Enterprise Institute, "Public Opinion on Taxes: 1937 to Today," 2012を参照。
55. 必要性説には、大規模戦争が貿易を阻害して関税収入が大幅に減ったため、高所得や富への課税が必要になったという側面もある。第5章での議論は、この可能性をある程度までカバーしている。とはいえ、最も税率の上がった国（たとえば合衆国）が必ずしも最も貿易の阻害された国ではなかったという指摘は重要だ。さらに言えば、このメカニズムでは、先に検討したように（またオンライン資料でも詳しく証明しているように）、民主主義国で最も影響が大きくなることを予想できない。また、これも考慮するべき重要な点だが、戦争動員は戦後も引き続いて政策立案者に影響を与えたように思われる。このことは、貿易の阻害が主要なメカニズムであるとい

うことと矛盾する。最後に、貿易の開放性を統制したときにも、戦争動員の相関は残る。

### 第 4 章　相続財産への課税

1. Book 55, chapters 24 and 25, Harvard Loeb Classical Library を参照。
2. Johnston (1965), p. 153 を参照。合衆国が最初に遺産に対する印紙税を制定した 1798 年にも、同様の見解が表明されている。Stabile (1998), p. 126 を参照。
3. Piketty and Saez (2013).
4. Congressional Budget Office, 2009 を参照。
5. 全面的な詳細は、Plagge, Scheve, and Stasavage (2011) および 2012 年の *American Political Science Review* に掲載された著者らの論文 "Democracy, War, and Wealth: Lessons from Two Centuries of Inheritance Taxation（民主主義、戦争、富――相続課税の 2 世紀から得られる教訓)" を参照。
6. Poterba (2001) を参照。
7. Kopczuk and Saez (2004) を参照。
8. Seligman (1925) を参照。具体的な引用は 25 ページ〔日本語版 70 ページ〕
9. こうした結果は Piketty (2001, p. 237)〔日本語版 306 ページ〕で提出されている。引用元は Caillaux (1910, pp. 208–209) である。この点については第 6 章でさらに詳しく検討する。
10. 国勢調査局のデータは、1860 年の合衆国の総国富が 162 億ドルで、そのうちの 120 億ドルが資産税の対象だったことを示している。徴収された税の総額は 9420 万ドルで、従価（資産）税の対象となる富の 0.8 パーセント、総国富の 0.6 パーセントに当たっていた。1912 年の合衆国の総国富は 1870 億ドルで、このうち 695 億ドルが資産税の対象だった。徴収された税の総額は 13 億 5000 万ドルで、従価（資産）税の対象となる富の 2.0 パーセント、総国富の 0.7 パーセントに当たっていた。1860 年と 1912 年との違いとして、税率は上がっているが、課税対象となる資産の割合は縮小している。この二つの効果が互いに相殺した結果、税の総額を国富の総額で割った値はほぼ同じになっている。Bureau of the Census (1913), pp. 24–25, 747, 750.
11. Du Rietz and Henrekson (2014) を参照。
12. ある人物が、死ぬまでの 30 年間にある額の富を保有していたと考えてみよう。単純化するために、この富からの所得はなく、消費のためにこれを取り崩すこともなかったと仮定する。ここで、1948 年以後の富裕税の最高限界税率（1.8 パーセント）が 30 年間、毎年適用されたとする。次に、この人物の死亡時に、富の相続人が相続税として、残り金額の全体に 1947 年以後の最高限界税率（70 パーセント）を掛けた額を支払ったとする。最後に、限界相続税率をいくらにすれば、それまで富裕税を払っていなかった場合と同じ金額が相続人に残るかを考える。答えは 82.6 パーセントとなる。70 パーセントと 82.6 パーセントの違いは大きいが、劇的なものではない。
13. 評価については Eichengreen (1989) を参照。
14. 合衆国、フランス、ドイツでの相続をめぐる歴史的な議論に関する重要な調査につ

いては、Jens Beckert（2004）を参照。

15. たとえば Shultz（1926）を参照。
16. ニュージーランドが 1913 年時点で最高の限界相続税率を課していた。それに続くのはイギリスの 15 パーセントだった。
17. 数字は Flora（1983, p. 339）〔日本語版 339 ページ〕より。
18. 合衆国の遺産税をめぐるロビィ活動の検討に関しては Graetz and Shapiro（2005）を参照。合衆国の遺産税を取り巻く問題に関する調査については Batchelder（2008）も参照。
19. これはダフ（Duff, 2005）が以前から強調していた点である。
20. 詳細については Roine and Waldenström（2014）を参照。この論文は、最高所得と長期にわたる富の独占の両方の決定要因についても包括的な分析を提供してくれている。それより以前の、オールソン、ロイン、ヴァルデンストレーム（Ohlsson, Roine and Waldenström, 2007）による研究も参照。
21. われわれの手元には 10 国の富の不平等に関するデータがあるが、第一次世界大戦前後のこの分析ではフィンランドがリストから落ちている。これは同大戦中、フィンランドがまだ独立していなかったためである。このあとの分析では、データのある 10 国すべてを含めている。
22. しかしこの事実は、この相関が擬似的なものである可能性を排除するものではない。ほかの要因が、すべての国で、富の不平等と最高相続税率の両方に作用した可能性はある。
23. ほかの例の数字を見てもわれわれの結論は変わらない。この 6 国を選んだのは、所得税について提示されるものをデータの入手可能性に応じて可能な限り密接に追跡するためである。
24. 余談だが、高率の相続税が富の不平等を削減するのは明白なことに思えるかもしれない。しかし、これについては経済学者間で議論がある。鍵となる問題は、個人が自分のことだけを考えていると見るか、さらに進んで、一族による王朝の幸福を念頭に行動していると考えるかにある。もし後者なら、高率の相続税に直面した親は、単純に貯蓄を増やし、税金で取られてもなお十分に大きな額を残せるようにするだろう。ゲーリー・ベッカーとナイジェル・トームズは、1979 年に発表した論文で初めてこの考えを提出した。さらに近年のベンハビブ、ビシン、ズーによる研究は、この効果がもっと限定的となることを示した。詳細は Benhabib, Bisin, and Zhu（2011）を参照してほしい。三人も、ベッカーとトームズのように有限生存エージェントによる動的モデルを構築している。しかし、ベッカーとトームズとは違って、三人はこのモデルでの資本所得を確率変数と仮定している。そのため、課税については異なる結論が生じている。
25. オンライン資料参照。
26. Soward（1919, p. 130).
27. Scheve and Stasavage（2012）を参照。
28. この平均は、アイルランド、フィンランド、ドイツ、ノルウェー、オーストラリアのデータを含んでいない。この国々は独立時点から男性普通選挙を実施していたためである。

29. 大規模動員の定義は前章の通り——戦争に参加した国が紛争のいずれかの時点で人口の少なくとも2パーセントを動員した場合——である。
30. 相続規模の数字は Piketty (2001, pp.746–747)〔日本語版 786–784 (307–309) ページ〕より。

### 第5章　文脈のなかでの富裕層課税

1. 資本税の初期の歴史については、Soward (1919) の第11章を参照。
2. Eichengreen (1989) を参照。それ以前のヒックス、ヒックス、ロスタス (Hicks, Hicks, and Rostas, 1941) による研究も参照。
3. Rostas (1940) を参照。チェコの税が最も成功した例で、ハンガリーとオーストリアの税は実施の問題で苦しんだ。
4. Hicks et al, (1941) を参照。
5. Pigou (1918), p. 145 を参照。
6. 合衆国の戦争利益の歴史については Brandes (1997) を参照。
7. Gallup Poll number 63, January 1937（第63回ギャラップ世論調査　1937年1月）。基礎となったサンプルは成人2400人。
8. British Institute of Public Opinion Survey number 52, November 1938（第52回イギリス世論調査所調査　1938年11月）。基礎となったサンプルは成人1171人。
9. Hicks et al. (1941), pp. 5–6 を参照。
10. 最も広範な記述については Haig (1929) を、さらに突っ込んだ議論については Hicks et al. (1941) を参照。
11. Grotard (1996) を参照。
12. Hicks et al. (1941 pp. 164–168) を参照。
13. Frydman and Molloy (2012) の分析を参照。ふたりは、給与増制限による効果はあったが、影響は業種によって差が大きかったことを示している。業界によっては、戦争の遂行を助ける目的で、規則の例外が認められていた。レフ (Leff, 1991) が、こうした施策の政治的背景を提示している。
14. 検証に関しては Atrostic and Nunns (1991) を参照。
15. Samuel (1919) を参照。
16. Seligman (1925), chapter 22. 具体的な数字については p. 692 を参照。
17. Adler (1951) および Colm and Tarasov (1941) を参照。アドラーの研究はコルムとタラソフとはやや異なる方法論を用いていて、その点で理想的ではない。また、最高所得のカテゴリーも年間7500ドルにすぎないので、最上位所得層について正しい情報を伝えるものにはなっていない。
18. Aidt and Jensen (2013) を参照。
19. 合衆国の事例については Amenta and Skocpol (1988) を参照。
20. Dudley and Witt (2004) を参照。
21. この理由付けの例については Seligman (1925), chapter 23 を参照。
22. Toma (1992) を参照。
23. Grady (1968) を参照。

24. 第二次世界大戦でドイツが資金調達した際の金融抑圧の役割については Tooze（2006）も参照。
25. 第 3 章の図 3-12 は、歳入総額を GDP で割った値を尺度として、所得税の最高税率と政府の規模をグラフ化したものだが、時間経過に伴う富裕層課税のさまざまな異形が、政府の規模によっては十分に説明されないことを鮮やかに示している。

**第 6 章　富の徴兵**

1. ただし、相続税の最高税率が 1895 年に 8 パーセントに達していたことには留意するべきである。
2. Seligman（1911, p. 130）. 演説の全文は http://hansard.millbanksystems.com/commons/1842/mar/11/ で参照可能。
3. 前掲書。
4. たとえば 1842 年 4 月 29 日の、ジョン・ローバック、ピール、そしてヘンリー・グルバーン財務相のあいだで戦わされた議論を参照。ローバックは「彼〔ローバック〕は三つの命題を主張しなければならなかった。第一は、この課税方法には不平等があること、第二は、この税が不平等だということは、これが、その意見がこのテーマについての権威であるところの全員で定めた課税の大原則に反しており、したがって、もしその不平等性を除去することが彼らの権限の範囲内にあるなら、そうするのが彼らの義務であるということ、そして第三は、この不平等を少なくとも軽減すると思われる方法があり（彼はそれ以上のことは述べなかった）、したがって、この命題を最後まで追求する責務が準男爵〔ピール〕に課されているということであった」と論じた。出所は http://hansard.millbanksystems.com/commons/1842/apr/29/income-tax-S3V0062P0_18420429_HOC_20.
5. しかし、相続税はすでに 1895 年に最高税率 8 パーセント、1907 年には 15 パーセントに達していて、第一次世界大戦が始まるまでそれが続いていたことに留意するべきである。
6. "Appendix II: The Incidence of Taxation（付録 II：租税の負担）." Wednesday, January 27, 1909.（p. 103）. Mr. Philip Snowden, Chairman.
7. "Appendix II: The Incidence of Taxation." Wednesday, January 27, 1909.（p. 105）. Mr. Philip Snowden, Chairman.
8. "Appendix II: The Incidence of Taxation." Wednesday, January 27, 1909.（p. 107）. Mr. J. Ramsay MacDonald.
9. Daunton（2001）の議論の、とりわけ 358 ページを参照。
10. *The Times*, June 24, 1914, p. 9, col. G（1914 年 6 月 24 日付『タイムズ』9 ページ G 列）。
11. Mr. Wardle, House of Commons Debate, May 18, 1916, Vol. 82 cc1664-782, http://hansard.millbanksystems.com/commons/1916/may/18/financebill#S5CV0082P0_19160518_HOC_306.
12. Trades Union Congress resolution, September 1916（1916 年 9 月の労働組合会議決議）。Daunton（1996, p. 890）に引用。のちに初の労働党首相となるラムゼー・マクドナルドが『富の徴兵』と題する有力な冊子を出版した。この冊子は、どのようにして戦

費を賄うべきかについての労働党の見解を概説し、補償論の論理をわかりやすく説明している。

13. *Economist*, March 31, 1916, P. 579.

14. Sprague（1917）, p. 5. スプレイグが戦費調達をめぐる合衆国での議論で重要な役割を演じ、高率の所得税、利潤税を求めて公然とロビィ活動をしていたことにも留意してほしい。

15. *Economist*, March 31, 1917, p. 579.

16. ひとつには、このタイプの税を施行すれば、つい先だって採用した高率の所得税および遺産税からの歳入が大幅に減ってしまうという、イギリス大蔵省の判断があった。このテーマについてはDaunton（1996）を参照。

17. http://hansard.millbanksystems.com/.

18. コード化の定義は次のとおりである。（1）平等な扱い――政府が市民を同じに扱うことへの選好をはっきり述べているもの。発言の方向はすべて所得税ないし税率引き上げに反対だった。（2）支払い能力――富裕層は貧困層と比べて支払い能力がある、もしくは増税によって受ける損害が少ないとはっきり述べているもの。ただし、「平等な犠牲」を「失われる効用が富裕層と貧困層で同じになるから富裕層に多く課税することは正当化される」という主旨に解釈するなら、平等な犠牲論もここに含めることができる。発言の方向はすべて所得税ないし税率引き上げに賛成だった。（3）補償――国家の政策によるほかの不平等、有利な扱い、あるいは犠牲があることを理由に、ある政策が正当化されるとするもの。これには、国家が課すほかの税による負担に言及したものも含めた。また、戦争努力における労働者階級の徴兵に関する発言も含めた。さらに、単に国家が富裕層の所得を促進する一般的な方法について述べたものも含めた。発言の方向はすべて所得税ないし税率引き上げに賛成だった。以上の三つ以外では、経済効率、官僚機構の効率、倹約、およびその他の公正論といった主張は、すべて「その他」のカテゴリーにコードした。三つの公正論のうちの二つ以上が主張されている場合は、どれが優勢かによってコードした。コード化の作業は3人の研究助手（学部学生）が独立で行った。以下でわれわれが論じる結果は、3組のコードのどれを見ても歴然としている。提示の目的上、2人（または3人）のコード化担当者が同意した場合には、それぞれの発言をひとつのカテゴリーに当てはめることでコードをまとめている。合意の得られなかった少数の発言については多重代入法を用いた。図6-1に示し、本文で検討している結果は多重代入法による推定値に基づいている。コード化手順と推定の方法論に関する詳細については、オンライン上の付録を参照。

19. これとは別にわれわれは、補完的な分析によって、支払い能力論の使用が減ったことを確認している。まず、初めて「犠牲の平等」という語句が使われてから1930年までの、ハンサードにあるすべての演説を検索した。次に検索した演説を読み、それが政府財政に関するものかどうかを決定した。そして、もし政府財政に関するものであれば、その演説が支払い能力論だと解釈できるかどうかを考えた。こうしたデータは、最初は予想通り、戦時中に犠牲の平等への言及が増えていることを示唆していた。1880年から1913年までは32回の言及だったが、1914年から1918年に

は47回の言及があった。それればかりか、犠牲の平等をめぐる議論で支払い能力が言及される頻度も戦時中に劇的に下がっていた。1880年から1913年までの時期には、犠牲の平等論の39パーセントが明白な支払い能力の観点から解釈可能だった。多くの事例において、発言者の頭の中では「犠牲の平等」への言及が支払い能力論を意味していたと思われることから、これはかなり大きな数字ではあるのだが、議論が包括的なものなので判断しきれなかった。こんどは1914年から1918年までに何が起こったかを考えてみよう。この時期の「犠牲の平等」への言及では、支払い能力の観点から解釈できるものは3パーセントしかなかった。これは劇的な落ち込みで、図6—1のデータとも一致しており、富裕層への課税を望ましいとする主張が（「犠牲の平等」の意味も含めて）、支払い能力を強調するものから補償的な考えに焦点を当てたものへと動いたことを示唆している。

20. Perry（1955, P. 69）を参照。
21. 前掲書、pp. 72, 107。
22. 新税の人気についての懸念に加え、自由党は、すでに直接税を採用していた地方自治体の反応も気にしていた。さらには自由党も保守党も、カナダの低い税率を、新たな移民を引きつけるためには良い政策だと見ていた。
23. "Sir John A. Macdonald's Address to the People of Canada, February 7, 1891（サー・ジョン・A・マクドナルドによるカナダ国民向け演説、1891年2月7日)," Carrigan（1968）に引用。
24. Carrigan（1968, pp.402–404).
25. 先にふれたように、保守党政府と自由党政府のどちらもが直接税に訴えなかった動機は、別の視点からも理解することができる。両党とも、カナダの低税率環境が産業移民を引きつけているのだと、たびたび主張していたのである。たとえばPerry（1955, pp. 144–145）の議論を参照。
26. 全面的な議論については前掲書のpp. 143–146を参照。
27. 前掲書p. 151に引用。
28. 前掲書。
29. Perry（1955）を参照。
30. 当初の戦時利得税は本当の高利益税で、資本の10パーセントを超える利益のあった個人、事務所、共同経営者、および7パーセントを超える利益のあった企業に25パーセントの税率で課税していた（Hicks, Hicks, and Rostas 1942, p. 171）。
31. Perry（1955, p. 152）を参照。
32. *The Times*, July 30, 1915, p. 6, col. F.
33. White's April 24, 1917 speech in House of Commons printed in the Globe, April 25, 1917, p. 4（下院におけるホワイトの1917年4月24日演説。1917年4月25日付『グローブ』紙4ページに掲載）
34. 1917年4月の予算で戦時利得税が累進化されたのは事実で、最高税率は、資本の20パーセントを超える利益について75パーセントまで引き上げられた（Perry 1955, P. 155）。この変更は、1916年の同税制定当初に述べられた補償論の論理に従ったもので、一部の市民が戦争努力から利益を得るのを防止せよという圧力が政府にかかり

続けたためである。

35. 兵役法は1917年7月6日に成立した。留意してほしいのは、徴兵制が施行されたのが、徴兵制の問題を主な争点として厳しい選挙が戦われた1917年12月以後〔1918年1月1日〕だった点である。ボーデンは統一党の名の下、多くの自由党員との連立で地滑り的勝利を収めたが、自由党の党首であるウィルフリッド・ローリエとは敵対した。
36. Borden Papers（ボーデン文書）、Robin 1966, p. 63 に引用。
37. Robin（1966）.
38. Perry（1955, pp. 155–156）に引用。
39. 選挙での勝利を確実にするため、政府が良心的兵役拒否者や敵国で生まれた市民の諸権利を剝奪する法律を成立させたことに留意するべきである。また、兵士とつながりのある女性に投票権を与えるとともに、海外にいる兵士がどの選挙区で投票するかを選ぶことも認めている。
40. Carrigan 1968, p.72 に引用の Liberal Party Platform（自由党選挙綱領）。
41. 前掲書 p. 77 ページに引用の Unionist Platform（統一党選挙綱領）。
42. 統一党は地滑り的勝利を収め、ローリエ自由党が勝ち取ったのはほぼケベック州の議席だけだった。政府は、戦争の残りの年月と戦争直後の時期を通じて、税制度をさらに累進的な方向へと推進した。ホワイトを含めた多くの保守党員は、所得税は一時的なものになることを望んでいたが、1920年代初めには、戦争負債と年金によって、戦時中と同じような主張の多くが、広く支持されるというほどではないにしても、なお現実的な意味をもっていた。
43. 合衆国の所得税史については多くの優れた説明がなされている。主要なものとしては Mehrotra（2013）, Bank, Stark, and Thorndike（2008）, Brownlee（2004）, Joseph（2004）, Weisman（2002）, Witte（1985）などがある。大切なことなので指摘しておくと、こうした研究でも、合衆国の税制度発達における戦争の役割は強く前面に押し出されている。しかしわれわれの研究では、いつ、なぜ戦争が問題になるのかの説明が違っている。われわれは、この関係が補償論を含めたもっと一般的な現象と結びついていることを示すとともに、税をめぐる世界中の政治議論でこの効果を確認している。またわれわれは、2世紀分の比較可能な実証的証拠を新たに提出している。
44. 南部同盟も、所得税をはじめ、富裕層や戦争から利益をあげたと見られる人びとを狙った各種の税を採用した。そうした税の多くは戦争末期に採用されたもので、徴収に大きな問題があった。
45. アメリカ合衆国憲法は、直接税は人口を基礎に割り振らなければならないと述べている［第1章第2条第3項］。所得税が憲法で理解されている直接税に当たるかどうかが曖昧だったことから議論となった。
46. Hill（1894）を参照。
47. 前掲書 p. 418.
48. 前掲書 pp. 438–436 に引用。
49. 前掲書 p. 439 に引用。
50. Bank et al.（2008, p. 41）. 重要なことなので指摘しておくと、南北戦争での徴兵制では、

富裕者が金を出して代わりの者を兵役に就かせることが認められていて、これも戦争努力における不公平感を強めていた。この点についてはBank (1996) も参照。

51. Bank et al. (2008, p. 43) に引用。
52. Hill (1894, p. 425) に引用。モリルは所得税全体については消極的支持派であり、そのような人物が修正案の通過に際して重要な役割を果たしたことに留意するべきである。
53. 部分的な例外は1898年戦時歳入法で、これによって累進税率を伴った連邦遺産税が制定された。この税は最高税率が2.25パーセントと低く、また、米西戦争に伴うものだったため、1902年までしか続かなかった。
54. 妥協的な法律によって、たしかに控えめな法人所得税が施行されたが、法律全体としては共和党保守派の勝利だった。
55. Bank (1996) を参照。
56. 1916年歳入法についての詳細は、Brownlee (1985) を参照。
57. この法律が遺産税を——細部は米西戦争中に実施されたものとかなり違うが——導入した点に留意してほしい。第4章で指摘したように、本書では相続税という語と遺産税という語を同じ意味に使用している。
58. 例えば、ウィリアム・ジェニングス・ブライアンが *The Commoner* 誌で、新たな税は「もしなんらかの戦いが行われたときに戦わねばならない者の所得にではなく、大きな所得と相続財産に」課すべきだと述べている。Brownlee (1985, p. 185) に引用。
59. このことは、こうした戦前の改革に対してなお相当な反対があったことを否定するものではない。企業や共和党保守派からは広範な反対の声があった。そうした主張は、単純な平等論を前面に出したものもあれば、新税による景気への影響に関する効率論も多かった。
60. たとえば、スプレイグが英誌 *Economic Journal* に掲載された自説を1917年2月の *The New Republic* 誌で発表している。もちろん合衆国が参戦する前だったが、それでも論文はきわめて大きな影響を与えた。
61. National Tax Association (全米租税協会), 1917, p. 215.
62. 前掲書 p. 216.
63. そのほかの例についてはBank et al. (2008, pp. 62–76) を参照。
64. Otto Kahn (1918) を参照。
65. "Resolution adopted at Nebraska State Convention of Non Partisan League (ネブラスカ州無党派同盟会議で決議採択)" *The Commoner*, Lincoln Nebraska, July 1, 1918. ほかに、"Nonpartisan League Platform (無党派同盟綱領)" in the *Montana Nonpartisan*, Great Falls Montana, September 2, 1919 や、"Labor Firmly Behind U.S. In Its War (労働者は合衆国の戦争を断固支持)" in the *Grand Forks Herald*, September 3, 1917 も参照。
66. "Conscription of Wealth (富の徴兵)" in *Washington Standard*, Olympia, Washington. August 31, 1917.
67. "Conscripting Wealth (富を徴兵する)," in the *Grand Forks Herald*, Grand Forks, North Dakota, September 3, 1917.
68. "Conscription of Wealth From England's Viewpoint (イングランドの視点からの富の徴

兵),” in *New York Tribune*, January 27, 1918.

69. 第 4 章で見たように、たしかに革命は、近代的な相続税の創設にはつながった（ただしこの税は革命終結後まで実施されなかった）。またこの税では、19 世紀を通じて限界税率が非常に低く設定されていた。
70. この点については特に Asselain（2006）を、また併せて Morgan and Prasad（2009）でのフランスと合衆国との比較を参照。
71. 累進的な所得税をめぐるフランスでの議論に関して最も詳細な歴史は Marion（1931）に見ることができる。ただし、マリオンは累進性には明確に反対していたので、テクストはそのことを念頭に置いて読まなければならない。こうした議論は近年になって Delalande（2011）でも取り上げられているし、Seligman（1911）でも簡単に検討されている。オーウェン（Owen, 1982）による未発表論文は、20 世紀初頭のフランスの所得税政策について詳しく述べてくれている。
72. Gross（1996, p. 125）を参照。
73. Gross（1996）を参照
74. 結果は Piketty（2001, p. 237）に提示されている〔日本語版 306 ページ〕。引用元は Caillaux（1910, po. 208–209）より。
75. Wolowski（1872, p.14).
76. Adolphe Thiers（1871［1896］). この解釈はセリグマン（Seligman, 1911）が強調している。
77. 前掲書 p. 32。この部分のフランス語から英語への翻訳はすべて著者らによる。
78. Wolowski（1871）を参照。
79. Leon Say. Marion（1931, vol. 6. p. 193）に引用。
80. 一連の提案の内容については、Delalande（2011), Seligman（1911), Marion（1931）を参照。
81. Journal Offciel. Chambre. Débats July 10, 1907, p. 1828.
82. Journal Offciel. Chambre. Débats July 11, 1907, p. 1872.
83. この時期の議論については Owen（1982, chapter 4）を参照。
84. Parti Socialiste: Section Française de l'Internationale Ouvrière, *Programme d'Action du Parti Socialiste*（社会党 : 国際労働者フランスの部　社会党行動計画), 1919, p. 5.
85. 前掲書 p. 14.
86. Journal Offciel. Chambre. Débats April 12, 1920, p. 874.
87. これは Just Haristoy（1918）について当てはまる。
88. Tristram（1999）を参照。
89. Journal Offciel. Chambre. Débats April 12, 1920, p. 882.

**第 7 章　戦争テクノロジーの役割**

1. これはアンジェイエフスキー（Andreski, 1968）が強調した主張である〔日本語版 39–43 ページ〕
2. *The Politics*, Book VI, Chapter 7, as translated by Ernest Barker（1946）〔日本語版　329 ページ〕
3. *The Constitution of the Athenians*, as translated by Robin Osborne（2004）〔日本語版　246

ページ。日本語版は『クセノポン小品集』だが、引用元の英語版は作者を Pseudo-Xenophon（偽クセノポン）としているため、本文のような表現になっている〕。大規模な海軍を有するギリシャの都市国家がすべて幅広い政治参加を認める国制であったわけではないことは認めなければならない。古典ギリシャの政治経済学についての幅広い検討については Ober（2015）を参照。

4. White（1962）を参照〔日本語版　13-51 ページ〕
5. 議論と評価に関する総括については Roland（2003）を参照。
6. Hui（2005）を参照。
7. Lewis（2000）を参照。
8. Hui（2005）を参照。
9. これはストックトン・アンド・ダーリントン鉄道の創設年を念頭においている。
10. この問題については特に van Creveld（1977, 1989）を参照。この物語の初期のバージョンについては Pratt（1915）も併せて参照。
11. この年代は Pratt（1915, p. 9）より。
12. Onorato, Scheve, and Stasavage（2014）. 1815 年から現在までの時期については、Correlates of War Project〔1963 年にミシガン大学で始まった戦争史研究のためのプロジェクト。国際関係における正確かつ信頼の置ける量的データの収集、普及、利用の促進を目的としている〕のデータを用いた。1600 年から 1815 年については、各国の軍事史家が算出した既存の推定値に依拠した。すべての出所については Onorato et al.（2014）を参照。13 列強はレヴィ（Levy, 1983）の定義による。具体的にはオーストリア＝ハンガリー（1600 年 - 1918 年）、中国（1949 年 - 2000 年）、フランス（1600 年 - 2000 年）、イタリア（1861 年 - 1943 年）、日本（1905 年 - 1945 年）、オランダ（1609 年 - 1713 年）、オスマン帝国（1600 年 - 1699 年）、プロイセン／ドイツ／西ドイツ（1740 年 - 2000 年）、ロシア／ソヴィエト連邦（1721 年 - 2000 年）、スペイン（1600 年 - 1808 年）、スウェーデン（1617 年 - 1721 年）、イギリス（1600 年 - 2000 年）、合衆国（1898 年 - 2000 年）である。
13. 識字率とナショナリズムとのつながりについては Posen（1993）および Darden（2013）を参照。
14. Bogart（2009）を参照。
15. 特に Posen（1993）および Snyder（2000）を参照。
16. この結果は、軍の規模および軍事動員率の回帰分析に、1789 年以後のすべての年について 1 の値を取るダミー変数を含めることで得られた。結果の詳細については Onorato et al.（2014）を参照。
17. Schnapper（1968）の議論を参照。
18. Levi（1997）.
19. 証拠は Onorat et al.（2014）の付属資料に提示している。
20. Litton（2000, p. 27）を参照。
21. Gillespie（2006, p. 27）を参照。
22. 前掲書 p. 110 を参照。
23. Murray and Knox（2001）を参照。

24. 出所については Onorato et al.（2014）を参照。

### 第 8 章　なぜ富裕層課税は縮小したのか

1. “Let Us Face the Future: A Declaration of Labour Policy for the Consideration of the Nation（未来と向き合おう——考慮すべき国の課題に向けた労働党の宣言),” Labour Party, 1945.
2. 前掲書。
3. British Institute of Public Opinion, survey 123, question 13（イギリス世論調査所第 123 回調査質問 13）
4. Conseil National de la Résistance, “Programme du Conseil National de la Résistance（全国抵抗評議会のプログラム),” March 15, 1944.
5. Journal Offciel, October 19, 1944.
6. de Vries and Hoeniger（1950）を参照。
7. このテーマの、特に再分配に関しては Hughes（1999）を参照。
8. Meidner（1993）を参照。
9. 第 1 章で示したように、この考えは、ロエル・ビーツマ、アレックス・カキーアーマン、マッシモ・ジュリアドーリ（Roel Beetsma, Alex Cukierman, and Massimo Giuliodori, 2013）の最近の論文で展開されているもので、三人はこれに先立つピーコックとワイズマン（Peacock and Wiseman, 1961）の発見に基づいて議論を組み立てている。また、三人の考えは 1994 年のポール・ピアソン（Paul Pierson, 1994）の議論とも密接に関連している。ピアソンは、福祉国家によって有権者が自ずと福祉プログラムを擁護するようになったために、政策縮小の試みが挫折したのだと論じた。
10. これが顕著に見られる事例が、1945 年 6 月 5 日に放送されたウィンストン・チャーチルの演説である。
11. こうした議論については Hughes（1999）を参照。
12. ここでの「裕福な」の定義は、最も高い社会経済的地位のカテゴリーに入る個人で、判断は調査員の主観的評価に基づいている。これより前の時期のギャラップ世論調査には、年間所得についての直接の質問がなかった。
13. American Enterprise Institute, “Public Opinion on Taxes: 1937 to Today（税についての世論：1937 年から現在),” 2012.
14. 特に Martin（2013）の議論を参照。
15. この動きについての法制史は Theodore Meyer（1956）で取り上げられている。
16. USAIPO 0492 Question 9.
17. ギャラップ社による 1946 年の USAIPO 0366 では、たしかに過半数が所得税制限を支持しているが、それは取る税の総額を（つまりは実効税率を）制限するというもので、上限も、25 パーセントではなく個人所得の 50 パーセントだった。
18. “The New Poor: A Salary Ceiling Story of Mr. Smith and his Fellow Bank Directors（新しい貧困層——スミス氏をはじめとする銀行取締役たちの給与上限物語),” *Wall Street Journal*, November 11, 1942.
19. 1979 Conservative Party General Election Manifesto（1979 年保守党総選挙マニフェスト）
20. “This Is the Road: The Conservative and Unionist Party’s Policy（これこそが道——保守統

一党の政策 ," Conservative Party, 1950.〔「保守統一党」は保守党の正式名称〕

21. Republican Party Platform of 1980（1980 年の共和党綱領）

22. Republican Party Platform of 1952.

23. 分析についてはオンライン資料を参照。第 3 章の注釈で検討し、オンライン資料で報告しているわれわれの分析では、戦争に際しての大規模動員による影響についてのわれわれの推定がどれほど強固なものであるかを探求しているが、その際には、債務危機、金融危機、インフレ危機など、各種の経済危機に関する多様な尺度を統制している。こうした推定値には、経済危機を経験した国が全体として所得税の最高税率を下げているという、少なからぬ証拠が表れている。しかしこの結果は、計量経済学上の仕様によって容易に変化するので、さまざまな危機と税率引き下げとの関係が 1970 年を境にして強まったという証拠にはならない。というより実際には、点推定値の絶対値は 1970 年以前のほうが大きい。よって、たとえ、国は最高税率を下げることで経済ショックに対応するという考え方に見るべきものがあったとしても——実際にわれわれの証拠にはこの点について矛盾したものがあるが——所得税の最高税率が戦後に引き下げられたことを経済成長への懸念で説明するのは説得力がないという、ここでのわれわれの結論は一貫している。

24. 今日の法人課税に関連する問題の徹底した評価については Auerbach, Hines, and Slemrod（2007）を参照。

25. キーンとコンラッド（Keen and Konrad, 2013）による理論的評価を参照。

26. Devereux et al.（2008）. Kumar and Quinn（2012）も参照。こちらはさらに広範な国々を分析して、資本の可動性による法人税率への影響は比較的少ないと結論づけている。「別の研究」には、Hallerberg and Basinger（1998）, Hays（2009）, Quinn（1997）, Swank and Steinmo（2002）などがある。

27. この点についてはシュテフェン・ハンホフ（Steffen Ganghof, 2006）のまとめた証拠を参照。

28. Hines and Summers（2009）を参照。

29. スウォンクとスタインモ（Swank and Steinmo, 2002）は、資本規制の自由化と労働への効果的な課税とのあいだに負の相関を報告しているが、これは通常のグローバリゼーション仮説と一致していないと論じている。理由は、資本規制の自由化によって、各国の政府は国際的な可動資本への課税から、一般に移動性のない労働への課税へ移行せざるを得なくなると予想されるからだという。ふたりはこの負の相関について、グローバリゼーションによって政策策定者が、高い労働税〔雇主・雇用者・自営業者の社会保障負担のこと。労働使用に対する税とみなされる〕を課す際の効率費用に敏感になったためだと解釈している。また、資本規制の自由化と資本への効果的な課税とには相関はないとも報告していて、結論としては、グローバリゼーションは法定法人税の設定には一定の役割を果たしたが、それ以外の税負担の決定に主要な役割を果たしたとする証拠はほとんどない、としている。ふたりの結論の、特に効果的な資本課税について役割を果たさなかったという部分は、以下のわれわれの分析と共鳴している。

30. ソレンセン（Sorensen, 2010）による検討を参照。

31. Quinn（1997）を参照。基礎となるデータは為替規制に関する IMF の年次報告から。Quinn の指標は最小値がゼロ、最大値が 100 で、1950 年から 2011 年のものが利用できる。
32. オンライン資料を参照。
33. ピケティとサエズ（Piketty and Saez, 2013）の理論的検討を参照。
34. Kleven, Landais, and Saez（2010）および Kleven, Landais, Saez, and Schultz（2013）を参照。
35. ペサラン（Pesaran, 2004）の提出した横断的依存性についてのテストを用いて確認した。
36. Conservative Party General Election Manifesto, 1979.
37. Republican Party Platform, 1980.
38. "The Labour Way Is the Better Way（労働党の道のほうがすぐれた道)," Labour Party Manifesto, 1979.
39. Labour Party Manifesto, 1983.
40. Democratic Party Platform, 1980（1980 年民主党綱領）
41. Democratic Party Platform, 1984.
42. 戦争のための動員を行わなかった国でここ数十年、富裕層への課税が引き下げられていることも、公正論で説明することができる。たとえばヘンリクソンとヴァルデンストレーム（Henrekson and Waldenström, 近日刊）によると、スウェーデンでは、最富裕層に相続税を逃れる可能性があったことと平等な扱いという基準とが相まって、相続税の廃止につながったとしている。ふたりの主張では、最富裕層が相続税を回避する一方で、それほどではない富裕層は相続税を払っているという認知があったために、税金逃れが相続税への政治的支持を下げる結果になったのだという。これは、平等な扱いという基準を犯すと富裕層課税への支持基盤が崩れかねないことを別の面から示す例となっている。

### 第 9 章　これからの富裕層課税

1. ほんの一例として、"Americans' Views on Inequality and Workers' Rights（不平等と労働者の権利に関するアメリカ人の見解)," *New York Times*, June 3, 2015 を参照。
2. 「また、税率はすべて限界税率です。これは、すべての個人は自分の所得のうち、限界税率の所得区分に入る分だけをその税率で支払うということです」
3. 図 9-1 は加重データでグラフ化している。生データの中央値は、量的には類似しているが、最も高い所得区分で少し高くなっている。しかし、この生の高い中央値ですら 35 パーセントであることを考えると、この違いによって結論が変わることはなく、現行法と比べて大幅に高い税率はほとんど支持されていないと言える。
4. 先に検討したように、大手メディアのものにせよ学問的な研究にせよ、ほかの一般的な調査では、なんらかの閾値（通常は年間 2 万 5000 ドル）を設定し、それを超える所得のある個人への増税を支持するかどうかを、個人に対して質問する。合衆国ではここ数年、回答者の過半数がこの質問に肯定的に答えることが多い。この事実は、市民が現在よりも大幅に高い税率の、ずっと累進的な税制度を望んでいる証拠だと解釈されている。また、この質問のほうが良いと考える研究者もいて、われわ

れの質問が回答者に具体的な量的選好を表明するよう求めていることを、相対的に負担が大きいとしている。しかし、この立場にはいくつかの理由から問題がある。第一に、この一般的な質問の回答者は、上位所得層の税率が現時点でどれくらいかを知らないかもしれない。第二に、この質問は二者択一になっているため、回答者の支持している上位所得層の税率引き上げが、わずかなのか大幅なのかが解釈ができない。少なくともかなりの調査証拠が、最高税率の5パーセントポイント超の引き上げを支持しているのはごく少数だということを示している。これは、ここでのわれわれの一般的な論点――大衆が今より大幅に累進的な所得税制を望んでいるという証拠はほとんどない――とも一致している。第三に、われわれの質問に対する回答の分布は、サンプルを数学的知識のある、あるいは教育水準の高い回答者に限定しても大きくは変わらない〔したがって、具体的な量的選好の表明を求めることが大きな負担にはなっていないと考えられる〕。第四に、一定の閾値より上の個人が高い税を支払うという言い方は、法定税率を上げるのか、各種の控除をはじめとする、現在の税制内でのさまざまな特権を減らすことで実効税率を上げるのかを区別していない。Ballard- Rosa, Martin, and Scheve (2015) を参照してもらえば、ほかにも詳しい分析があるのだが、そちらも、アメリカ人大衆が望ましいとしている所得税率が、ここで報告しているものと類似していることを示唆している。この研究では、共同の実験的な設計がなされていて、現行のものに替わる所得税計画について、大衆の選好の顕著な特徴を特定できるよう、歳入のニーズ／制約を考慮に入れている。また、最高税率については、ここで検討している単純な調査質問とよく似た結論が報告されている。全体として合衆国では、過去30年で不平等が大幅に拡大したにもかかわらず、高所得者の所得税率を大幅に引き上げることに強い支持があるとは思えない。

5. しかし著者らは、遺産税については、今日の合衆国でその対象者がどれほど少ないかという情報を提供すると、限界税率の大幅引き上げへの支持が増えることを発見している。Kuziemko, Norton, Saez, and Stantcheva (2013) を参照。
6. Internal Revenue Service, Statistics of Income.
7. 幼稚園教員の報酬に関する統計は2013年の労働統計局より http://www.bls.gov/oes/current/oes252012.htm.
8. Landais, Piketty, and Saez (2011) を参照。
9. Bank (1996) を参照。
10. Landais et al. (2011, pp. 50–52) を参照。
11. この問題について最も詳細なソースのひとつは、Institute on Taxation and Economic Policy（課税・経済政策研究所）による州レベルの課税に関する報告書 "Who Pays?（誰が払うのか）" である。このソースによれば、50州すべての平均で、下位20パーセントの所得者は給与税および物品税で所得の約7パーセントを支払っているのに対して、上位1パーセントの所得者は、給与税および物品税で所得の1パーセント未満しか支払っていない。Institute on Taxation and Economic Policy (2013).
12. 合衆国で累進的な消費税を創設するという提案をもたらす平等な扱い論はどのような論理のものだろうか、と問うこともできる。この税の背後にある考え方はこうだ。

個人は年末ごとに確定申告書を提出して、自分がどれだけ稼ぎ、その稼ぎを消費または貯蓄にどう振り分けたかを示すというものだ。各人は消費した部分にかかる税金を払う責任を負う。そのときに、高水準の消費には高い税率を適用するのだ。さまざまな政治見解をもつ幅広い人たちがこうした税を主張している（Frank, 2011; Caroll and Viard, 2013）。累進消費税の考え方を正当化する根拠として最も多いのは、経済効率、貯蓄の奨励、そして累進所得税などによる労働インセンティブへの影響の制限である。しかし、効率への配慮とは別に、平等な扱いの論理を適用して累進消費税を正当化する方法もある。経済効率や支払い能力に言及して累進税の構造を正当化しようとする代わりに、平等な扱いという規範によってこれを正当化するのである。そのためには、所得層が違っても、個人が各自の所得から消費税の支払いに充てる割合が同じになるように税率を設定すればよい。そうした状況下では、これを「累進的」消費税とよぶのは誤称となるだろう。新しい税は、実際には「平等な扱いの消費税」とよばれるだろう。

# 参考文献


Acemoglu, Daron, and James Robinson. 2006. *Economic Origins of Dictatorship and Democracy*. New York: Cambridge University Press.

———. 2008. "Persistence of Power, Elites, and Institutions." *American Economic Review* 98: 267–93.

Acemoglu, Daron, and James A. Robinson. 2000. "Why Did the West Extend the Franchise? Democracy, Inequality, and Growth in Historical Perspective." *Quarterly Journal of Economics* 115: 1167–1199.

Adler, John. 1951. "The Fiscal System, the Distribution of Income, and Public Welfare." In *Fiscal Policies and the American Economy*, ed. Kenyon Poole. New York: Prentice Hall.

Aidt, Toke S., and Peter Jensen. 2013. "Democratization and the Size of Government: Evidence from the Long Nineteenth Century." *Public Choice* 157: 511–542.

Aidt, Toke S., and Peter S. Jensen. 2009. "The Taxman Tools Up: An Event History Study of the Introduction of the Personal Income Tax." *Journal of Public Economics* 93: 160–175.

Alesina, Alberto, and George-Marios Angeletos. 2005. "Fairness and Redistribution." *American Economic Review* 95: 960–980.

Alesina, Alberto, and Edward Glaeser. 2004. *Fighting Poverty in the US and Europe: A World of Difference*. Cambridge, MA: Cambridge University Press.

Alstott, Anne, and Benjamin Novick. 2006. "War, Taxes, and Income Redistribution in the Twenties: The 1924 Veterans' Bonus and the Defeat of the Mellon Plan." Yale University.

Alt, James. 1979. *The Politics of Economic Decline*. Cambridge: Cambridge University Press.

Amenta, Edwin, and Theda Skocpol. 1988. "Redefining the New Deal: World War II and the Development of Social Provision in the United States." In *The Politics of Social Policy in the United States*, ed. Margaret Weir, Ann Shola Orloff, and Theda Skocpol. Princeton, NJ: Princeton University Press.

Anderson, Elizabeth. 1999. "What Is the Point of Equality?" *Ethics* 109: 287–337.

Andre, Carl-Göran. 1975. "The Swedish Labor Movement and the 1917–1918 Revolution." In *Sweden's Development from Poverty to Affluence, 1750–1970*, ed. Steven Koblik, transl. Joanne Johnson. Minneapolis: University of Minnesota Press.

Andreski, Stanislav（Andrezejwski, Stanisław）. 1968. *Military Organization and Society*. Berkeley: University of California Press〔日本語版『軍事組織と社会』坂井達朗訳、新曜社、2004 年〕

Ardant, Gabriel. 1972. *Histoire de l'impôt*. Paris: Fayard.

Aristotle. 1948. *The Politics*. Edited and translated by Ernest Barker. Oxford: Clarendon Press〔日本語版『アリストテレス　政治学』牛田徳子訳、京都大学学術出版会、2001 年〕

Asselain, Jean-Charles. 2006."Un siècle d'histoire fiscale de la France: Le mirage de l'impôt progressif sur le revenu." In *L'Impôt en France aux XIXe et XXe siècles*, ed. Maurice Lévy-Leboyer, Michel Lescure, and Alain Plessis. Paris: Comité pour l'histoire économique et financière de la France.

Atkinson, Anthony, and Thomas Piketty. 2007. *Top Incomes Over the Twentieth Century*. Volume 1. Oxford: Oxford University Press.

———. 2010. *Top Incomes Over the Twentieth Century*. Volume 2. Oxford: Oxford University Press.

Atrostic, B. K., and James Nunns. 1991. "Measuring Tax Burden: A Historical Perspective." In *Fifty Years of Economic Measurement: The Jubilee of the Conference on Research in Income and Wealth*, ed. Ernst Berndt and Jack Triplett. Cambridge: National Bureau of Economic Research.

Auerbach, Alan, James Hines, and Joel Slemrod. 2007. *Taxing Corporate Income in the 21st Century*. New York: Cambridge University Press.

Ballard-Rosa, Cameron, Lucy Martin, and Kenneth Scheve. 2015. "The Structure of American Income Tax Policy Preferences." Stanford University.

Bank, Steven A. 1996. "Origins of a Flat Tax." *Denver University Law Review* 73: 329–402.

Bank, Steven, Kirk Stark, and Joseph Thorndike. 2008. *War and Taxes*. Washington, DC: Urban Institute.

Bartels, Larry. 2008. *Unequal Democracy*. Princeton, NJ: Princeton University Press.

Batchelder, Lily. 2008."What Should Society Expect From Its Heirs? A Proposal for a Comprehensive Inheritance Tax." New York University School of Law.

Becker, Gary S., and Nigel Tomes. 1979. "An Equilibrium Theory of the Distribution of Income and Intergenerational Mobility." *Journal of Political Economy* 87: 1153–1189.

Beckert, Jens. 2004. *Inherited Wealth*. Princeton, NJ: Princeton University Press.

Beetsma, Roel, Alex Cukierman, and Massimo Giuliodori. 2013. "The Political Economy of Redistribution in the U.S. in the Aftermath of World War II and the Delayed Impacts of the Great Depression — Evidence and Theory." University of Amsterdam.

Bénabou, Roland, and Jean Tirole. 2006. "Belief in a Just World and Redistributive Politics." *Quarterly Journal of Economics* 121: 699–746.

Bendix, Reinhard, and Stein Rokkan. 1962. "The Extension of National Citizenship to the Lower Classes: A Comparative Perspective." Paper prepared for the Fifth World Congress of Sociology, Washington, DC.

Benhabib, Jess, Alberto Bisin, and Shenghao Zhu. 2011."The Distribution of Wealth and Fiscal Policy in Economies with Finitely Lived Agents." *Econometrica* 79: 123–157

Bentham, Jeremy. 1794 [1952]. "Proposal for a Model of Taxation in Which the Burthen May Be Alleviated or Even Balanced by an Indemnity." In *Jeremy Bentham's Economic Writings*. London: Allen and Unwin.

Beramendi, Pablo. 2012. *The Political Geography of Inequality: Regions and Redistribution*. New York: Cambridge University Press.

Beramendi, Pablo, and Christopher Anderson. 2008. *Democracy, Inequality, and Representation*. New York: Russell Sage Foundation.

Besley, Timothy, and Torsten Persson. 2009. "The Origins of State Capacity: Property Rights, Taxation, and Policy." *American Economic Review* 99: 1218–1244.

Birnbaum, Jeffrey, and Alan Murray. 1988. *Showdown at Gucci Gulch*. New York: Vintage.

Blockmans, Wim. 1987. "Finances publiques et inégalité sociale dans les Pays-Bas au XIVe-XVIe Siècles."In *Genèse de l'état moderne*, ed. Jean-Phlippe Genet. Paris: Editions du CNRS.

Blum, Walter J., and Harry Kalven, Jr. 1952. "The Uneasy Case for Progressive Taxation." *University of Chicago Law Review* 19: 417–520.

Bogart, Dan. 2009."Nationalizations and the Development of Transport Systems: Cross-Country Evidence from Railroad Networks, 1860–1912." *Journal of Economic History* 69: 202–237.

Boix, Carles. 2003. *Democracy and Redistribution*. Cambridge: Cambridge University Press.

Boix, Carles, and Sebastian Rosato. 2001. "A Complete Data Set of Political Regimes, 1800–1999." University of Chicago.

Bonica, Adam, Nolan McCarty, Keith T. Poole, and Howard Rosenthal. 2013. "Why Hasn't Democracy Slowed Rising Inequality?" *Journal of Economic Perspectives* 27: 103–124.

Boskin, Michael. 2000. "From Edgeworth to Vickrey to Mirrlees." Distinguished Address presented at the Forty-Seventh International Atlantic Economic Conference, Montreal, Canada, October 7–10, 1999.

Boucoyannis, Deborah. 2013. "The Equalizing Hand: Why Adam Smith Thought the Market Should Produce Wealth without Steep Inequality." *Perspectives on Politics* 11: 1051–1070.

Bowley, Arthur. 1930. *Some Economic Consequences of the Great War*. London: Butterworth's〔日本語版 『世界大戦の政治並經濟的影響』文明協會編、1931 年〕

Bowsky, William. 1969. "Direct Taxation in a Medieval Commune: The Dazio in Siena, 1287–1355." *Explorations in Economic History* 7: 205–221.

———. 1981. *A Medieval Italian Commune: Siena Under the Nine, 1287–1355*. Berkeley: University of California Press.

Brandes, Stuart. 1997. *Warhogs: A History of War Profits in America*. Lexington: University Press of Kentucky.

Brownlee, Elliot. 1985. "Wilson and Financing the Modern State: The Revenue Act of 1916."*Proceedings of the American Philosophical Society* 129: 173–210.

———. 2004. *Federal Taxation in America: A Short History*. New York: Cambridge University Press.

Bureau of the Census (United States). 1913. "Wealth, Debt, and Taxation." Washington, DC: Government Printing Office.

Caillaux, Joseph. 1910. *L'Impôt sur le revenu*. Paris: Berger Lévrault.

Camerer, Colin, and Ernst Fehr. 2004. "Measuring Social Norms and Preferences Using Experimental Games: A Guide for Social Scientists." In *Foundations of Human Sociality*, ed. Joseph Henrich. Oxford: Oxford University Press.

Campbell, Andrea Louise. 2009. "What Americans Think of Taxes." In *The New Fiscal Sociology*, ed. Monica Prasad, Isaac Martin, and Ajay Mehrotra, 48–67. New York: Cambridge University Press.

Cappelen, Alexander, Astri Drange Hole, Erik O. Sorensen, and Bertil Tungodden. 2007."The Pluralism of Fairness Ideals: An Experimental Approach." *American Economic Review* 97: 818–827.

Caramani, Daniele. 2000. *Elections in Western Europe since 1815: Electoral Results by Constituencies*. London: Macmillan Reference.

Carbonell-Nicolau, Oriol. 2009."A Positive Theory of Income Taxation." *B.E. Journal of Economics* 9: 1–47.

Carbonell-Nicolau, Oriol, and Efe Ok. 2007. "Voting Over Income Taxation." *Journal of Economic Theory* 134: 249–286.

Carr, Michael, and Phil Melizzo. 2013. "Entitlement in a Real Effort Ultimatum Game." Department of Economics, University of Massachusetts-Boston.

Carrigan, Owen. 1968. *Canadian Party Platforms, 1867–1968*. Toronto: Copp Clark.

Carroll, Robert, and Alan Viard. 2013. *Progressive Consumption Taxation: The X Tax Revisited*. Washington, DC: American Enterprise Institute.

Cavaille, Charlotte, and Kris-Stella Trump. 2015. "The Two Facets of Social Policy Preferences." *Journal of Politics* 77: 146–160.

Chaunu, Pierre. 1977. "L'Etat." In *Histoire économique et sociale de la France. Tome 1: de 1450 à 1660*, ed. Pierre Chaunu and Richard Gascon. Paris: Presses Universitaires de France.

Clamageran, Jean-Jacques. 1868. *Histoire de l'impôt en France*. Paris: Librairie Guillaumin.

Cohen, G. A. 1989. "On the Currency of Egalitarian Justice." *Ethics* 99: 906–944.

Colm, Gerhard, and Helen Tarasov. 1941."Who Pays the Taxes?" Washington, DC: U.S. Government Printing Office.

Conti, Elio. 1984. *L'imposta diretta a Firenze nel quattrocento (1427–1494)*. Rome: Istituto Storico Italiano Per Il Medio Evo.

Croissant, Aurel. 2002. "Electoral Politics in South Korea." In *Electoral Politics in Southeast and East Asia*, ed. A. Croissant, G. Bruns, and M. John (Hrsg.). Singapore: Friedrich Ebert Foundation.

Cronin, James E. 1991. *The Politics of State Expansion: War, State, and Society in Twentieth-Century Britain*. London: Routledge.

Darden, Keith. 2013. *Resisting Occupation: Mass Schooling and the Creation of Durable National Loyalties*. Cambridge: Cambridge University Press.

Daunton, Martin. 1996. "How to Pay for the War: State, Society and Taxation in Britain, 1917- 24." *English Historical Review* 111: 882–919.

———. 2001. *Trusting Leviathan: The Politics of Taxation in Britain, 1799–1914*. Cambridge: Cambridge University Press.

———. 2002. *Just Taxes: The Politics of Taxation in Britain, 1914–1979*. Cambridge: Cambridge University Press.

Delalande, Nicolas. 2011. *Les Batailles de l'impôt*. Paris: Seuil.

Dell, Fabien. 2008. "L'Allemagne Inégale: Inégalités de revenus et de patrimoine en Allemagne, dynamique d'accumulation du capital et taxation de Bismarck à Schroder 1870–2005." Unpublished dissertation. Paris School of Economics.

de Saint Lambert, Jean-François (marquis de). 1765. "Luxe." In *Encyclopédie, ou Dictionnaire raisonné des sciences, des arts et des métiers*, ed. Denis Diderot and Jean le Rond d'Alembert. Volume 9. Paris: Briasson.

de Vries, Henry, and Berthold Hoeniger. 1950. "Post-Liberation Nationalizations in France." *Columbia Law Review* 50: 629–656.

Devereux, Michael P., Ben Lockwood, and Michela Redoano. 2008. "Do Countries Compete over Corporate Tax Rates?" *Journal of Public Economics* 92: 1210–1235.

Diamond, Peter, and Emmanuel Saez. 2011. "The Case for a Progressive Tax: From Basic Research to Policy Recommendations." *Journal of Economic Perspectives* 25: 165–190.

Dudley, Leonard,and Peter-Christian Witt.2004."Arms and the Man."*Kyklos* 57: 475–504.

Duff, David. 2005. "The Abolition of Wealth Transfer Taxes: Lessons from Canada, Australia, and New Zealand." *Pittsburgh Law Review* 3: 72–120.

Durante, Ruben, Louis Putterman, and Jol van der Weele. 2014. "Preferences for redistribution and perceptions of fairness: An experimental study." *Journal of the European Economic Association* 12: 1059–1086.

Du Rietz, Gunnar, and Magnus Henrekson. 2014. "Swedish Wealth Taxation, 1911–2007." Stockholm: Research Institute of Industrial Economics.

Du Rietz, Gunnar, Dan Johannson, and Mikael Stenkula. 2010. "The Marginal Tax Wedge of Labor in Sweden from 1861 to 2009." Stockholm: Research Institute of Industrial Economics.

Dworkin, Ronald. 1977. *Taking Rights Seriously*. Cambridge, MA: Harvard University Press〔日本語版 『権利論』木下毅・小林公・野坂泰司共訳、木鐸社、2003 年〕

———. 1981a. "What Is Equality? Part I: Equality of Welfare." *Philosophy & Public Affairs* 10: 185–246.

———. 1981b. "What Is Equality? Part II: Equality of Resources." *Philosophy & Public Affairs* 10: 283–345.

Edgeworth, Francis. 1897. "The Pure Theory of Taxation." *Economic Journal* 7: 46–70.

Eich, Stefan. 2013. "The Neglected Origins of Progressive Taxation." Working paper, Yale University, Department of Political Science.

Eichengreen, Barry. 1989. "The Capital Levy in Theory and Practice." NBER Working Paper 3096.

Engl, Christoph. 2011. "Dictator Games: A Meta Study." *Experimental Economics* 14: 583–610.

Fairfield, Tasha. 2015. *Private Wealth and Public Revenue in Latin America: Business Power and Tax Politics*. Cambridge: Cambridge University Press.

Farhi, Emmanuel, and Ivan Werning. 2009. "The Political Economy of Nonlinear Capital Taxation." Harvard University, Department of Economics.

Feldman, Naomi, and Joel Slemrod. 2009. "War and Taxation: When Does Patriotism Overcome the Free Rider Problem?" In *The New Fiscal Sociology*, ed. Monica Prasad, Isaac Martin, and Ajay Mehrotra. New York: Cambridge University Press.

Ferejohn, John, and Frances Rosenbluth. Forthcoming. *Forged Through Fire*. New York: W.W. Norton.

Fisman, Ray, Pamela Jakiela, and Shachar Kariv. 2014. "The Distributional Preferences of

Americans." NBER Working Paper no. 20145.

———. 2014. "How Did Distributional Preferences Change During the Great Recession?" NBER Working Paper no. 20146.

Flora, Peter. 1983. *State, Economy, and Society in Western Europe 1815–1975: A Data Handbook in Two Volumes*. Chicago, IL: St. James〔日本語版 『ヨーロッパ歴史統計国家・経済・社会—— 1815–1975』竹岡敬温訳、原書房、1985–1987 年〕

Fong, Christina. 2001. "Social Preferences, Self-Interest, and the Demand for Redistribution." *Journal of Public Economics* 82: 225–246.

Frank, Robert. 2011. *The Darwin Economy*. Princeton, NJ: Princeton University Press.

Fritschy, Wantje. 1997."A History of the Income Tax in the Netherlands." *Revue Belge de Philologie et d'Histoire* 75: 1045–1061.

Frydman, Carola, and Raven Molloy. 2012. "Pay Cuts for the Boss: Executive Compensation in the 1940s." *Journal of Economic History* 72: 225–251.

Ganghof, Steffen. 2006 *The Politics of Income Taxation: A Comparative Analysis*. ECPR publications.

Genovese, Federica, Kenneth Scheve, and David Stasavage. 2014. "The Comparative Income Taxation Database." Stanford University and New York University.

Giertz, Seth, Emmanuel Saez, and Joel Slemrod. 2012. "The Elasticity of Taxable Income with Respect to Marginal Tax Rates: A Critical Review." *Journal of Economic Literature* 50: 3–50.

Gilens, Martin. 1999. *Why Americans Hate Welfare: Race, Media, and the Politics of Anti-Poverty Policy*. Chicago, IL: University of Chicago Press.

———. 2012. *Affluence and Influence: Economic Inequality and Political Power in America*. Princeton, NJ: Princeton University Press.

Gillespie, Paul. 2006. *The Weapons of choice: the Development of Precision Guided Munitions*. Tuscaloosa, AL: University of Alabama Press.

Gomel, Charles. 1902. *Histoire de la Législative et de la Convention*. Volume I. Paris Guillaumin.

Grady, Henry Francis. 1968. *British War Finance, 1914–1919*. New York: AMS Press.

Graetz, Michael, and Ian Shapiro. 2005. *Death by a Thousand Cuts*. Princeton, NJ: Princeton University Press.

Graslin, J. J. Louis. 1767. *Essai analytique sur la richesse et sur l'impôt*. London: n.p.

Gros, Gaston. 1907. *L'impôt sur le revenu: essai d'économie financière*. Paris: L. Larose et L. Tenin.

Gross, Jean-Pierre. 1993."Progressive Taxation and Social Justice in Eighteenth Century France." *Past and Present* 140: 79–126.

———. 1996. "Progressive Taxation and the Fair Distribution of Wealth." In *Fair Shares for All: Jacobin Egalitarianism in Practice*, ed. Jean-Pierre Gross. New York: Cambridge University Press.

Grotard, Sandrine. 1996. "Le Premier impôt sur les bénéfices d'entreprises en France. La contribution extraordinaire sur les bénéfices de guerre." *Etudes et Documents, Comité pour l'Histoire Economique et Financière de la France* VIII: 259–280.

Guicciardini, Francesco. ~1520 [1867]. "La decima scalata." In *Opere Inedite di Francesco Guicciardini: Ricordi Autobiografici E di Famiglia E Scritti Vari*. Firenze: Cellini, pp. 353–368.

———. -1520 [1959]. "Two Discourses on Progressive Taxation of Land Incomes" (English translation by Elizabeth Henderson). *International Economic Papers* 9: 7–19. London: Macmillan.

———. -1520 [1858]. "Del Reggimento di Firenze." In *Opere Inedite di Francesco Guicciardini. Firenze*: Barbera Bianchi〔日本語版 『フィレンツェの政体をめぐっての対話』末吉孝州訳、太陽出版、2000年〕

———. -1524 [1994]. *Dialogue on the Government of Florence*. Edited and translated by Alison Brown. Cambridge: Cambridge University Press.

Hacker, Jacob. 2008. *The Great Risk Shift: The New Economic Insecurity and the Decline of the American Dream*. 2nd edition. Oxford: Oxford University Press.

Haig, Robert Murray. 1929. *The Public Finances of Post-War France*. New York: Columbia University Press.

Hall, Peter, and David Soskice. 2001. *Varieties of Capitalism: The Institutional Foundations of Comparative Advantage*. Oxford: Oxford University Press.

Hall, Robert, and Alvin Rabushka. 1981. *The Flat Tax*. Stanford: Hoover Institution.

Hallerberg, Mark, and Scott Basinger. 1998. "Internationalization and Changes in Tax Policy in OECD Countries: The Importance of Domestic Veto Players." *Comparative Political Studies* 31: 321–352.

Haristoy, Just. 1918. *Finances d'après guerre et conscription des fortunes*. Paris Félix-Alcan.

Hayek, Friedrich. 1960 [2011]. *The Constitution of Liberty: The Definitive Edition. The Collected Works of F.A. Hayek*. Volume 17. Chicago, IL: University of Chicago Press〔日本語版 『自由の条件 I』(ハイエク全集 I -5)『自由の条件II』(ハイエク全集 I -6)『自由の条件III』(ハイエク全集 I -7) 気賀健三・古賀勝次郎訳、春秋社、2006-2007年。本書での引用は『自由の条件III』より〕

Hays, Jude. 2009. *Globalization and the New Politics of Embedded Liberalism*. Oxford: Oxford University Press.

Henrekson, Magnus, and Daniel Waldenström. Forthcoming. "Inheritance Taxation in Sweden, 1885–2004: The Role of Ideology, Family Firms, and Tax Avoidance." *Economic History Review*.

Henrich, J., J. Ensminger, R. McElreath, A. Barr, C. Barrett, A. Bolyanatz, J. C. Cardenas, M. Gurven, E. Gwako, N. Henrich, C. Lesorogol, F. Marlowe, D. Tracer, and J. Ziker. 2010. "Markets, Religion, Community Size, and the Evolution of Fairness and Punishment." *Science* 327: 1480–1484.

Hicks, J. R., U. K. Hicks, and L. Rostas. 1941. *The Taxation of War Wealth*. Oxford: Clarendon Press.

Hill, Joseph A. 1894. "The Civil War Income Tax." *Quarterly Journal of Economics* 8: 416–452.

Hines, James, and Lawrence Summers. 2009. "How Globalization Affects Tax Design." In *Tax Policy and the Economy*, ed. Jeffrey Brown and James Poterba. Cambridge: National Bureau of Economic Research.

Hochschild, Jennifer. 1981. *What's Fair? American Beliefs about Distributive Justice*. Cambridge, MA: Harvard University Press.

Hont, Istvan. 2006. "The Early Enlightenment Debate on Commerce and Luxury." In *Cambridge History of Eighteenth Century Political Thought*, ed. Mark Goldie and Robert Wokler. Cambridge: Cambridge University Press.

Huber, Evelyn, and John D. Stephens. 2001. *Development and Crisis of the Welfare State: Parties and Policies in Global Markets*. Chicago, IL: University of Chicago Press.

Hughes, Michael. 1999. *Shouldering the Burdens of Defeat: West Germany and the Reconstruction of Social Justice*. Chapel Hill: University of North Carolina Press.

Hui, Victoria Tin-bor. 2005. *War and State Formation in Ancient China and Early Modern Europe*. Cambridge: Cambridge University Press.

Hume, David. 1742 [1994]. Of Taxes. In *Hume: Political Essays*, ed. Knud Haakonssen. Cambridge: Cambridge University Press.

Ignatieff, Michael, and Istvan Hont. 1983. *Wealth and Virtue: The Shaping of Political Economy in the Scottish Enlightenment*. Cambridge: Cambridge University Press〔日本語版 『富と徳――スコットランド啓蒙における経済学の形成』水田洋・杉山忠平監訳、未來社、1990年〕

Ingenbleek, Jules. 1918. *La justice dans l'impôt*. Paris: Berger-Levrault.

Institute on Taxation and Economic Policy. 2013. "Who Pays? A Distributional Analysis of Tax Systems in All 50 States." 4th edition. Washington, DC.

Isaia, Henri, and Jacques Spindler. 1989. "1914–1940: L'impôt sur le revenu sous la IIIème République." In *L'Impôt sur le revenu en question*, ed. Jean-Claude Martinez. Paris: Litec.

Isenmann, Eberhard. 1995. "Medieval and Renaissance Theories of State Finance." In *Economic Systems and State Finance*, ed. Richard Bonney. Oxford: Clarendon Press.

Iversen, Torben, and David Soskice. 2006. "Electoral Institutions and the Politics of Coalitions: Why Some Democracies Redistribute More Than Others." *American Political Science Review* 100:165–181.

———. 2009. "Distribution and Redistribution: The Shadow of the Nineteenth Century." *World Politics* 61: 438–486.

Jha, Saumitra, and Steven Wilkinson. 2012. "Does Combat Experience Foster Organizational Skill? Evidence from Ethnic Cleansing during the Partition of South Asia." *American Political Science Review* 106: 883–907.

Johnston, Alexander. 1965. *The Inland Revenue*. London: George Allen and Unwin.

Jones, Charles. 2015. "Pareto and Piketty: The Macroeconomics of Top Income and Wealth Inequality." *Journal of Economic Perspectives* 29: 29–46.

Joseph, Richard. 2004. *The Origins of the American Income Tax: The Revenue Act of 1894 and Its Aftermath*. Syracuse, NY: Syracuse University Press.

Kahn, Otto. 1918. *Frenzied Liberty: The Myth of "a Rich Man's War"*. Extracts from address given at the University of Wisconsin-Madison.

Keen, Michael, and Kai A. Konrad. 2013. "The Theory of International Tax Competition and Coordination." In *Handbook of Public Economics*, ed. Alan Auerbach, Raj Chetty, Martin Feldstein, and Emmanuel Saez, 5: 257–328.

Kennedy, David M. 1980. *Over Here: The First World War and American Society*. Oxford: Oxford University Press.

Kenworthy, Lane, and Jonas Pontusson. 2005."Rising Inequality and the Politics of Redistribution in Affluent Countries." *Perspectives on Politics* 3: 449–471.

Kleven, Henrik, Camille Landais, and Emmanuel Saez. 2010. "Taxation and International Migration of Superstars: Evidence from the European Football Market." *American Economic Review* 103: 1892–1924.

Kleven, Henrik, Camille Landais, Emmanuel Saez, and Esben Anton Schultz. 2013. "Migration and Wage Effects of Taxing Top Earners: Evidence from the Foreigners Tax Scheme in Denmark." University of California-Berkeley.

Klinkner, Philip, and Rogers Smith. 1999. *The Unsteady March*. Chicago, IL: University of Chicago Press.

Kopczuk, W., and Emmanuel Saez. 2004. "Top Wealth Shares in the United States: 1916–2000: Evidence from Estate Tax Returns." *National Tax Journal* 57: 445–487.

Kriner, Douglas, and Francis Shen. 2010. *The Casualty Gap: The Causes and Consequences of American Wartime Inequalities*. Oxford: Oxford University Press.

Kumar, Manmohan, and Dennis Quinn. 2012."Globalization and Corporate Taxation." International Monetary Fund Working Paper 12/252.

Kuziemko, Ilyana, Michael Norton, Emmanuel Saez, and Stefanie Stantcheva. 2013. "How Elastic Are Preferences for Redistribution? Evidence from Randomized Survey Experiments." University of California-Berkeley.

Landais, Camille, Thomas Piketty, and Emmanuel Saez. 2011. *Pour une révolution fiscal: Un impôt sur le revenu pour le XXème siècle*. Paris: Seuil.

Leff, Mark H. 1984. *The Limits of Symbolic Reform: The New Deal and Taxation, 1933–1939*. Cambridge: Cambridge University Press.

———. 1991. "The Politics of Sacrifice on the American Home Front in World War II." *Journal of American History* 77: 1296–1318.

Levi, Margaret. 1988. *Of Rule and Revenue*. Berkeley: University of California Press.

———. 1997. *Consent, Dissent, and Patriotism*. Cambridge: Cambridge University Press.

Levy, Jack. 1983. *War in the Modern Great Power System, 1495–1975*. Lexington: University of Kentucky Press.

Lewis, Mark Edward. 2000. "The Han Abolition of Universal Military Service." In *Warfare in Chinese History*, ed. Hans van de Ven. Leiden: Brill.

Lieberman, Evan. 2003. *Race and Regionalism in the Politics of Taxation in Brazil and South Africa*. Cambridge: Cambridge University Press.

Lindert, Peter. 1994."The Rise of Social Spending, 1880–1930." *Explorations in Economic History* 31: 1–37.

———. 2004. *Growing Public: Social Spending and Economic Growth since the Eighteenth Century*. New York: Cambridge University Press.

Litton, Leonard. 2000. "The Information-Based RMA and the Principles of War." *Air and Space*

*Power Chronicles*. n.p.

Loewenstein, K. 1973. *The Governance of Rome*. The Hague: Martinus Nijhoff.

Lü, Xiaobo, and Kenneth Scheve. 2014."Self-Center Inequity Aversion and the Mass Politics of Taxation." Stanford University.

Luttmer, Erzo. 2001. "Group Loyalty and the Taste for Redistribution." *Journal of Political Economy* 109: 500–528.

Mackie, Thomas T., and Richard Rose. 1974. *The International Almanac of Electoral History*. London: Macmillan.

Mallett, Bernard, and C. Oswald George. 1929. *British Budgets: Second Series 1913–14 to 1920–21*. London: Macmillan.

Mares, Isabela. 2003. *The Politics of Social Risk: Business and Welfare State Development*. New York: Cambridge University Press.

Mares, Isabela, and Didac Queralt. Forthcoming. "The Conservative Origin of Income Taxation." *Comparative Political Studies*.

Marion, Marcel. 1931. *Histoire financière de la France depuis 1715*. Volume 6. Paris: Rousseau.

Martin, Isaac William. 2013. *Rich People's Movements*. New York: Oxford University Press.

Martin, Isaac William, Ajay Mehrotra, and Monica Prasad. 2009. *The New Fiscal Sociology: Taxation in Comparative and Historical Perspective*. Cambridge: Cambridge University Press.

Martin, Lucy. 2014. "Taxation, Loss Aversion, and Accountability: Theory and Experimental Evidence for Taxation's Effect on Citizen Behavior." Yale University.

Mauro, Paolo, Rafael Romeu, Ariel Binder, and Asad Zaman. 2013."A Modern History of Fiscal Prudence and Profligacy." International Monetary Fund Working Paper 13/5.

McAlister, Fiona, Debosis Bandyopadhyay, Robert Barro, Jeremy Couchman, Norman Gemmell, and Gordon Liao. 2012. "Average Marginal Income Tax Rates for New Zealand, 1907–2009." New Zealand Treasury Working Paper 12/04.

McCaffery, Edward, and James Hines. 2010."The Last Best Hope for Progressivity in Tax." *Southern California. Law Review* 83: 1031–1098.

Mehrotra, Ajay. 2013. *Making the Modern American Fiscal State: Law, Politics, and the Rise of Progressive Taxation, 1877–1929*. Cambridge: Cambridge University Press.

Meidner, Rudolf. 1993. "Why Did the Swedish Model Fail?" *Socialist Register* 29: 211–228.

Meltzer, Allan, and Scott Richard. 1981."A Rational Theory of the Size of Government." *Journal of Political Economy* 81: 914–927.

Meyer, Theodore. 1956. "The Reed-Dirksen Amendment." *National Bar Association Journal* 42: 44–45.

Mill, John Stuart. 1848. *Principles of Political Economy*. London: John W. Parker〔日本語版 『経済学原理』末永茂喜訳、岩波文庫、1959 年〕

Milward, Alan. 1965. *The German Economy at War*. London: Athlone Press.

Mirrlees, James. 1971. "An Exploration in the Theory of Optimum Income Taxation." *Review of Economic Studies* 38: 175–208.

Mitchell, B. R. 1988. *British Historical Statistics*. Cambridge: Cambridge University Press〔日本語

版 『イギリス歴史統計』中村壽男訳、原書房、1995 年〕

———. 2007. *International Historical Statistics: Europe, 1750–2005*. Basingstoke: Palgrave Macmillan〔旧版の日本語版 『ヨーロッパ歴史統計—— 1750–1993』中村宏・中村牧子訳、東洋書林、2001 年〕

Moene, Karl Ove, and Michael Wallerstein. 2001. "Inequality, Social Insurance, and Redistribution." *American Political Science Review* 95: 859–874.

Molho, Anthony. 1996. "The State and Public Finance: A Hypothesis Based on the History of Late Medieval Florence." In *The Origins of the State in Italy, 1300–1600*, ed. Julius Kirshner. Chicago, IL: University of Chicago Press.

Morgan, Kimberly, and Monica Prasad. 2009."The Origins of Tax Systems: A French-American Comparison." *American Journal of Sociology* 114: 1350–1394.

Murphy, Liam, and Thomas Nagel. 2002. *The Myth of Ownership: Taxes and Justice*. Oxford: Oxford University Press〔日本語版 『税と正義』伊藤恭彦訳、名古屋大学出版会、2006 年〕

Murray, Williamson, and MacGregor Knox. 2001."Thinking About Revolutions in Warfare." In *The Dynamics of Military Revolution, 1300–2050*, ed. MacGregor Knox and Williamson Murray. New York: Cambridge University Press〔日本語版 『軍事革命と RMA の戦略史——軍事革命の史的変遷 1300–2050 年』今村伸哉訳、芙蓉書房出版、2004 年〕

Musgrave, Richard A. 1985. "A Brief History of Fiscal Doctrine." *Handbook of Public Economics* 1: 1–59.

———. 1994. "Progressive Taxation, Equity, and Tax Design." In *Tax Progressivity and Income Inequality*, ed. Joel Slemrod, 341–356. Cambridge: Cambridge University Press.

National Tax Association. 1917."Memorial of Economists to Congress Regarding War Finance." *Bulletin of the National Tax Association* 2: 214–216.

Nelson, Eric. 2004. *The Greek Tradition in Republican Thought*. Cambridge: Cambridge University Press.

Newcomer, Mabel. 1937. *Estimates of the Tax Burden in Different Income Classes*. New York: Twentieth Century Fund.

Ober, Josiah. 2015. *The Rise and Fall of Classical Greece*. Princeton, NJ: Princeton University Press.

O'Brien, Patrick, and Phillip A. Hunt. 1993. "The Rise of a Fiscal State in England, 1485–1815." *Historical Research* 66: 129–176.

Ohlsson, Henry, Jesper Roine, and Daniel Waldenström. 2007."Long Run Changes in the Concentration of Wealth: An Overview of Recent Findings." Stockholm School of Economics.

Onorato, Massimiliano, Kenneth Scheve, and David Stasavage. 2014. "Technology and the Era of the Mass Army." *Journal of Economic History* 74: 449–481.

Osborne. Robin. 2004. *The Old Oligarch: Pseudo-Xenophon's Constitution of the Athenians*. London: Association of Classical Teachers〔日本語版 『クセノポン小品集』「アテナイ人の国制」松本仁助訳、京都大学学術出版会、2000 年〕

Oxoby, Robert J., and John Spraggon. 2008. "Mine and Yours: Property Rights in Dictator Games." *Journal of Economic Behavior & Organization* 65: 703–713.

Owen, Stephen Walker. 1982. "The Politics of Tax Reform in France, 1906–1926." University of California-Berkeley.

Palmieri, Matteo. 1429 [1982]. *Della Vita Civile*. Edited by Gino Belloni. Firenze: Sansoni Editore.

Peacock, Alan, and Jack Wiseman. 1961. *The Growth of Public Expenditure in the United Kingdom*. Princeton, NJ: Princeton University Press.

Perry, J. Harvey. 1955. *Taxes, Tariffs, and Subsidies: A History of Canadian Fiscal Development*. Toronto: University of Toronto Press.

Pesaran, M. H. 2004. "General Diagnostic Tests for Cross Section Dependence in Panels." Cambridge Working Papers in Economics, no. 0435. University of Cambridge.

Pierson, Paul. 1994. *Dismantling the Welfare State? Reagan, Thatcher, and the Politics of Retrenchment*. Cambridge: Cambridge University Press.

Pigou, Arthur. 1918. "A Special Levy to Discharge War Debt." *Economic Journal* 28: 135–156.

———. 1928. *A Study in Public Finance*. London: Macmillan.

———. 1941. *The Political Economy of War*. New York: Macmillan〔日本語版　『戰爭經濟學』乘田利喜太譯註、研究社、1942 年〕

Piketty, Thomas. 1995. "Social Mobility and Redistributive Politics." *Quarterly Journal of Economics* 110: 551–584.

———. 2001. *Les hauts revenus en France au XXème siècle: inégalités et redistributions, 1901–1998*. Paris: Grasset〔日本語版　『格差と再分配―― 20 世紀フランスの資本』山本知子ほか訳、早川書房、2016 年〕

———. 2014. *Capital in the Twenty-First Century*. Cambridge, MA: Harvard University Press〔日本語版　『21 世紀の資本』山形浩生・守岡桜・森本正史訳、みすず書房、2014 年〕

Piketty, Thomas, and Emmanuel Saez. 2007. "How Progressive Is the U.S. Federal Tax System? A Historical and International Perspective." *Journal of Economic Perspectives* 21: 3–24.

Piketty, Thomas, and Emmanuel Saez. 2013. "Optimal Labor Income Taxation." *Handbook of Public Economics* 5: 391–474.

Piketty, Thomas, and Gabriel Zucman. 2014. "Wealth and Inheritance in the Long Run." *Handbook of Income Distribution* 2B: 1304–1366.

Plagge, Arnd, Kenneth Scheve, and David Stasavage. 2011. "Comparative Inheritance Taxation Database." Yale University, ISPS Data Archive.

Pocock, J.G.A. 1985. *Virtue, Commerce, and History: Essays on Political Thought and History, Chiefly in the Eighteenth Century*. Cambridge: Cambridge University Press〔日本語版　『徳・商業・歴史』田中秀夫訳、みすず書房、1993 年〕

Pontusson, Jonas. 2005. *Inequality and Prosperity: Social Europe Versus Liberal America*. Princeton, NJ: Princeton University Press.

Posen, Barry. 1993. "Nationalism, the Mass Army, and Military Power." *International Security* 18: 80–124.

Poterba, James. 2001. "Estate and Gift Taxes and Incentives for Inter Vivos Giving in the US." *Journal of Public Economics* 79: 237–264.

Pratt, Edwin. 1915. *The Rise of Rail Power in War and Conquest 1833–1914*. London: P.S. King and

Son.

Przeworski, Adam et al. 2000. *Democracy and Development*. Cambridge: Cambridge University Press.

Przeworski, Adam, and John Sprague. 1986. *Paper Stones: A History of Electoral Socialism*. Chicago, IL: University of Chicago Press.

Przeworski, Adam, and Michael Wallerstein. 1988. "Structural Dependence of the State on Capital." *American Political Science Review* 82: 11-29.

Quinn, Dennis. 1997. "The Correlates of Change in International Financial Regulation." *American Political Science Review* 91: 531-551.

Rawls, John. 1971. *A Theory of Justice*. Cambridge, MA: Harvard University Press〔日本語版 『正義論』川本隆史・福間聡・神島裕子訳、紀伊國屋書店、2010 年〕

Regent, N. 2014."Guicciardini's La Decima Scalata: The First Treatise on Progressive Taxation." *History of Political Economy* 46: 307-331.

Rehm, Phillip. 2011. "Social Policy by Popular Demand." *World Politics* 63: 271-299.

———. 2014. *Risking Solidarity*. Unpublished manuscript.

Reuben, Ernesto, and Arno Riedl. 2013."Enforcement of Contribution Norms in Public Good Games with Heterogeneous Populations." *Games and Economic Behavior* 122-137.

Ricca-Salerno, Giuseppe. 1881. *Storia delle dottrine finanziarie in Italia*. Atti della R. Accademia dei Lincei, Serie Terza, Roma. Coi Tipi del Salviucci.

Robbins, Lionel. 1932. *Essay on the Nature and Significance of Economic Science*. London: MacMillan & Co〔日本語版 『経済学の本質と意義』小峯敦・大槻忠史訳、京都大学学術出版会、2016 年〕

Roberts, Kevin. 1977. "Voting over Income Tax Schedules." *Journal of Public Economics* 8: 329-340.

Robin, Martin. 1966. "Registration, Conscription, and Independent Labour Politics, 1916-1917. *Canadian Historical Review* 47: 101-118.

Rodden, Jonathan. 2010."The Geographic Distribution of Political Preferences." *Annual Review of Political Science* 13: 321-340.

Roemer, John. 1996. *Theory of Distributive Justice*. Cambridge, MA: Harvard University Press〔日本語版 『分配的正義の理論――経済学と倫理学の対話』木谷忍・川本隆史訳、木鐸社、2001 年〕

———. 1997. "Political-Economic Equilibrium When Parties Represent Constituents: The Unidimensional Case." *Social Choice and Welfare* 14: 479-502.

———. 1998. *Equality of Opportunity*. Cambridge, MA: Harvard University Press.

———. 1999. "The Democratic Political Economy of Progressive Income Taxation." *Econometrica* 67: 1-19.

Roine, Jesper, Jonas Vlachos, and Daniel Waldenström. 2009. "The Long-Run Determinants of Inequality: What Can We Learn from Top Income Data?" *Journal of Public Economics 93: 974-988*.

Roine, Jesper, and Daniel Waldenström. 2005. "Top Incomes in Sweden over the Twentieth

Century." SSE/EFI Working Paper Series in Economics and Finance No. 602

———. 2007. "Wealth Concentration over the Path of Development: Sweden, 1873–2005." Stockholm School of Economics.

———. 2014. "Long Run Trends in the Distribution of Income and Wealth." Uppsala Center for Fiscal Studies Working Paper 2014, 5.

Roland, Alex. 2003. "Once More into the Stirrups." *Technology and Culture* 44: 574–585.

Romer, Thomas. 1975. "Individual Welfare, Majority Voting, and the Properties of a Linear Income Tax." *Journal of Public Economics* 14: 163–185.

Rostas, L. 1940. "Capital Levies in Central Europe, 1919–1924." *Review of Economic Studies* 8: 20–32.

Rousseau, Jean-Jacques. 1755. "Discours sur l'économie politique." In *Oeuvres Complètes: Tome III Ecrits Politiques*. Paris: Gallimard〔日本語版 『社会契約論 政治経済論 ルソー選集7』作田啓一・阪上孝訳、白水社、1986 年〕

Rueda, David. 2007. *Social Democracy Inside Out: Partisanship and Labor Market Policy in Advanced Industrialized Democracies*. Oxford: Oxford University Press.

Saez, Emmanuel, and Michael Veall. 2007. "The Evolution of High Incomes in Canada." In *Top Incomes over the Twentieth Century: A Contrast between Continental and English-Speaking Countries*, ed. Anthony Barnes Atkinson and Thomas Piketty, 226–308. Oxford: Oxford University Press.

Samuel, Herbert. 1919. "The Taxation of the Various Classes of the People." *Journal of the Royal Statistical Society* 82: 143–182.

Salverdam, Wiemer and A. B. Atkinson. 2007. "Top Incomes in the Netherlands over the Twentieth Century." In *Top Incomes over the Twentieth Century: A Contrast between Continental and English-Speaking Countries*, ed. Anthony Barnes Atkinson and Thomas Piketty, 226–308. Oxford: Oxford University Press.

Scheidel, Walter. 2005. "Military Commitments and Political Bargaining in Ancient Greece." Princeton/Stanford Working Papers in Classics.

Scheve, Kenneth, and David Stasavage. 2010. "The Conscription of Wealth: Mass Warfare and the Demand for Progressive Taxation." *International Organization* 64: 529–561.

———. 2012. "Democracy, War, and Wealth: Lessons from Two Centuries of Inheritance Taxation." *American Political Science Review* 106: 81–102.

Schnapper, Bernard. 1968. *Le Remplacement militaire en France, quelques aspects politiques, économiques, et sociaux du recrutement au XIX siècle*. Paris: SEVPEN.

Seligman, Edwin. 1908. *Progressive Taxation in Theory and Practice*. 2nd edition. *American Economic Association Quarterly* 9: 1–334.

———. 1911. *The Income Tax: A Study of the History, Theory, and Practice of Income Taxation at Home and Abroad*. New York: Macmillan.

———. 1925. *Essays in Taxation*. New York: Macmillan〔日本語版 『租税論』三上正毅訳、大日本文明協會編輯(明治後期産業発達史資料、第 321 巻;第 7 期;財政・金融論(4))龍渓書舎、1996 年(1910 年版の復刻)〕

Seligman, Edwin R. A. 1919. "The Cost of the War and How It Was Met." *American Economic Review* 9: 739–770.

Sen, Amartya. 1980. "Equality of What?" In *The Tanner Lectures on Human Values*, ed. S. McMurrin. Salt Lake City: University of Utah Press.

Shayo, Moses. 2009. "A Model of Social Identity with an Application for Political Economy: Nation, Class, and Redistribution." *American Political Science Review* 103: 147–174.

Shirras, Findlay, and L. Rostas. 1943. *The Burden of British Taxation*. New York: Macmillan.

Shovlin, John. 2006. *The Political Economy of Virtue: Luxury, Patriotism, and the Origins of the French Revolution*. Ithaca, NY: Cornell University Press.

Shultz, William. 1926. *The Taxation of Inheritance*. New York: Houghton Mifflin.

Sidgwick, Henry. 1883. *The Principles of Political Economy*. New York: Macmillan.

Simons, Henry. 1938. *Personal Income Taxation*. Chicago, IL: University of Chicago Press.

Skocpol, Theda. 1992. *Protecting Soldiers and Mothers: The Political Origins of Social Policy in the United States*. Cambridge, MA: Belknap Press of Harvard University Press.

Slemrod, Joel. 2002. *Does Atlas Shrug? The Economic Consequences of Taxing the Rich*. Cambridge, MA: Harvard University Press and the Russell Sage Foundation.

Smith, Adam. 1776. *An Inquiry into the Nature and Causes of The Wealth of Nations*. London: Strahan and Cadell〔日本語版 『国富論――国の豊かさの本質と原因についての研究』山岡洋一訳、日本経済新聞社、2007 年〕

Snyder, Jack. 2000. *From Voting to Violence: Democratization and Nationalist Conflict*. New York: W.W. Norton.

Söderberg, Hans. 1996. Inkomstskattens utveckling under 1900-talet. *En vägvisare förskatte-beräkningar åren 1921–1996*. Skattebetalarnas förening. Stockholm.

Sokoloff, Kenneth L., and Eric M. Zolt. 2006. "Inequality and Taxation: Evidence from the Americas on How Inequality May Influence Tax Institutions." *Tax Law Review* 59 (2): 167–242.

Sorensen, Peter Birch. 2010. "Dual Income Taxes a Nordic Tax System." In *Tax Reform in Open Economies*, ed. Iris Claus, Normal Gemmell, Michelle Harding, and David White. London: Edward Elgar.

Soward, Alfred Walter. 1919. *The Taxation of Capital*. London: Waterlow and Sons Ltd.

Sprague,O.M.W.1917."The Conscription of Income: A Sound Basis for War Finance." *Economic Journal* 27: 1–15.

Stabile, Donald. 1998. *The Origins of American Public Finance: Debates over Money, Debt, and Taxes in the Constitutional Era, 1776–1836*. Westport, CT: Greenwood Press.

Steinmo, Sven. 1993. *Taxation and Democracy*. New Haven, CT: Yale University Press〔日本語版『税制と民主主義』塩崎潤・塩崎恭久訳、今日社、1996 年〕

Swank, Duane. 2002. *Global Capital, Political Institutions, and Policy Change in Developed Welfare States*. Cambridge: Cambridge University Press.

Swank, Duane, and Sven Steinmo. 2002. "The New Political Economy of Taxation in Advanced Capitalist Democracies." *American Journal of Political Science* 46: 642–655.

Thiers, Adolph 1871 [1896]. *Discours contre l'établissement d'un impôt sur le revenu*. Paris:

Calmann-Levy.
Thorndike, Joseph. 2002. *Tax Justice: The Ongoing Debate*. Washington, DC: Urban Institute Press.
———. 2013. *Their Fair Share: Taxing the Rich in the Age of FDR*. Washington, DC: Urban Institute Press.
Tilly, Charles. 1975. "Reflections on the History of European State Making." In *The Formation of National States in Western Europe*, ed. Charles Tilly. Princeton, NJ: Princeton University Press.
———. 1990. *Coercion, Capital, and European States*. Cambridge: Blackwell.
Timmons, Jeff. 2005. "The Fiscal Contract: States, Taxes, and Public Services." *World Politics* 57: 530–567.
Titmuss, Richard M. 1958. "War and Social Policy." In *Essays on the Welfare State*. London: George Allen and Unwin〔日本語版 『福祉国家の理想と現実』谷昌恒訳、東京大学出版会、1983 年〕
Toma, Mark. 1992. "Interest Rate Controls: The United States in the 1940s." *Journal of Economic History* 52: 631–650.
Tooze, Adam. 2006. *The Wages of Destruction: The Making and Breaking of the Nazi Economy*. London: Allen Lane.
Tristram, Fréderic. 1999. "L'administration fiscale et l'impôt sur le revenu dans l'entre-deux-guerres." *Etudes et Documents* 11: 211–242.
van Creveld, Martin. 1977. *Supplying War: Logistics from Wallenstein to Patton*. New York: Cambridge University Press.
———. 1989. *Technology and War from 2000 B.C. to the Present*. New York: Free Press.
van Zanden, Jan Luiten. 1997. "Old Rules, New Conditions, 1914–1940." In *Financial History of the Netherlands*, ed. Marjolein 't Hart, Joost Jonker, and Jan Luiten van Zanden, 124–151. Cambridge: Cambridge University Press.
Velez, Juliana Londono. 2014. "War and Progressive Income Taxation in the 20th Century." University of California, Berkeley Working Paper.
Walker, Francis. 1883. *Political Economy*. New York: Henry Holt and Company.
Walker, Francis A. 1888. "The Bases of Taxation." *Political Science Quarterly* 111: 1–16.
Webb, Sidney. 1919. "National Finance and a Levy on Capital: What the Labour Party Intends." *Fabian Tract no.188*.
Weinzierl, Matthew. 2014. "The Promise of Positive Optimal Taxation: Normative Diversity and a Rolc for Equal Sacrifice." Harvard Business School.
Weisman, Steven. 2002. *The Great Tax Wars*. New York: Simon & Schuster.
White, Lynn. 1962. *Medieval Technology and Social Change*. Oxford: Clarendon Press〔日本語版『中世の技術と社会変動』内田星美訳、思索社、1985 年〕
Witte, John F. 1985. *The Politics and Development of the Federal Income Tax*. Madison: University of Wisconsin Press.
Wolowski, Louis. 1872. *L'Impôt sur le revenu*. Paris: Guillaumin.
Young, Peyton. 1990. "Progressive Taxation and Equal Sacrifice." *American Economic Review* 80: 253–266.

———. 1995. *Equity: In Theory and Practice*. Princeton, NJ: Princeton University Press.

Zolt, Eric. 2009. "Inequality, Collective Action, and Taxing and Spending Patterns of State and Local Governments." *Tax Law Review* 62: 445–504.

# 図表一覧

## 著者略歴

(Kenneth Scheve)

スタンフォード大学フリーマン・スポグリ国際問題研究所教授（政治学）および上級フェロー．共著 *Globalization and the Perceptions of American Workers*.（Institute for International Economics, 2001）

(David Stasavage)

ニューヨーク大学ウィルフ・ファミリー政治学部ジュリアス・シルヴァー教授．共著 *States of Credit: Size, Power, and the Development of European Polities*.（Princeton University Press, 2011）

## 訳者略歴

立木勝〈たちき・まさる〉翻訳家．訳書ミラノヴィッチ『大不平等』（みすず書房，2017）アルメンダリズほか『マイクロファイナンス事典』（明石書店，2016）ほか．

ケネス・シーヴ／デイヴィッド・スタサヴェージ
金持ち課税
税の公正をめぐる経済史
立木勝訳

2018 年 6 月 8 日　第 1 刷発行

発行所 株式会社 みすず書房
〒113-0033 東京都文京区本郷 2 丁目 20-7
電話 03-3814-0131（営業）03-3815-9181（編集）
www.msz.co.jp

本文組版 キャップス
本文印刷所 萩原印刷
扉・表紙・カバー印刷所 リヒトプランニング
製本所 東京美術紙工


ISBN 978-4-622-08701-4
［かねもちかぜい］